本教材受贵州大学学科建设经费资助

# 中级计量经济学

胡安军　谢会强　主编

中国财经出版传媒集团
中国财政经济出版社
·北京·

图书在版编目（CIP）数据

中级计量经济学/胡安军，谢会强主编. -- 北京：中国财政经济出版社，2023.6
ISBN 978 - 7 - 5223 - 2166 - 0

Ⅰ.①中… Ⅱ.①胡… ②谢… Ⅲ.①计量经济学－研究生－教材 Ⅳ.①F224.0

中国国家版本馆 CIP 数据核字（2023）第 070405 号

责任编辑：彭　波　　　　　　　责任印制：史大鹏
封面设计：卜建辰　　　　　　　责任校对：胡永立

中级计量经济学
ZHONGJI JILIANG JINGJIXUE

中国财政经济出版社 出版

URL：http://www.cfeph.cn

E - mail：cfeph@cfeph.cn

（版权所有　翻印必究）

社址：北京市海淀区阜成路甲 28 号　邮政编码：100142
营销中心电话：010 - 88191522
天猫网店：中国财政经济出版社旗舰店
网址：https://zgczjjcbs.tmall.com
中煤（北京）印务有限公司印刷 各地新华书店经销
成品尺寸：185mm×260mm　16 开　15.75 印张　290 000 字
2023 年 6 月第 1 版　2023 年 6 月北京第 1 次印刷
定价：68.00 元
ISBN 978 - 7 - 5223 - 2166 - 0
（图书出现印装问题，本社负责调换，电话：010 - 88190548）
本社图书质量投诉电话：010 - 88190744
打击盗版举报热线：010 - 88191661　QQ：2242791300

# 前言

随着数字时代的到来,运用计量经济学分析数据、进行实证研究已广泛流行于众多社会科学领域,尤其是进行经济与管理方面的学术研究,在分析特征事实所蕴含理论观点的基础上,运用计量经济学对其进行实证分析,已成为经济与管理研究的一般范式,这就意味着作为经济与管理学科学习和研究者,掌握计量经济学是十分必要的。

学习计量经济学的主要目的无外乎有两个,一是创造计量经济学的理论知识,推动计量经济学理论的发展,为计量经济学学科的发展做出边际贡献。二是运用计量经济学知识建立模型,帮助我们研究经济社会问题。不管是哪一种目的,基本的计量经济学理论知识是必不可少的,因为现有理论是实践和再造理论的先导和基础。运用计量经济学对经济社会问题进行分析,应该掌握计量经济学的基本理论和方法,才能运用自如,避免出现伪分析。发展计量经济学理论知识更应该掌握前辈积累的计量经济学知识,只有站在前辈的肩膀上,才能做出对计量经济学更为显著的边际贡献。

相较于其他经济学课程,计量经济学算得上是一门较为"年轻"的学科,虽然"年轻",但不代表其内容"少"和"轻",恰恰是在广大计量经济学研究者的不懈努力下,计量经济学已经快速发展成为内容日益庞大、模型日益复杂、体系日趋完善、不断推陈出新的学科。由于我们能力有限,还无法"生产"出计量经济学理论知识,而只是计量经济学学科的前辈所创造知识的"搬用工"。同时,这本中级计量经济学是根据我们多年来学习与从事计量经济学教学过程中所经历的"学道、得道、闻道和悟道",将现有计量经济学的知识点进行整理所形成的一本教材。力图用通俗易懂的"白话文"阐述计量经济学中晦涩难懂的"文言文"理论,期望对学习计量经济学的读者有些帮助,协助解决大家在学习计量经济学过程中所遇到的困惑。

作为经济与管理类专业学习与研究者的教材或参考书,本书在介绍计量经济学经典理论的基础上,重点介绍近现代计量经济学的主要方法及其应用。本书按照截面数据模型、时间序列模型和面板数据模型来安排章节内容。此外,还力图通过详细和丰富的案例介绍,帮助读者更好地掌握中级计量经济学中的理论知识与实践操作方法。希望通过本书的学习，读者能够掌握计量经济学的基本理论、基本方法和基本应用，能够运用计量经济学知识进行实证分析，提高分析和解决问题的实践能力。

本书分为十一章。第一章至第六章（约16万字）由胡安军编写，第七章至第十一章（约13万字）由谢会强编写，全书由胡安军统稿。

在编写过程，我们借鉴与引用了大量现有教材和文献，谨此向前辈表示衷心感谢！

本书的编写得到了贵州大学经济学院与研究生院的支持和资助，同时，在出版过程中，中国财政经济出版社的编辑老师不辞辛劳地反复校对和编辑，并给予出版机会，在此一并表示由衷的谢意！

限于我们的水平，加之时间仓促，书中可能存在疏漏或错误之处，在此，恳请同行专家和读者批评指正！

作者

2023年5月

# 目录

第1章 导论 ·················································································· 1
    1.1 计量经济学的概述 ································································· 2
    1.2 计量经济学的内容 ································································· 4
    1.3 计量经济学的应用 ································································· 5

第2章 简单线性回归模型 ······························································ 10
    2.1 相关分析与回归分析 ···························································· 11
    2.2 总体回归与样本回归 ···························································· 14
    2.3 简单线性回归模型的 OLS 估计 ············································ 19
    2.4 简单线性回归模型 OLS 估计量的性质 ·································· 20
    2.5 扰动项与估计量的统计分布 ················································· 25
    2.6 OLS 估计量的统计检验 ······················································· 26
    2.7 过原点回归 ········································································ 29
    2.8 简单线性回归模型的 Stata 实现 ··········································· 30

第3章 多元线性回归模型 ······························································ 35
    3.1 多元线性回归模型概述 ························································ 36
    3.2 多元线性回归模型的 OLS 估计 ············································ 38
    3.3 多元线性回归模型 OLS 估计量的性质 ·································· 40
    3.4 多元线性回归模型扰动项和估计量的分布 ····························· 44
    3.5 多元线性回归模型的统计检验 ·············································· 46
    3.6 多元线性回归模型的应用 ···················································· 50
    3.7 多元线性回归模型的大样本 OLS ········································· 52
    3.8 多元线性回归模型的矩估计与极大似然估计 ························· 54
    3.9 多元线性回归模型的 Stata 实现 ··········································· 57

## 第4章 违反经典假设的问题分析 ……………………………………………… 61

4.1 异方差 ………………………………………………………………… 62
4.2 自相关 ………………………………………………………………… 68
4.3 多重共线性 …………………………………………………………… 74
4.4 内生性 ………………………………………………………………… 78
4.5 模型设定 ……………………………………………………………… 85
4.6 违反经典假设情况的 Stata 实现 …………………………………… 89

## 第5章 截面数据模型的拓展 ……………………………………………………… 94

5.1 含有定性解释变量的模型 …………………………………………… 95
5.2 定性被解释变量模型 ………………………………………………… 96
5.3 三大检验 ……………………………………………………………… 103
5.4 定性被解释变量模型的 Stata 实现 ………………………………… 105

## 第6章 平稳时间序列模型 …………………………………………………………… 109

6.1 时间序列与时间序列模型 …………………………………………… 110
6.2 ARMA 模型的形式与特征 …………………………………………… 114
6.3 AR 模型、MA 模型与 ARMA 模型的关系 ………………………… 115
6.4 ARMA 模型的平稳性 ………………………………………………… 116
6.5 MA(q) 模型可逆性 …………………………………………………… 121
6.6 ARMA 模型的自相关函数与偏自相关函数 ………………………… 122
6.7 ARMA 模型的识别与估计 …………………………………………… 125
6.8 ARMA 模型的 Stata 实现 …………………………………………… 127

## 第7章 非平稳时间序列模型 ……………………………………………………… 133

7.1 非平稳时间序列与"伪回归" ……………………………………… 134
7.2 单位根检验 …………………………………………………………… 137
7.3 ARIMA 过程 …………………………………………………………… 140
7.4 协整理论与检验 ……………………………………………………… 141
7.5 误差修正模型 ………………………………………………………… 144
7.6 单位根与协整检验的 Stata 实现 …………………………………… 145

# 第 8 章　面板数据模型 … 153

## 8.1　面板数据模型概述 … 154
## 8.2　短面板数据模型 … 157
## 8.3　长面板数据模型 … 160
## 8.4　面板数据模型的内生性 … 161
## 8.5　面板数据模型的 Stata 实现 … 164

# 第 9 章　面板数据门槛模型 … 189

## 9.1　面板门槛模型概述 … 190
## 9.2　面板门槛模型的理论分析 … 191
## 9.3　面板门槛模型的 Stata 实现 … 196

# 第 10 章　双重差分模型 … 213

## 10.1　双重差分模型的理论概述 … 214
## 10.2　双重差分模型的识别与检验 … 217
## 10.3　双重差分模型的 Stata 实现 … 220

# 第 11 章　空间计量经济学模型 … 224

## 11.1　空间权重矩阵 … 225
## 11.2　空间相关性 … 227
## 11.3　空间计量经济学模型的类型及其选择 … 229
## 11.4　空间计量模型的 Stata 实现 … 232

# 第 1 章 导 论

## 本章导读

本章对计量经济学进行概览式介绍，主要包括三个方面的内容：计量经济学的概述、计量经济学的内容和计量经济学的应用。在计量经济学的概述方面，分析计量经济学的定义与重要性，反映计量经济学在经济与管理类学科中的地位。在计量经济学的内容方面，主要从理论与应用计量经济学，微观与宏观计量经济学，经典与现代计量经济学介绍计量经济学的内容框架。计量经济学的应用主要体现在实证分析之中，为此，一方面介绍了实证研究的过程，另一方面介绍了计量经济学在实证研究中的应用。本章内容介绍将有助于初步了解计量经济学，这对于学习计量经济学是十分必要的。本章的结构框架如图 1-1 所示。

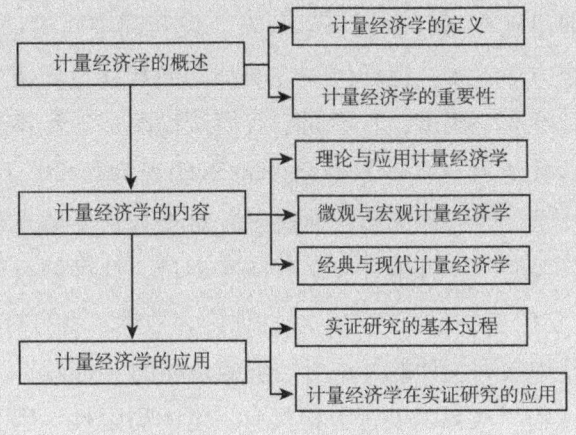

图 1-1 第 1 章内容框架

## 1.1 计量经济学的概述

在经济学分析中，我们常常强调要"有理、有据"，其中暗含的意思就是通过"有道理"的分析后，得出一些理论观点或者理论假设。这些理论观点或假设要与经济社会实践中的"实据"相符，需要使用现实数据进行验证，使理论观点在现实世界中"有据"，并经得起"特征事实数据"的检验，符合实践是检验真理的唯一标准。这样"有理有据"的论文才能让读者信服，才能够与广大读者分享、参阅，进而传播。"经得起'特征事实数据'的检验"就需要有一套相对科学的经济分析方法和工具。此外，我们还想根据现有特征事实数据，对未来某一方面经济变量的发展情况进行合理预测，这也需要相对科学的经济分析工具。为此，经济社会研究需要体系严谨、论证科学的方法论。在经济社会实证分析中常用且重要的方法论学科就是计量经济学。

### 1.1.1 计量经济学的定义

计量经济学（Econometrics）是由挪威经济学家、第一届诺贝尔经济学奖（1969年）获得者朗纳·弗里施（Ragnar Frisch）于1926年借鉴生物统计学而提出的学科名词，有学者将此作为计量经济学诞生的标志。也有学者认为1930年世界计量经济学会的成立与1933年《计量经济学杂志》（Econometrica）的创刊，标志着计量经济学的诞生。朗纳·弗里施在《计量经济学杂志》发刊词中写道："用数学方法探讨经济学可以从好几个方面着手，但任何一方面都不能和计量经济学混为一谈，计量经济学与经济统计学绝非一码事；它不同于我们所说的一般经济理论，尽管经济理论大部分具有一定的数量特征；计量经济学也不能视为数学应用于经济学的同义语，经验表明，统计学、经济理论和数学这三者对于真正了解现代经济生活中的数量关系来说，都是必要的，三者结合起来，就有力量，这种结合便构成了计量经济学"。由此可见，计量经济学是统计学、经济理论和数学三者有机结合的学科。[①]

计量经济学是使用数理统计的方法对经济变量间的"依赖"关系进行实证分析的科学。但这种"依赖"关系的实证分析具有一定的局限性，因为任何一个经济变量背后的影响因素都是极其复杂的，与大量相关经济主体的行为息息相关，而能够

---

① Ragnar Frich. Editor's Note [J]. Econometrica, 1933, 1 (1).

找到影响该变量的因素又是有限的，且数据的可得性与真实性也受到很大考验，这就增加了使用计量经济学分析变量间关系的局限性。这也决定了计量经济不能够完全分析变量之间的因果关系，而是基于科学的经济理论分析基础上，来验证经济变量间的关系。

### 1.1.2　计量经济学的重要性

（1）计量经济学在经济学学科中的重要性

计量经济学自诞生之日起，就在经济社会研究中显示了强大的功用，在对推动经济学理论的发展、经济结构分析、预测经济发展趋势和评价经济政策的过程中都做出了重要"贡献"，也确立了其在经济学中的重要地位。正如著名经济学家、诺贝尔经济学奖得主克莱因（Lawrence R. Klein）所说："计量经济学已经在经济学科中居于最重要的地位，""在大多数大学和学院中，计量经济学的讲授已经成为经济学课程表中最有权威的一部分"。自从1969年诺贝尔经济学奖设立以来，因为对计量经济学的贡献而获得诺贝尔经济学奖的经济学家，占所有获得诺贝尔经济学奖的经济学家的比例达到近50%。同时，通过统计现有有关经济管理类的研究文献，从中可以看出，主体内容涉及使用计量经济学进行分析的文献比例也达到80%左右。由此可见，计量经济学对于推动经济学学科的发展发挥着重要作用。

（2）计量经济学在经济与管理研究中的重要性

按照经济学的研究范式，经济学研究可以分为在分析中带有道德价值判断并力求说明"应该怎么样"的规范经济学，以及在分析与预测经济结果以后，力求说明"是什么"的实证经济学。计量经济学属于实证经济学范畴，在经济分析中通过应用数学和统计学的知识和理论，不断创新和应用分析方法，在经济理论的指导下进行实证分析。计量经济学因其在分析和应用过程中，不断引入数学和统计方法，也使计量经济学的分析趋向科学化和规范化，使用计量经济学对经济理论进行检验，由此促进着经济研究向着科学化和规范化的方向发展，使之成为一门科学。

从现有经济与管理类学术文献的具体内容和结构来看，主要涉及验证现有理论、提出并验证理论、结构分析、预测未来、政策评价、定性分析现象而得出理论、综述文献与理论等方面，除了后面的两类外，前面5类的研究要得到令人信服的结论，规范的实证分析是必不可少的，而进行实证分析时，常常离不开计量经济学。在规范分析中，需要在理论分析的指引下，通过设立总体情况下的计量模型，依据对客观特征事实数据的观测与收集，应用计量经济理论，对样本模型进行估计、检验与分析，在此基础上用样本模型拟合总体模型，进而得到经济变量间的数量关系，或者经济数据的生成过程，从理论和实证上反映其科学合理性，进而使经济研究具有科学性。

当然，经济社会是数以万计经济主体的活动在各种可能的结果下，最后确定的一个经济结果，加之经济主体行为的复杂性，这就使依靠在实验室里做实验来模拟分析人的行为并收集其经济数据，分析检验经济理论变得困难重重。这也决定了经济活动的复杂性，以及经济实证研究的困难性，因此，要意识到社会经济现象的复杂性。正如洪永淼（2007）指出，经济理论或模型作为对复杂现实经济的简化抽象，只能刻画主要的或重要的经济因素，而实际观测到的数据却是由许多因素共同作用的结果，其中，有些因素是未知的或不可观测的，没有包括在经济模型中，反映不出它们的影响，因此计量经济学分析需要一些前提条件，而这些条件在实践中是很难检验的，很显然，如果这些假设不成立，统计推断当然不可能准确。同时，任何计量经济学研究的成功都离不开大量高质量的数据，有一些数据缺陷所造成的困难是不可能或很难克服的。此外，经济关系常常具有时变性，这将导致实证中所设定模型的适用期限问题。①

## 1.2 计量经济学的内容

虽然计量经济学在整个经济学学科体系中，从"起名"发展到目前，不足百年的时间，算是较为"年轻"的学科，但其快速发展已经形成了庞大的内容体系。对此国内外学者也从多角度对计量经济学的内容体系进行归纳和分析，就计量经济学内容的分类来说，主要包括理论计量经济学和应用计量经济学、微观计量经济学和宏观计量经济学、经典计量经济学和现代计量经济学。

（1）理论与应用计量经济学。所谓理论计量经济学就是以发展和推动计量经济学理论为己任的计量经济学，主要涉及分析计量经济学模型的数理统计基础及其系数估计、模型检验和模型改进的数学方法与证明，以及发展新的计量经济学理论和模型等。相较于理论计量经济学，应用计量经济学侧重于应用方面，应用计量经济学的知识对现实经济管理问题进行实证分析，以及对实证分析过程中所出现问题的解决，由此所形成的计量经济学知识。

（2）微观与宏观计量经济学。在西方经济学中，分析宏观总量经济行为的经济理论称为宏观经济学，分析单个个人、家庭或企业经济行为的理论称为微观经济学。与此相似，微观计量经济学主要对微观经济主体的经济行为进行实证分析，其

---

① 洪永淼. 计量经济学的地位、作用和局限［J］. 经济研究，2007（5）：139-153.

使用的数据也多为微观数据。宏观计量经济学主要侧重于对宏观经济行为进行实证分析，研究数据多为宏观数据。

（3）经典与现代计量经济学。一般认为，经典计量经济学通常是指20世纪70年代之前所形成的计量经济学理论，其主要特征为：一是以理论背景或分析为基础来构建总体模型；二是模型多为线性或者可化为线性的随机模型，以此分析变量间的"依赖"关系；三是模型具有明确的形式和参数；四是建立在总体模型所满足一系列假设基础上，随机地从总体数据中获得样本数据进行分析和估计，样本数据多为时间序列数据和截面数据；五是使用一系列的检验方法来检验总体型，通过样本模型近似替代总体模型；六是使用模型主要目的在于进行结构分析、政策评价、经济预测、检验与发展理论①。经典计量经济学为经济学理论的研究和发展做出了重大贡献，也为现代计量经济学的形成和发展奠定了基础。现代计量经济学一般是指始于20世纪70年代，基于经典计量经济学理论发展起来的计量经济学理论、方法和模型，也称为非经典计量经济学。其主要包括微观计量经济学分析，如政策效应分析；非参数计量经济学，如贝叶斯计量经济学模型；时间序列计量经济学模型，如协整分析、ARCH模型簇；面板数据计量经济学模型，如面板数据的静态与动态分析；由均值回归拓展的分位数回归；反映空间效应的空间计量经济学模型等。

结合我国高年级本科生和研究生的学习、教学和科研需要，本书内容主要包括绝大部分经典计量经济学理论知识，适当加入了目前研究使用较为普遍的现代计量经济学模型，包括数据的静态与动态模型、面板门槛模型、双重差分模型和空间计量经济学模型等。

## 1.3 计量经济学的应用

从现有经济管理的文献来看，纯理论的文献占比较小，包含实证分析的文献占比较大，这是为什么呢？这可能是因为人们在认识某个规律和现象时，倾向于"用事实或数据说话"。不管是自然科学，还是社会科学，如果提出的理论没有能够用现实中的特征事实来验证，心里总觉得不踏实。例如，古代人们常常认为"天圆地方"，哥伦布的环球航行验证了地球是圆的。早期，一些科学家虽然提出了自己的理论，但没有特征事实或现象来验证，人们心中对其总存在种种质疑，一旦发现了其理论证实下的现象或事实，便声名鹊起。经济学研究亦是如此，如果仅仅提出纯经济理论，没有事实支撑或验证，也会引起质疑。因此，在经济研究中，研究者根

---

① 李子奈，潘文卿. 计量经济学（第五版）[M]. 北京：高等教育出版社，2020（10）

据演绎推理并得出某个结论后，只能称其为理论假设。需要进一步使用实证的方法来验证理论，这或许就是在经济研究中，通常包含实证分析的主要原因。由此也反映实证研究的重要性和广泛性。而经济学的实证研究又往往离不开计量经济学，进而计量经济学也就显得愈发重要。为此，这里对实证研究的过程和要求做简要介绍，对于认识实证研究，乃至了解计量经济学都具有很大的益处。

### 1.3.1 实证研究的过程和要求

（1）实证研究的过程

做一项学术研究，常常经过以下几个方面：①提出问题与确定研究主题。通过对社会经济现象或问题的观察与思考，并经过进一步研读文献资料，提出当前亟待解决和研究的具有重要意义的问题，或者从现实的特征事实中，凝练出经济规律或经济现象，进而形成自己的选题。②理论上分析问题。在前人研究的基础上，借助演绎推理并以夹叙夹议的方式进行定性分析，或者借助数理模型进行论证分析，或者通过框图阐释研究问题中重点关注变量之间的理论关系，或者将凝练的规律和现象上升到经济理论高度，并加以理论分析论证。基于此，提出理论见解或假设，该理论假设初步向读者传达自己的理论观点，该理论观点未经过现实中经济特征数据的验证，只能称其为假设或假说。③实证上论证问题。理论上对所提出的论题进行分析固然重要，但"实践是检验真理的唯一标准"。因此，在实证上需要对所提出的论题进行验证，这时候就需要利用计量经济学对理论假设中提出的关系进行建模，以现实中的经济特征数据为材料，对模型进行估计、检验，由此来验证所提出的理论假设。从经济数学模型到计量经济模型的转化过程中，需要对函数形式做出假设，然后利用观测到的数据，估计未知参数值，并进一步验证计量经济模型的设定是否正确。④研究结论与启示。结合理论分析和实证分析所得出的论证结果，对比现有研究，总结归纳出研究结论，并将研究结论与现实经济问题结合，提出对问题解决具有参考价值的启示。

（2）实证研究的要求

事实上，写学术论文就像讲故事，把所要分享的故事讲的有意义、有理有据、讲述规范、娓娓道来、给人启发就是一个不错的故事，这样做的论文也是一项不错的研究。

①有意义。要有意义主要从两个方面来反映，一是从写作背景上反映，以问题为导向反映国家或区域、经济活动、现实社会中很有必要做这个研究；二是从文献综述上来看。从现有相关研究文献中，通过归纳总结，发现现有相关研究存在的不足或者需要改进、补充和丰富的地方，进而得出很有必要讲这个故事、写这个论文。

②有理。讲故事要有道理，不能瞎编乱造、异想天开。如前文所述，有理主要是通过三种途径：一是纯理论定性分析，借助现有研究文献或理论，对所要研究的

问题进行演绎、推理分析，得出初步的理论假设；二是数理模型分析，通过借助数理模型，经过推理、论证并阐释所要研究的主题；三是路径框图演绎分析，借助研究框图，分析研究主题演化路径或关系路径，在此基础上，阐释所要研究的主题，得出所要研究的理论假设。

③有据。讲故事要有事实依据，经得起实践检验，这也意味着在经过理论分析，得出研究理论假设后，要进行以相应事实数据为基础的实证分析，通过规范的实证分析来检验原理论假设成立与否。

④分析规范。按照现有讲故事的范式来讲故事，用论文的语言进行描述，忌用口语化的方式来讲述论文。按照现有论文框架来进行组织论文，前后连贯、自洽，过渡自然，清晰顺畅，让读者阅读时很舒服，乐于阅读，感觉很在理。

⑤给人启发。论文要有边际贡献，读者通过阅读论文，从中受益颇深，收益颇多。更高一层次来讲，论文对学科的发展有一定的边际贡献，让学术界津津乐道。

### 1.3.2 计量经济学在实证研究中的应用

作为实证研究的方法论，计量经济学的作用主要在于使所要研究的主题"有据"，经得起实践检验。单从实证研究来看，主要包括以下四个方面，计量经济学的知识在每一个方面都有重要体现和应用。

（1）设立模型

"有据"要基于理论分析，设计出反映理论分析的计量模型。这里的模型通常指总体模型，总体上反映所关注的被解释变量受核心解释变量及其他控制变量所作用的数据生成过程，这个数据生成过程是针对变量所有可能取值的数据生成过程，因此，设计的模型应该理解为总体模型，所做的假设也是对于总体模型而言。但是变量所有可能的取值常常无法获取，即总体数据常无法获得，这时只能收集现实中实现了的样本数据，这些实现了的样本数据是所有可能取值的总体数据一个实现，由于这个实现了的样本数据来自总体数据，可以在某种程度上能够代表总体数据，反映总体的一些特征，因而样本容量越大，对总体数据的代表性越强，说服力也越强。

（2）数据收集与预处理

"有据"要有数据，主要是实现了的样本数据。一般来说，样本数据主要包括以下三类。

①截面数据。从个体截断面的角度来反映的数据，指一批个体变量在同一时间上的数据。例如，2020年中国部分省、直辖市、自治区的常住人口数据，由于数据的获得性问题，中国的香港特别行政区、澳门特别行政区和台湾地区的常住人口数据均未列示，参见表1-1。

表1-1　　　　　　　　2020年中国各省区市常住人口数据　　　　　　　　单位：万人

| 省份 | 北京 | 天津 | 河北 | 山西 | 内蒙古 | 辽宁 | 吉林 | 黑龙江 | 上海 | 江苏 | 浙江 |
|---|---|---|---|---|---|---|---|---|---|---|---|
| 常住人口 | 2189 | 1387 | 7461 | 3492 | 2405 | 4259 | 2407 | 3185 | 2487 | 8475 | 6457 |
| 省份 | 安徽 | 福建 | 江西 | 山东 | 河南 | 湖北 | 湖南 | 广东 | 广西 | 海南 | 重庆 |
| 常住人口 | 6103 | 4154 | 4519 | 10153 | 9937 | 5775 | 6644 | 12601 | 5013 | 1008 | 3205 |
| 省份 | 四川 | 贵州 | 云南 | 西藏 | 陕西 | 甘肃 | 青海 | 宁夏 | 新疆 | | |
| 常住人口 | 8367 | 3856 | 4721 | 365 | 3953 | 2502 | 592 | 720 | 2585 | | |

资料来源：《中国统计年鉴》（2021年）。

②时间序列数据。从时间维度上反映某个体的某个经济变量在不同时点上的数据。例如，2000~2020年北京市的常住人口数据，参见表1-2。

表1-2　　　　　　　　2000~2020年北京市常住人口数据　　　　　　　　单位：万人

| 年份 | 2000 | 2001 | 2002 | 2003 | 2004 | 2005 | 2006 |
|---|---|---|---|---|---|---|---|
| 常住人口 | 1364 | 1385 | 1423 | 1456 | 1493 | 1538 | 1601 |
| 年份 | 2007 | 2008 | 2009 | 2010 | 2011 | 2012 | 2013 |
| 常住人口 | 1676 | 1771 | 1860 | 1962 | 2024 | 2078 | 2125 |
| 年份 | 2014 | 2015 | 2016 | 2017 | 2018 | 2019 | 2020 |
| 常住人口 | 2171 | 2188 | 2195 | 2194 | 2192 | 2190 | 2189 |

资料来源：《中国统计年鉴》（2001~2021年）。

③面板数据。从面板的角度反映一批个体在不同时点上的数据。例如，2000~2020年中国部分省区市的常住人口数据，参见表1-3。

表1-3　　　　　　　　2000~2020年中国各省区市常住人口数据　　　　　　　　单位：万人

| 年份＼地区 | 北京 | 天津 | … | 贵州 | … | 宁夏 | 新疆 |
|---|---|---|---|---|---|---|---|
| 2000 | 1364 | 1001 | … | 3756 | … | 554 | 1849 |
| 2001 | 1385 | 1004 | … | 3799 | … | 563 | 1876 |
| … | … | … | … | … | … | … | … |
| 2010 | 1962 | 1299 | … | 3479 | … | 633 | 2185 |
| … | … | … | … | … | … | … | … |
| 2019 | 2190 | 1385 | … | 3848 | … | 717 | 2559 |
| 2020 | 2189 | 1387 | … | 3856 | … | 720 | 2585 |

资料来源：《中国统计年鉴》（2001~2021年）。

比较三类数据的异同性，可以将截面数据理解为在面板数据基础上，截取某个时间点一批个体的数据；时间序列数据可视为在面板数据上，截取某个个体在时间维度上的一系列数据；面板数据则既包括截面维度，又包括时间维度的数据。

数据的预分析处理主要包括数据的描述性统计分析和数据散点图的特征分析。

在实证研究中，数据的描述性统计分析主要包括样本数据的容量、均值、方差、最大值和最小值，数据的描述性统计分析看似简单，但是必不可少，它可以帮助研究者发现异常数据和可能遗漏的数据。数据散点图的特征分析可以帮助研究者设定合适的计量经济学模型。

（3）估计、检验与解释模型

有据要根据数据来对建立的总体模型进行分析和检验，但是研究者手中只有样本数据，只能用样本数据来对建立的模型进行分析和检验。在此情形下，此时分析的总体模型实际上转化为用样本数据分析的样本模型，通过对样本模型的估计、检验，并用通过检验的样本模型来近似拟合、反映总体模型，由此来进行实证分析。

（4）有据要充分有据

学术研究初始阶段，根据理论分析所进行的实证分析常常称为基准回归或分析，其回归结果是在特定方法、特定变量、特定样本数据和特定模型形式下所得到的结论。如果这些因素发生变化，结论是否成立，结论是否能够去除特定性，具有普适性，需要进一步分析。为何如此做呢？一般来说，模型中的变量可能有多种测度方法，也可以从多个角度来测度该变量，那么测度方法和度量角度变了，样本数据的获取必然会有差异，那么此时基准回归的结论是否成立。为了使基准回归的结论充分成立，也就是使论文的实证结论"有据要充分有据"，这就需要从多个角度、多个方面进行分析、论证，检验基准回归的结果是否依然成立，这就是所谓的稳健性检验。常用稳健性检验的方法主要包括：改变样本数据、改变模型形式、改变估计方法、改变控制变量的选择、改变变量的度量方法与数据来源等，来再一次进行回归，比较改变后的回归结果与初始基准回归结果的异同来分析基准回归的稳健性，只有稳健的结果才能反映论证的充分有据，也增强了论文的说服力。

## 参考文献

[1] Ragnar Frich. Editor's Note [J]. Econrnetrica, 1933, 1 (1).

[2] L R. klein. 经济计量学教科书 [M]. 谢嘉, 译. 北京：商务印书馆, 1983.

[3] 李子奈, 潘文卿. 计量经济学（第五版）[M]. 北京：高等教育出版社, 2020.

[4] 张卫东, 喻开志, 李伊, 张华节. 中级计量经济学——方法与应用 [M]. 成都：西南财经大学出版社, 2021.

[5] 洪永淼. 计量经济学的地位、作用和局限 [J]. 经济研究, 2007 (5)：139 – 153.

[6] 洪永淼. 经济统计学与计量经济学等相关学科的关系及发展前景 [J]. 统计研究, 2016, 33 (5)：3 – 12.

[7] Frisher R A. On the mathematical foundations of theoretical statistics [J]. Philosophical transanctions of the royal society, 1922 (222)：309 – 368.

# 第 2 章
# 简单线性回归模型

**本章导读**

简单线性回归模型是计量经济学的基础和经典模型,通过学习简单线性回归模型的设定、估计与检验方法,可以帮助我们建立起学习与应用计量经济学模型的基本思路。本章以相关分析和回归分析作为分析的逻辑起点。然后介绍总体回归函数与总体回归模型、样本回归函数和样本回归模型。在此基础上,介绍普通最小二乘估计方法(OLS)的基本原理、OLS 估计量的代数性质和几何性质。最后介绍普通最小二乘估计量的统计分布与统计检验,以及简单线性回归模型的 Stata 实现,本章的结构框架如图 2-1 所示。

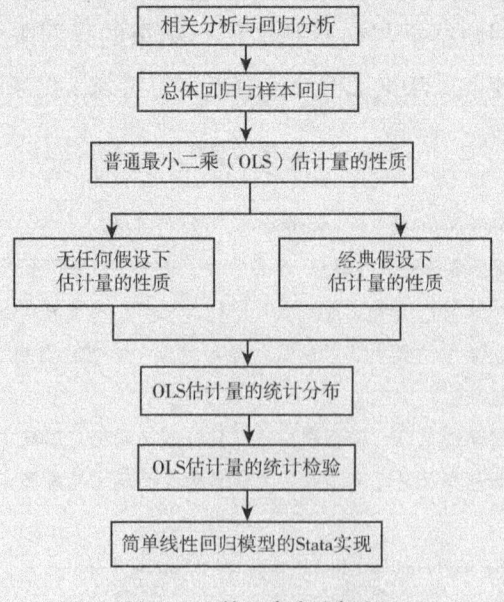

图 2-1 第 2 章内容框架

## 2.1 相关分析与回归分析

在经济研究中,为了更好地分析经济变量之间的关系而出现了计量经济学。对于计量经济学的分析,首先应该从分析经济变量之间的相互关系谈起。

现实中,变量间的关系存在三种情况:一是确定性的函数关系 $Y=f(X)$,这可以通过数学方法来分析。例如,圆的面积 $S_{圆}$ 等于 $\pi$ 乘以圆半径 $r$ 的平方,即 $S_{圆}=f(\pi,r)=\pi \cdot r^2$。二是统计依赖关系,随机变量间的关系以一定的统计规律呈现,可以用数理统计上的相关分析和回归分析来研究。例如,国民经济收入 $GDP$ 受到消费 $C$、投资 $I$、出口 $X$,以及其他众多因素(用变量 $u$ 来代替)的影响,即 $GDP=f(C,I,X,u)$。三是没有关系,不用分析。在经济社会中,较多的是统计依赖关系,主要涉及相关分析和回归分析。

### 2.1.1 相关分析

顾名思义,相关分析主要用来分析变量间相互关系的强弱,这种相互关系的强弱可以使用相关系数来度量和分析。相关分析目的是分析总体中两个变量之间的相互关系状况,但总体的数据往往难以获得,因此也用样本相关分析去近似总体相关分析。

(1)总体线性相关系数

如果总体中变量 $X$ 和 $Y$ 的全部数据都能够获得,则 $Y$ 和 $X$ 的总体线性相关系数可以表示为:

$$\rho_{xy} = \frac{Cov(X,Y)}{\sqrt{Var(X)Var(Y)}} \tag{2-1}$$

其中,$Cov(X,Y)$ 是 $Y$ 和 $X$ 的协方差,$Var(X)$ 和 $Var(Y)$ 分别是 $X$ 和 $Y$ 的方差。总体相关系数反映总体中两个变量 $Y$ 和 $X$ 的线性相关程度,对于一个确定总体而言,$Y$ 和 $X$ 的数值是既定的,这表明总体相关系数是客观存在的特定数值。但总体中变量 $Y$ 和 $X$ 的所有数值常常不能够直接获得,因此总体相关系数一般是不易获取的,多使用样本相关系数分析两个变量之间的相关关系。

(2)样本线性相关系数

如果已知随机变量 $Y$ 和 $X$ 的样本观测值,则 $Y$ 和 $X$ 的的样本线性相关系数可以表示为:

$$r_{xy} = \frac{\sum (X_i - \bar{X})(Y_i - \bar{Y})}{\sqrt{\sum (X_i - \bar{X})^2 \sum (Y_i - \bar{Y})^2}} \tag{2-2}$$

其中，$Y_i$ 和 $X_i$ 是分别从总体中随机抽取的样本观测值。需要说明的是，样本相关系数是总体相关系数的样本估计值，由于抽样波动，样本相关系数是随抽样而变动的随机变量，其统计显著性还有待检验；无线性相关并不意味着不相关，可能存在非线性相关关系；相关分析研究一个变量对另一个变量的统计依赖关系，但它们并不意味着一定有因果关系。例如，地震与一些动物的异常举动存在相关性，但不能说动物的异常举动是地震发生的原因，两者不一定存在因果关系。此外，在相关分析中，$Y$ 和 $X$ 可以是相互对称的随机变量，即 $r_{XY}=r_{YX}$。

计量经济学所关心的是隐藏在众多随机的经济变量间具体的统计规律性，也可以说是统计上的"因果"关系，这里所指的统计上"因果"关系是因为一个数据的获得具有随机性，经济变量之间的关系具有复杂性。这种因果关系是否必然成立，需要事先在经济理论上进行论证，进而在统计规律上分析变量之间的"因果"关系，回归分析在这方面可以发挥更为重要的作用。

### 2.1.2 回归分析

（1）回归的来源

"回归"（Regression）源自生物学，最早由英国生物学家高尔顿（Francis Galton）提出，根据高尔顿遗传学对回归内涵的阐释，高个子父母的子女平均身高要高于矮个子父母的子女平均身高，但高个子父母的子女身高往往低于其父母身高，父母为矮个子的子女身高常常高于其父母身高，这意味着所有父母的子女身高都有向人类的平均身高"回归"的趋势（见图 2-2）。

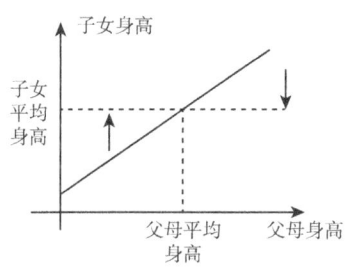

图 2-2 生物学回归的图解

（2）回归的现代含义

源于但又不同于生物学中的"回归"概念，现代回归分析是研究一个称为因变量或被解释变量（$Y$）的期望对另一个或多个称为自变量或解释变量（$X$）的依赖关系，亦即回归分析是"回"到期望，"归"一般情况，分析一般规律。其用意在于通过自变量在重复抽样中所获得的观测值，去估计或预测因变量的总体期望。

事实上，这里的期望也有"平均"水平的意思，从这个角度来看，回归的现代含义反映了在解释变量一定的条件下，对被解释变量平均水平的影响，这显示现代的回归与生物学中的回归在内涵上具有一致性。

【例 2-1】假如子女身高对父母身高的回归函数为 $\hat{Y}=0.03+0.54X$，其中，$X$ 表示父母身高之和，如果一对父母身高之和为 3.5 米，将其代入回归函数，可得子女身高是 1.92 米，这样理解对吗？按照回归的现代观点，其表示身高之和为 3.5 米的那些父母，按照所给出的回归方程，其子女的平均身高为 1.92 米，因此，一旦知道了父母的身高，可以根据回归线，估计子女的平均身高，而不是具体身高。

（3）回归分析相关概念的内涵

回归分析是计量经济学的主要工具，在现代"回归"概念之中，需要重点说明以下几点。

①在实证研究中，解释变量又分为核心解释变量和控制变量。一般情况下，一项研究无法关注到影响被解释变量的所有解释变量，仅仅重点关注研究主题中涉及的少数几个解释变量，此时，这几个重点关注的解释变量即为核心解释变量。但是被解释变量除了受核心解释变量的影响外，还会受其他变量的影响，这时分析核心解释变量对被解释变量的影响状况，需要加入并控制这些其他变量的影响情况下，来重点分析和关注核心解释变量对被解释变量的影响，这些控制的变量就称为控制解释变量或者控制变量。

②被解释变量 $Y$ 的条件分布、条件概率和条件期望：当解释变量 $X$ 取某一个值（条件）时，$Y$ 的取值具有一定随机性，$Y$ 的不同取值会形成一定的分布，这就是 $Y$ 的条件分布。$X$ 取某一个值（条件）时，$Y$ 取不同值的概率称为 $Y$ 的条件概率。当解释变量 $X$ 取某一个值（条件）时，根据 $Y$ 所形成的分布确定其期望，此时的期望称为 $Y$ 的条件期望，用 $E(Y|X_i)$ 来表示。需要说明的是，回归分析探寻 $Y$ 的条件期望随 $X$ 的变动而变动的规律性。需要注意的是，条件期望的期望为无条件期望，直观来看，条件期望是在每个 $X$ 给定的条件下 $Y$ 的期望，对此期望再取期望，即为整个样本的期望，也就是无条件期望（见图 2-3）。

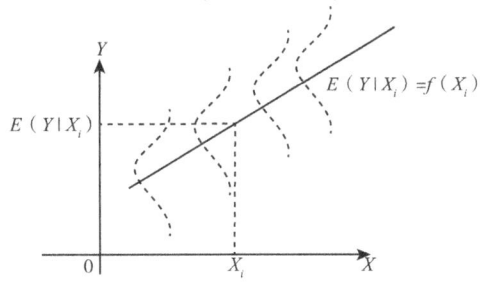

图 2-3 被解释变量 $Y$ 的条件期望展示图

③回归函数：被解释变量 $Y$ 的条件期望 $E(Y|X_i)$ 随解释变量 $X$ 的变化而变化的规律用一个函数 $E(Y|X_i) = f(X_i)$ 来度量，这个函数称为回归函数。

④回归线：对于每一个 $X$ 的取值 $X_i$，都有 $Y$ 的条件期望 $E(Y|X_i)$ 与之对应，代表 $Y$ 条件期望的点的轨迹所形成的直线或曲线称为回归线。

由于经济变量的随机性和影响因素的复杂性，回归分析研究一个变量对另一个（或一些）变量的依赖关系，但它并不意味着因果关系。正如 Kendall 和 Stuart 所指出，不管一个统计关系有多么强，永远都不能确立为因果方面的联系，对因果关系方面的分析与论证必须来自统计学之外，来自各种经济理论和特征事实。由此可见统计关系式不意味着因果关系，要谈经济变量之间因果关系，必须首先从经济理论和经济实践中分析理论上存在因果关系。

从相关分析与回归分析的关系来看，相关分析侧重分析变量之间的相关关系，回归分析是在相关分析的基础上，进一步分析变量间的"依赖"或"因果"关系，由此可见，相关分析是回归分析的前提，回归分析是相关分析的进一步深化。

## 2.2 总体回归与样本回归

### 2.2.1 总体回归

（1）总体回归函数

假如已知特定经济现象总体中被解释变量 $Y$ 和解释变量 $X$ 的每个可能观测值（通常是不可能的），那么，可以计算出总体被解释变量 $Y$ 的条件期望 $E(Y|X_i)$，并将其表示为解释变量 $X$ 的某种函数：

$$E(Y|X_i) = f(X_i) \tag{2-3}$$

这个函数称为总体回归函数（Population Regression Function，记为 PRF），从本质来看，总体回归函数实际上表现的是特定总体中被解释变量的条件期望随解释变量变动而变动的某种规律性。

假如 $Y$ 的条件期望 $E(Y|X_i)$ 是解释变量 $X$ 的线性函数，即 $E(Y|X_i) = f(X_i)$。对于给定解释变量 $X_i$ 的条件下，$Y$ 的个别值 $Y_i$ 并不一定等于其条件期望 $E(Y|X_i)$，而是分布在 $E(Y|X_i)$ 的周围，这样 $Y$ 的个别值 $Y_i$ 与其条件期望 $E(Y|X_i)$ 有一定的偏差。若令个别值 $Y_i$ 与条件期望 $E(Y|X_i)$ 的偏差为 $\varepsilon_i$，那么 $\varepsilon_i = Y_i - E(Y|X_i) = Y_i - f(X_i)$，由于影响 $Y_i$ 且存在随机性的因素众多，而纳入确定性回归函数的因素有限，这样 $\varepsilon_i$ 显然是个随机变量（见图 2-4）。

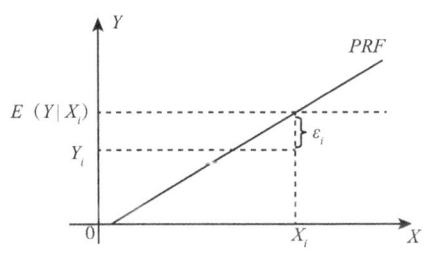

图 2-4　总体回归的图解

计量经济学的根本目的是要探寻变量间数量关系的规律，即寻找总体回归函数。在实践中，我们所设定的计量模型就是在设定总体回归函数的具体形式，并对此做出一些假设，在此基础上，从总体中收集样本数据，对总体所设定的模型进行分析。正如洪永森（2011）所指出，现代计量经济学实际上是建立在以下两个公理之上：①任何经济系统都可视为服从一定概率分布而发展的随机过程。②任何经济现象，通常以数据的形式呈现，可视为上述随机数据生成过程的实现。计量经济学的目的就是从观测数据中找到经济系统的统计规律。经济理论通常对概率法则进行某些限制，可以通过检验这些限制的有效性来验证经济理论或经济假说。例如，不同年份的 GDP 增长率可看成不同的随机变量，每一个随机变量仅有一个实现值。如果一个随机变量仅有一个实现值，是无法进行统计分析的，统计分析研究的是同一数据生成过程产生的大量实现的"平均"行为。为了对经济数据进行统计分析，经济学家和计量经济学家通常假设经济系统具有不随时间或个体差异而变化的"共同特征"，从而可以汇总使用随机变量的不同时间序列数据或截面数据来进行统计分析。这些共同特征通常称为经济系统的"平稳性"或"同质性"，在这些假设下，可以将观测数据视为从同一总体或具有相似特征的总体中产生出来的。

（2）总体回归函数的特点

作为总体运行的客观规律，总体回归函数是客观存在的，但在实际的经济研究中，总体回归函数通常是未知的，只能根据经济理论、实践经验或者现实经济数据的关系特征去设定，总体回归函数中 Y 和 X 的关系可以是线性的，也可以是非线性的。

计量经济学中，线性回归模型的"线性"有两种解释：一是就变量而言是线性的，被解释变量的条件期望是解释变量的线性函数。二是就参数而言是线性的，被解释变量的条件期望是参数的线性函数。例如，$E(Y|X_i) = \beta_1 + \beta_2 X_i$ 对变量、参数均为"线性"；$E(Y|X_i) = \beta_1 + \beta_2 X_i^2$ 对参数为"线性"，但是对变量"非线性"；$E(Y|X_i) = \beta_1 + \beta_2^2 X_i$ 对变量为"线性"，但是对参数"非线性"。在计量经济学中，线性回归模型是就参数而言是"线性"的，因为只要对参数而言是线性的，都可以用类似的方法去估计其参数，都可以归于线性回归。事实上，在实证分析时，如果

出现变量是非线性的,都可以事先将变量非线性的数据形式转化为线性形式的测度结果,例如,$E(Y|X_i)=\beta_1+\beta_2 X_i^2$,令 $X_i^*=X_i^2$,此时,$E(Y|X_i)=\beta_1+\beta_2 X_i^*$,由此转化为线性形式。此外,回归分析一个重要的目的就是估计参数,模型对参数是线性形式,会使估计参数变得较为简单。

(3)随机扰动项

在总体回归函数中,个别值 $Y_i$ 与其条件期望 $E(Y|X_i)$ 的偏差 $\varepsilon_i$ 有很重要的意义,这是因为若只有 $X$ 影响 $Y$,$Y_i$ 与 $E(Y|X_i)$ 不应该存在偏差。但 $Y$ 的影响因素除了 $X$ 外,还有其他众多因素,$\varepsilon_i$ 实际是代表了排除在 $E(Y|X_i)$ 模型之外的其他所有影响 $Y$ 的因素。

引入随机扰动项主要是因为影响被解释变量的因素众多,而纳入模型的解释变量有限,且有些影响被解释变量的数据无法获取,由此也无法将这类解释变量纳入模型之中,此外,随机扰动项还代表未知影响因素。

在实证分析中,通常认为在被解释变量的条件期望函数中,纳入了影响被解释变量条件期望的主要解释变量,反映了影响被解释变量的确切规律性,剩下的影响被解释变量的因素具有纯随机性,且分布在被解释变量的条件期望的左右,因此,在计量经济学中,常假设随机扰动项 $\varepsilon_i$ 的期望为0,具有一定分布形式的随机变量。此外,被解释变量除了受到确定规律性的条件期望影响外,剩下的均为随机扰动项的影响,因此,被解释变量的分布性质、数字特征与随机扰动项具有很大关系,由此,计量经济学中很多假设和分析是针对随机扰动项的,只有这样才能进一步分析被解释变量的性质以及参数估计量的性质。例如,后文将介绍满足经典假设的零均值、同方差和无自相关的随机扰动项就具有高度的随机性,也被称为纯随机变量。这样的变量之间互不相关,从中无法再挖掘其规律性,也无法对其再进行建模。理想情况下,对一个被解释变量进行建模分析,当各种与被解释变量之间所有依赖关系的变量都通过建模被识别后,剩下的无须进一步挖掘的残余部分都是随机扰动项,从这个意义上,随机扰动项也构成建模的基本要件。再如,后文将介绍的内生性,内生性表明随机扰动项与某个解释变量相关,这说明在建模时,没有将影响被解释变量的规律性完全分析,以至于丢掉到随机扰动项之中,这导致随机扰动项存在与解释变量相关的部分,由此产生内生性问题,这就应了"魔鬼常出现在细节之中",因此,在计量经济学中,常常花费很大精力来分析随机扰动项。

### 2.2.2 样本回归

(1)样本回归函数的概念

对于解释变量 $X$ 取某个值的条件下,可以得到 $Y$ 的条件均值,如果把被解释变

量 $Y$ 的样本条件均值 $\hat{Y}_i$ 表示为解释变量 $X$ 的某种函数形式，则这个函数称为样本回归函数（Sample Regression Function，记为 SRF），该函数所对应的回归线、即样本回归线（如图 2-5 所示）

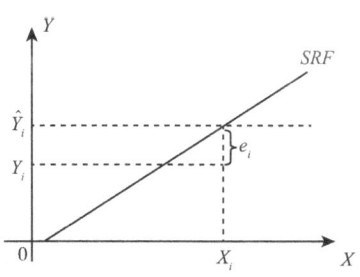

图 2-5 样本回归的图解

样本回归函数如果为线性函数，则可表示为 $\hat{Y}_i = \hat{\beta}_1 + \hat{\beta}_2 X_{1i} + \cdots + \hat{\beta}_k X_{ki}$，这称为条件均值形式，其中，$\hat{Y}_i$ 是解释变量 $X$ 取 $X_{1i},\cdots,X_{ki}$ 条件下 $Y$ 的样本条件均值，$\hat{\beta}_1$，$\hat{\beta}_2,\cdots,\hat{\beta}_k$ 分别是样本回归函数的参数。被解释变量 $Y$ 的实际观测值 $Y_i$ 不完全等于样本条件均值 $\hat{Y}_i$，两者之差用 $e_i$ 表示，$e_i$ 称为剩余项或残差项：$e_i = Y_i - \hat{Y}_i$。

（2）样本回归函数的特点

样本回归线最显著的特点是样本回归线随抽样波动而变化，每次抽样都能获得一个样本，可以拟合出对应的样本回归线，对应着一个样本回归函数，由此可见样本回归函数并不唯一，但样本回归函数形式应与设定的总体回归函数形式一致。样本回归线只是样本条件均值的轨迹，并不是总体回归线，充其量是未知的总体回归线的近似表现（见图 2-6）。

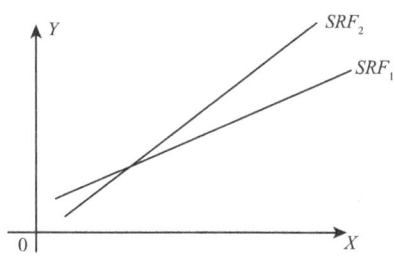

图 2-6 样本回归线的特点图解

## 2.2.3 总体回归与样本回归的关系

回归分析的目标是寻求总体回归函数，主要是根据样本回归函数 SRF 去估计、近似总体回归函数 PRF。

> 计量经济分析的目标
> 样本回归函数 $\hat{Y}_i = \hat{\beta}_1 + \hat{\beta}_2 X_i$ $\xrightarrow{\text{拟合}}$ 总体回归函数 $E(Y|X_i) = \beta_1 + \beta_2 X_i$
> 样本回归模型 $Y_i = \hat{\beta}_1 + \hat{\beta}_2 X_i + e_i$ $\xrightarrow{\text{拟合}}$ 总体回归模型 $Y_i = \beta_1 + \beta_2 X_i + \varepsilon_i$

如果能够通过某种方式获得 $\hat{\beta}_1$ 和 $\hat{\beta}_2$ 的数值，使得样本回归参数 $\hat{\beta}_1$ 和 $\hat{\beta}_2$ 是对总体回归函数参数 $\beta_1$ 和 $\beta_2$ 的估计；那么 $\hat{Y}_i$ 可以看作是对总体条件期望 $E(Y|X_i)$ 的估计，$e_i$ 类似于总体回归函数中的 $\varepsilon_i$，可以看作对 $\varepsilon_i$ 的估计（见图 2-7）。

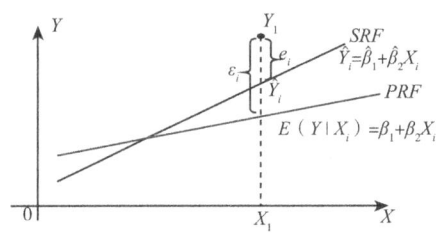

图 2-7 总体回归线和样本回归线的关系

样本在代表总体过程中通常存在误差，样本回归函数会过高或过低估计总体回归函数。为此，需要尽可能地使抽样具有随机性，样本容量尽可能大，这样的样本数据才尽可能反映总体数据的特征。同时，计量经济学就是要寻求一种规则和方法，使其得到的样本回归函数 SRF 的参数估计尽可能"接近"总体回归函数 PRF 中的参数，得到的回归线尽可能拟合被解释变量与解释变量的观测值所形成的散点。这样的"规则和方法"有多种，如矩估计法、极大似然估计法、最小二乘估计法等，其中较常用的是最小二乘估计法。

值得注意的是，学习计量经济学理论过程中要关注三个概念来回转换使用：一是总体与总体回归模型。在实证分析时常常针对的是总体回归模型，总体回归模型在总体数据能够完全得到或者穷尽的情况下，所得到包括确定的总体回归函数和随机扰动项的总体回归模型形式，这个确定的总体回归函数就是所关注变量的生成过程或者规律。总体数据通常无法穷尽或无法完全得到，但总体回归函数或模型是真实存在的，如果能够穷尽总体中所有个体的数据，则这个总体回归函数是能够确定的。二是总体中的随机样本。为了理论分析的需要，该随机样本是为了分析总体数据或模型而假想的能够"招之即来、挥之即去"、可以随时、重复出现的样本，该样本具有随机性、重复抽样的特征。具有这样特征的样本在很大程度上能够反映总体的性质，对于理解统计量这一概念很有帮助，在理论分析时，作为分析总体特征的一个参照。三是现实中的样本数据和样本模型。由于时间的不可重复性，现实中得到的样本往往只有一个，该样本是总体数据中的一个具体抽样或者实现，而实证分析中所具有的数据恰恰只有该样本。那么如何根据其去分析总体，这就是一个遍历性的问题。事实上，在给定解释变量的条件下，被解释变量的取值，从总体视角来看是众多的，从随机的角度来看，这些众多的被解释变量值是服从一定分布的，去除均值后，剩下的部分（残差）的分布很显然和这个分布是息息相关的，为了能够很好地分析被解释变量的依赖或影响因素，人们常自负地认为已经找到了影响被解释变量的重要解释变量，也就是说，剔除了这些随解释变量变化而变化的规律性即条件期望函数，残留下来的是纯随机过程，在这种情况下，已经找到了被解释变量的主要生成规律。这三者之间的关系非常重要，在学习计量经济学的开始一定要弄清楚。

## 2.3 简单线性回归模型的 OLS 估计

在简单线性回归模型中，如何根据观测值来拟合总体或样本回归函数中 $Y$ 与 $X$ 的线性关系？最简单的想法就是在平面上找到一条直线，使此直线离所有观测值对应点的距离最近，在此平面上，假设任意给定一条直线 $\hat{Y}_i = \hat{\beta}_0 + \hat{\beta}_1 X_i$，计算每个点（观测值）到这条线的距离 $e_i = Y_i - (\hat{\beta}_0 + \hat{\beta}_1 X_i)$，即"残差"（residual）。

普通最小二乘法（Ordinary Least Squares，OLS）就是选择 $\hat{\beta}_0$ 和 $\hat{\beta}_1$，使残差平方和最小化，为此可将 OLS 的目标函数写为：

$$\min \sum e^2_{\hat{\beta}_0,\hat{\beta}_1} = \min_{\hat{\beta}_0,\hat{\beta}_1} \sum_{i=1}^{n} [Y_i - (\hat{\beta}_0 + \hat{\beta}_1 X_i)]^2 \tag{2-4}$$

思考：为什么不是 $\min \sum e_{\hat{\beta}_0,\hat{\beta}_1}$ 或 $\min \sum |e_{\hat{\beta}_0,\hat{\beta}_1}|$，而是 $\min \sum e^2_{\hat{\beta}_0,\hat{\beta}_1}$？

这是因为众多观测点到给定回归线的距离可正、可负，这样所有点到给定回归线的距离之和可能为 0，未能真实反映观测点到给定线的距离情况。在数学中也常用绝对值 $|e_i|$ 来反映距离，但这又涉及绝对值函数最优化求解过程中出现不可导的情况，在此情况下，计量经济学家使用了最小化残差平方和来进行求解，这就是所谓的最小二乘法的思想。

对于式（2-4）的求解，自然是利用最优化的方法，即对参数求一阶导数后，令其为零，可得到普通最小二乘法的正规方程：

$$\partial \sum_{i=1}^{n} (Y_i - \hat{\beta}_0 - \hat{\beta}_1 X_i)^2 / \partial \hat{\beta}_0 = 0 \Rightarrow \sum_{i=1}^{n} (Y_i - \hat{\beta}_0 - \hat{\beta}_1 X_i) = 0 \tag{2-5}$$

$$\partial \sum_{i=1}^{n} (Y_i - \hat{\beta}_0 - \hat{\beta}_1 X_i)^2 / \partial \hat{\beta}_1 = 0 \Rightarrow \sum_{i=1}^{n} X_i (Y_i - \hat{\beta}_0 - \hat{\beta}_1 X_i) = 0 \tag{2-6}$$

由式（2-5）可得：$\left[\sum_{i=1}^{n}(Y_i - \hat{\beta}_0 - \hat{\beta}_1 X_i)\right]/n = 0$

整理可得简单线性回归模型的截距表达式：$\hat{\beta}_0 = \bar{Y} - \hat{\beta}_1 \bar{X}$。

将 $\hat{\beta}_0 = \bar{Y} - \hat{\beta}_1 \bar{X}$ 代入方程（2-6）中，整理可得：

$$\sum_{i=1}^{n} X_i(Y_i - \bar{Y}) = \hat{\beta}_1 \sum_{i=1}^{n} X_i(X_i - \bar{X}) \tag{2-7}$$

由于 $\sum(Y_i - \bar{Y}) = 0$ 和 $\sum(X_i - \bar{X}) = 0$，式（2-7）可写成：

$$\sum_{i=1}^{n}(X_i - \bar{X})(Y_i - \bar{Y}) = \hat{\beta}_1 \sum_{i=1}^{n}(X_i - \bar{X})^2 \tag{2-8}$$

对方程（2-8）整理可得简单线性回归模型的斜率表达式：

$$\hat{\beta}_1 = \sum_{i=1}^{n}(X_i - \bar{X})(Y_i - \bar{Y}) \Big/ \sum_{i=1}^{n}(X_i - \bar{X})^2 = \frac{S_{XY}}{S_X^2} \tag{2-9}$$

其中，$S_{XY}$ 可以看作是 $X$ 和 $Y$ 协方差的估计，$S_X^2$ 可以看作是 $X$ 方差的估计，估计的截距 $\hat{\beta}_0$ 和斜率 $\hat{\beta}_1$ 是利用 $X$ 和 $Y$ 的 $n$ 组样本观测值计算得到的，它们分别是总体截距 $\beta_0$ 和斜率 $\beta_1$ 的估计。斜率估计量是 $X$ 和 $Y$ 的样本协方差 $S_{XY}$ 除以 $X$ 的方差 $S_X^2$，由于方差始终为非负，若 $X$ 和 $Y$ 正相关，斜率为正，若 $X$ 和 $Y$ 负相关，斜率为负，回归线的斜率表示 $X$ 变化一个单位对 $Y$ 均值的影响。此外，样本的解释变量观测值 $X$ 需要变化，否则，在 $\hat{\beta}_1$ 的表示式中，分母将为 0。

如果给出的参数估计结果是由一个具体样本数据计算出来的，它是一个"估计值"，或者"点估计"，是参数估计量的一个具体数值；如果把上式看成参数估计的一个函数表达式，那么，则是 $Y_i$ 的函数，而 $Y_i$ 是随机变量，所以参数估计也是随机变量，在这个角度上，就称之为"估计量"。

## 2.4 简单线性回归模型 OLS 估计量的性质

### 2.4.1 无假设下 OLS 估计量的性质

无假设下 OLS 估计量的性质是仅根据 OLS 估计的基本原理推导得到估计量所具有的性质，是在没有任何假设下，OLS 估计量具有的代数和几何性质。

（1）OLS 估计量的代数性质

①OLS 估计的残差和与残差的样本均值为 0

在带有常数项的回归中，由普通最小二乘法关于 $\hat{\beta}_0$ 的一阶最优条件可得：

$$\partial \sum_{i=1}^{n}(Y_i - \hat{\beta}_0 - \hat{\beta}_1 X_i)^2 / \partial \hat{\beta}_0 = 0 \Rightarrow \sum_{i=1}^{n}(Y_i - \hat{\beta}_0 - \hat{\beta}_1 X_i) = 0 \quad (2-10)$$

由式（2-10）可知，$\sum_{i=1}^{n}\hat{\varepsilon}_i = \sum_{i=1}^{n}(Y_i - \hat{\beta}_0 - \hat{\beta}_1 X_i) = 0$，即 $\sum_{i=1}^{n}\hat{\varepsilon}_i/n = \bar{\hat{\varepsilon}} = 0$。该性质成立的前提是带有常数项回归，这是为什么？

因为这是在求解常数项的估计量时，残差平方和对常数项求偏导所得到的性质，所以此条性质成立的前提是回归函数带有常数项。

②解释变量与残差项的样本协方差为零

由普通最小二乘估计法关于 $\hat{\beta}_1$ 的一阶最优条件可得：

$$\partial \sum_{i=1}^{n}(Y_i - \hat{\beta}_0 - \hat{\beta}_1 X_i)^2 / \partial \hat{\beta}_1 = 0 \Rightarrow \sum_{i=1}^{n} X_i (Y_i - \hat{\beta}_0 - \hat{\beta}_1 X_i) = 0 \quad (2-11)$$

由式（2-11）可得：$\sum_{i=1}^{n} X_i \hat{\varepsilon}_i = 0$，又由于 $\bar{\hat{\varepsilon}} = 0$，$\sum_{i=1}^{n} X_i \bar{\hat{\varepsilon}} = 0$，则 $\sum_{i=1}^{n}(X_i - \bar{X})(\hat{\varepsilon}_i - \bar{\hat{\varepsilon}}) = 0$，进而可得解释变量与残差项之间的样本协方差为 0。

③OLS 回归线总是经过样本均值

由普通最小二乘法关于 $\hat{\beta}_0$ 的一阶最优条件可得：

$$\partial \sum_{i=1}^{n}(Y_i - \hat{\beta}_0 - \hat{\beta}_1 X_i)^2 / \partial \hat{\beta}_0 = 0 \Rightarrow \sum_{i=1}^{n}(Y_i - \hat{\beta}_0 - \hat{\beta}_1 X_i) = 0 \quad (2-12)$$

对方程（2-12）两边同时除以 $n$ 可得：$\bar{Y} = \hat{\beta}_0 + \hat{\beta}_1 \bar{X}$，由此可见，OLS 回归线 $\hat{Y}_i = \hat{\beta}_0 + \hat{\beta}_1 X_i$ 总是经过样本均值点 $(\bar{X}, \bar{Y})$。

(2) OLS 估计的几何性质

从几何图形来看，一元线性回归分析的本质是在由解释变量 $X$ 和常数向量 1 拓展成的平面上寻找与被解释变量 $Y$ 最为接近的线性组合 $\hat{Y}$（见图 2-8），使残差 $\hat{\varepsilon} = Y - \hat{Y}$ 最小。为此，需要做 $Y$ 在该平面上的垂直投影，因此 $\hat{\varepsilon}$ 正交于解释变量 $X$ 和常数向量 1，即 $\hat{\varepsilon}$ 所对应的向量垂直于解释变量 $X$ 和常数向量 1 所形成的平面，因此有 $\sum_{i=1}^{n} X_i \hat{\varepsilon}_i = 0$、$\sum_{i=1}^{n} \hat{\varepsilon}_i = 0$。

思考：为什么 $Y$ 所代表的向量是斜插入解释变量 $X$ 和常数向量 1 所形成的平面，而不是平躺在解释变量 $X$ 和常数向量 1 所形成的平面内。

## 2.4.2 经典假设下 OLS 估计量的性质

当得到参数估计量之后，需要考察参数估计量优劣，即估计量的精确度、估计量的统计性质以及估计量的效率。在经典计量经济学模型中，常通过以下三个方面

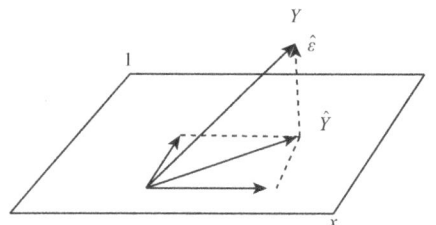

图 2-8 OLS 估计的几何解释

考察估计量优劣性：

①线性性，即估计量是否是随机变量 $Y_i$ 的线性表示；

②无偏性，即估计量的期望是否等于总体模型中的真实值；

③有效性，即所用方法得到的估计量是否在所有线性无偏估计量中，方差是最小的估计量。

以上三条准则作为估计量的小样本性质。拥有这类性质的估计量称为最佳线性无偏估计量（best liner unbiased estimator，简记为 BLUE 估计量）。但上述性质是在一定经典假设下才能够成立，为保证参数估计量具有良好的性质，通常对模型提出若干基本假设，这些假设主要是针对采用普通最小二乘法估计而提出的。

（1）线性性

线性性是指估计量 $\hat{\beta}_0$、$\hat{\beta}_1$ 是 $Y_i$ 的线性组合。由 $\hat{\beta}_1$ 估计量的表达式可知：

$$\hat{\beta}_1 = \frac{\sum(X_i - \bar{X})(Y_i - \bar{Y})}{\sum(X_i - \bar{X})^2} = \frac{\sum(X_i - \bar{X})Y_i}{\sum(X_i - \bar{X})^2} - \frac{\bar{Y}\sum(X_i - \bar{X})}{\sum(X_i - \bar{X})^2} \qquad (2-13)$$

由于 $\sum(X_i - \bar{X}) = 0$，令 $k_i = \dfrac{X_i - \bar{X}}{\sum(X_i - \bar{X})^2}$。则有：

$$\hat{\beta}_1 = \frac{\sum(X_i - \bar{X})Y_i}{\sum(X_i - \bar{X})^2} = \sum k_i Y_i \qquad (2-14)$$

$$\hat{\beta}_0 = \bar{Y} - \hat{\beta}_1 \bar{X} = \frac{1}{n}\sum Y_i - \sum k_i Y_i \bar{X} = \sum \left(\frac{1}{n} - k_i \bar{X}\right) Y_i \qquad (2-15)$$

令 $w = \left(\dfrac{1}{n} - k_i \bar{X}\right)$，则

$$\hat{\beta}_0 = \sum w_i Y_i \qquad (2-16)$$

从方程（2-14）和方程（2-16）可知，估计量 $\hat{\beta}_0$ 和 $\hat{\beta}_1$ 是 $Y_i$ 的线性组合。需要指出的是，估计量满足线性性，容易由 $Y_i$ 的统计特征得到参数估计量的统计特征，便于对参数统计量进行统计分析。

(2) 无偏性

为了使 OLS 估计量满足无偏性，通常需要做如下四条经典假设：

**假设 1（模型关于参数线性）**：在总体模型中，被解释变量 $Y$ 是解释变量 $X$ 系数参数的线性函数。对于简单线性回归模型 $Y_i = \beta_0 + \beta_1 X_i + \varepsilon_i$，该模型关于参数线性。

**假设 2（解释变量的样本观测值有变差）**：$X_i$ 的取值是发生变化的，不是完全相同的数值。

**假设 3（随机抽样）**：样本观测值 $\{(X_i, Y_i): i=1, 2, \cdots, n\}$ 为来自总体的随机抽样，样本容量为 $n$，由此可以将样本模型写为 $Y_i = \hat{\beta}_0 + \hat{\beta}_1 X_i + e_i$。

**假定 4（条件期望为 0）**：在给定解释变量 $X_i$ 的条件下，随机扰动项的条件期望为 0，即 $E(\varepsilon_i | X_i) = 0$，这意味着解释变量 $X_i$ 与随机扰动项 $\varepsilon_i$ 无关。

为了分析参数估计量 $\hat{\beta}_1$ 的无偏性，可以把参数估计量 $\hat{\beta}_1$ 表示为随机变量的形式：

$$\hat{\beta}_1 = \frac{\sum (X_i - \overline{X})(Y_i - \overline{Y})}{\sum (X_i - \overline{X})^2} = \frac{\sum (X_i - \overline{X}) Y_i}{\sum (X_i - \overline{X})^2} = \frac{\sum (X_i - \overline{X})(\beta_0 + \beta_1 X_i + \varepsilon_i)}{\sum (X_i - \overline{X})^2} \tag{2-17}$$

将方程（2-17）展开可得：

$$\hat{\beta}_1 = \frac{\beta_0 \sum (X_i - \overline{X}) + \beta_1 \sum (X_i - \overline{X}) X_i + \sum (X_i - \overline{X}) \varepsilon_i}{\sum (X_i - \overline{X})^2} \tag{2-18}$$

由于 $\sum (X_i - \overline{X}) = 0$，$\sum (X_i - \overline{X}) X_i = \sum (X_i - \overline{X})^2$，可得 $\hat{\beta}_1 = \beta_1 + \frac{\sum (X_i - \overline{X}) \varepsilon_i}{\sum (X_i - \overline{X})^2}$，即为 $\hat{\beta}_1$ 的随机表达形式，从中可以发现，即便是同一组 $X_i$，不同的 $\varepsilon_i$ 实现导致不同的 $Y_i$，而不同的 $(X_i, Y_i)$ 组合得出不同的 $\hat{\beta}_1$，因此它是一个随机变量。

对 $\hat{\beta}_1 = \beta_1 + \frac{\sum (X_i \varepsilon_i - \overline{X} \varepsilon_i)}{\sum (X_i - \overline{X})^2}$ 两边取期望可得：

$$E(\hat{\beta}_1) = \beta_1 + \frac{E(\sum X_i \varepsilon_i) - \overline{X} E \sum \varepsilon_i}{\sum (X_i - \overline{X})^2} \tag{2-19}$$

由前面假设可知，$X_i$ 与 $\varepsilon_i$ 无关，即 $E(X\varepsilon) = 0$，且 $E(\varepsilon_i) = 0$，则 $E(\hat{\beta}_1) = \beta_1$。

对于参数估计量 $\hat{\beta}_0$ 的无偏性，

$$\hat{\beta}_0 = \overline{Y} - \hat{\beta}_1 \overline{X} = \beta_0 + \beta_1 \overline{X} + \overline{\varepsilon} - \hat{\beta}_1 \overline{X} \tag{2-20}$$

对式（2-20）两边取期望可得：

$$E(\hat{\beta}_0) = E(\beta_0 + \beta_1 \overline{X} + \overline{\varepsilon} - \hat{\beta}_1 \overline{X})$$

$$= \beta_0 + \beta_1 \overline{X} + E(\overline{\varepsilon}) - E(\hat{\beta}_1)\overline{X} \qquad (2-21)$$

由于 $E(\overline{\varepsilon}) = 0$，从参数估计量 $\hat{\beta}_1$ 的无偏性可知 $E(\hat{\beta}_1) = \beta_1$，进而可得 $E(\hat{\beta}_0) = \beta_0$。综上可知，参数估计量 $\hat{\beta}_0$ 和 $\hat{\beta}_1$ 的无偏性得到验证。

需要说明的是，无偏性是在四个经典线性假设成立，特别是假设4成立的前提下得到。同时，无偏性是参数估计量期望的性质，直观来看，每次从总体中随机抽取样本容量为 $n$ 的样本，用该样本进行估计参数，可以得到一次参数估计值，重复此过程 $k$ 次，可以得到 $k$ 次参数的估计，无偏性的内涵为 $k$ 次参数估计值的均值为真实参数，这说明，虽然在给定样本中，参数估计值可能"有偏"于真实参数，但重复抽样所得到的一系列可能的参数估计值以参数的真实值为中心。

（3）有效性（最小方差性）

对于简单线性回归模型的OLS估计量 $\hat{\beta}_0$、$\hat{\beta}_1$ 来说，无偏性仅仅说明了它们的抽样分布是以总体模型中的真实参数为中心，并没有分析参数估计量的波动程度及精确程度，而要说明估计量的精确程度还要分析估计量的方差，以及讨论其最小方差性。在讨论OLS估计量有效性时，需要做随机扰动项同方差和无自相关的假设。

**假设5（同方差假设）**：对于任一解释变量 $X_i$ 来说，随机扰动项均具有相同的方差，即 $Var(\varepsilon_i | X_i) = \sigma^2$。

**假设6（无自相关假设）**：随机扰动项之间不存在相关关系，即 $Cov(\varepsilon_i, \varepsilon_j) = 0$，$i \neq j$，$i, j = 1, 2, \cdots, n$。

由于 $\varepsilon_i$ 和 $\varepsilon_j$ 都属于随机扰动项，属于同一类变量，故 $\varepsilon_i$ 和 $\varepsilon_j$ 不相关也被称为无自相关。在分析OLS估计量有效性（最小方差性）时，需要了解在简单线性回归模型中斜率和截距估计量的方差。

①斜率估计量 $\hat{\beta}_1$ 的方差

对 $\hat{\beta}_1 = \beta_1 + \dfrac{\sum (X_i - \overline{X})\varepsilon_i}{\sum (X_i - \overline{X})^2}$ 两边取方差，可得：

$$Var(\hat{\beta}_1) = Var\left[\beta_1 + \frac{\sum (X_i - \overline{X})\varepsilon_i}{\sum (X_i - \overline{X})^2}\right]$$

$$= \left[\frac{1}{\sum (X_i - \overline{X})^2}\right]^2 Var\left[\sum (X_i - \overline{X})\varepsilon_i\right] \qquad (2-22)$$

根据假设5中的同方差假设 $Var(\varepsilon_i | X_i) = \sigma^2$，进一步得到：

$$Var(\hat{\beta}_1) = \left[\frac{1}{\sum (X_i - \overline{X})^2}\right]^2 \left[\sum (X_i - \overline{X})^2\right] Var(\varepsilon_i)$$

$$= \frac{\sigma^2}{\sum (X_i - \overline{X})^2} \qquad (2-23)$$

②截距估计量 $\hat{\beta}_0$ 的方差

由截距的线性性可知 $\hat{\beta}_0 = \sum w_i Y_i$，对此两边取方差可得：

$$Var(\hat{\beta}_0) = Var\left(\sum w_i Y_i\right) = \sum w_i^2 Var(\beta_0 + \beta_1 X_i + \varepsilon_i) \qquad (2-24)$$

进一步可以得出：$Var(\hat{\beta}_0) = \dfrac{\sum X_i^2 \sigma^2}{n \sum (X_i - \overline{X})^2}$

③最小方差性的证明

在简单线性回归模型 $Y_i = \beta_0 + \beta_1 X_i + \varepsilon_i$ 中，最小方差性是指在满足假设 1 至假设 6 下的 OLS 估计量 $\hat{\beta}_0$ 和 $\hat{\beta}_1$ 的方差最小。

假设 $\tilde{\beta}_0$ 和 $\tilde{\beta}_1$ 是简单线性回归模型 $Y_i = \beta_0 + \beta_1 X_i + \varepsilon_i$ 中参数的任一其它线性无偏估计量，在满足假设 1 至假设 6 的情况下有 $\text{var}(\hat{\beta}_0) < \text{var}(\tilde{\beta}_0)$，$\text{var}(\hat{\beta}_1) < \text{var}(\tilde{\beta}_1)$，证明过程见附录 2 - A。

## 2.5 扰动项与估计量的统计分布

为了能够对 OLS 估计量进行假设检验，需要知道估计量的抽样分布。已知 OLS 估计量 $\hat{\beta}_0$ 和 $\hat{\beta}_1$ 分别是 $Y_i$ 的线性组合，$Y_i$ 又是其条件期望和 $\varepsilon_i$ 的线性组合。由此可见，$\hat{\beta}_0$ 和 $\hat{\beta}_1$ 的分布与 $\varepsilon_i$ 的分布密切相关。为此，在计量经济学中通常做如下假设。

**假设 7**：假设随机扰动项服从 0 均值，同方差的正态分布，即 $\varepsilon \sim N(0, \sigma^2)$。

由于正态分布的线性组合仍然为正态分布，在 $\varepsilon$ 服从正态分布的假设下，则 $Y$ 也服从正态分布，同时作为 $Y$ 线性表示的估计量 $\hat{\beta}_0$ 和 $\hat{\beta}_1$ 也服从正态分布。根据 $\hat{\beta}_0$ 和 $\hat{\beta}_1$ 的无偏性可知 $E(\hat{\beta}_0) = \beta_0$，$E(\hat{\beta}_1) = \beta_1$。由式 (2-23) 和式 (2-24) 可知 $\hat{\beta}_0$ 和 $\hat{\beta}_1$ 方差表达式分别为 $Var(\hat{\beta}_0) = \dfrac{\sum X_i^2 \sigma^2}{n \sum (X_i - \overline{X})^2}$ 和 $Var(\hat{\beta}_1) = \dfrac{\sigma^2}{\sum (X_i - \overline{X})^2}$。进而可以得到 $\hat{\beta}_0$ 和 $\hat{\beta}_1$ 的分布为 $\hat{\beta}_0 \sim N\left(\beta_0, \dfrac{\sigma^2 \sum X_i^2}{n \sum (X_i - \overline{X})^2}\right)$，$\hat{\beta}_1 \sim N\left(\beta_1, \dfrac{\sigma^2}{\sum (X_i - \overline{X})^2}\right)$。

虽然知道估计量 $\hat{\beta}_0$ 和 $\hat{\beta}_1$ 的分布形式，但是在估计量 $\hat{\beta}_0$ 和 $\hat{\beta}_1$ 的方差表达式中含

有随机扰动项 $\varepsilon$ 的方差 $\sigma^2$，同时，在随机扰动项服从正态分布的假设中，也将随机误差项 $\varepsilon$ 的方差设定为 $\sigma^2$。实际上，$\sigma^2$ 是未知的，因此，$\hat{\beta}_0$ 和 $\hat{\beta}_1$ 的方差也无法确定，这就需要对其进行估计。而随机误差项 $\varepsilon_i$ 不可观测，只能从 $\varepsilon_i$ 的估计——残差 $e_i$ 出发，对 $\varepsilon_i$ 的方差 $\sigma^2$ 进行估计。在简单线性回归模型中，可以证明，$\sigma^2$ 的无偏估计量为 $\hat{\sigma}^2 = \dfrac{\sum e_i^2}{n-2}$，证明过程见附录 2-B。

在随机误差项 $\varepsilon_i$ 的方差 $\sigma^2$ 估计出之后，$\hat{\beta}_0$ 和 $\hat{\beta}_1$ 的方差和标准差也就估计出来。$\hat{\beta}_0$ 的样本方差和标准差分别为 $S_{\hat{\beta}_0}^2 = \hat{\sigma}^2 \sum X_i^2 / n \sum (X_i - \bar{X})^2$ 和 $S_{\hat{\beta}_0} = \hat{\sigma} \sqrt{\sum X_i^2 / n \sum (X_i - \bar{X})^2}$。$\hat{\beta}_1$ 的样本方差和标准差分别为 $S_{\hat{\beta}_1}^2 = \dfrac{\hat{\sigma}^2}{\sum (X_i - \bar{X})^2}$ 和 $S_{\hat{\beta}_1} = \dfrac{\hat{\sigma}}{\sqrt{\sum (X_i - \bar{X})^2}}$。由此可见，最小二乘估计量的方差或标准差估计是样本数据的函数，当样本发生变化时，方差的估计值也会发生变化。

通常将假设 1 至假设 6 称为经典的高斯—马尔科夫假设，在高斯—马尔科夫假设之下，OLS 估计量是最优线性无偏估计量（Best Linear Unbiased Estimator，记为 BLUE 估计量）。为了得到 OLS 回归估计量的抽样分布，以便使用样本回归模型对总体回归模型进行检验，需要在高斯—马尔科夫假设的基础上，假设随机扰动项独立于解释变量，且服从 0 均值，同方差的正态分布 $\varepsilon \sim N(0, \sigma^2)$。高斯—马尔科夫假设与随机扰动项的正态分布假设被称为经典线性模型假设。

## 2.6 OLS 估计量的统计检验

### 2.6.1 拟合优度

虽然利用样本数据，使用普通最小二乘估计法得到的样本回归函数线能够尽可能接近样本数据的散点。但是，仍然需要一个指标来衡量这个"尽可能"到底有多大的可能？常用的指标就是拟合优度，对应的统计量为可决系数。拟合优度 $R^2$ 度量了 $Y$ 的数据变差中能够被 $X$ 解释的比例。拟合优度的分析是建立在平方和分解公式的基础之上，为此，首先介绍平方和分解公式。

（1）平方和分解公式

对于每个被解释变量的观测值，均可写成其拟合值和残差值之和 $Y_i = \hat{Y}_i + \hat{\varepsilon}_i$，在带有常数项的回归方程中,被解释变量的总离差平方和(Total Sum of Squares,记为 TSS)$\sum(Y_i-\bar{Y})^2$ 可分解为解释的离差平方和(Explained sum of Squares,记为 ESS)$\sum(\hat{Y}_i-\bar{Y})^2$ 与残差平方和(Sum of Squared Residuals,记为 SSR)$\sum\hat{\varepsilon}_i^2$ 之和的形式,即 TSS = ESS + SSR,这就是平方和分解公式。证明如下:

$$\begin{aligned}\sum(Y_i-\bar{Y})^2 &= \sum(Y_i-\hat{Y}_i+\hat{Y}_i-\bar{Y})^2 \\ &= \sum[(Y_i-\hat{Y}_i)+(\hat{Y}_i-\bar{Y})]^2 \\ &= \sum[\hat{\varepsilon}_i+(\hat{Y}_i-\bar{Y})]^2 \\ &= \sum\hat{\varepsilon}_i^2+2\sum\hat{\varepsilon}_i(\hat{Y}_i-\bar{Y})+\sum(\hat{Y}_i-\bar{Y})^2 \end{aligned} \quad (2-25)$$

根据 OLS 的代数性质可知解释变量与残差项的样本协方差为 0、$\sum\hat{\varepsilon}_i=0$,式(2-25)的中间项为:

$$\begin{aligned}\sum\hat{\varepsilon}_i(\hat{Y}_i-\bar{Y}) &= \sum\hat{\varepsilon}_i\hat{Y}_i-\sum\hat{\varepsilon}_i\bar{Y} \\ &= \sum\hat{\varepsilon}_i(\hat{\beta}_0+\hat{\beta}_1 X_i)-\bar{Y}\sum\hat{\varepsilon}_i \\ &= \hat{\beta}_0\sum\hat{\varepsilon}_i+\hat{\beta}_1\sum\hat{\varepsilon}_i X_i=0 \end{aligned} \quad (2-26)$$

将式(2-26)带入式(2-25)可得 $\sum(Y_i-\bar{Y})^2=\sum\hat{\varepsilon}_i^2+\sum(\hat{Y}_i-\bar{Y})^2$,即 TSS = SSR + ESS。平方和分解公式的几何解释可以用图 2-9 阐释。

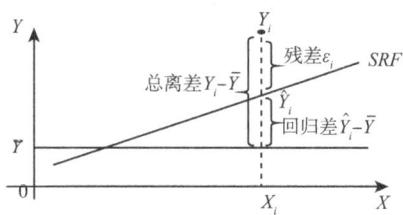

图 2-9 平方和分解示意图

(2)拟合优度

拟合优度 $R^2$ 指总离差平方和中可由回归函数解释的离差平方和解释的比例。据此,拟合优度的计算公式为:

$$R^2=\frac{ESS}{TSS}=\frac{\sum(\hat{Y}_i-\bar{Y})^2}{\sum(Y_i-\bar{Y})^2} \quad (2-27)$$

拟合优度的取值范围为[0,1],越接近 1,说明实际观测点离回归线越近,拟合程度越高。随着抽样的不同而不同,对可决系数的统计可靠性也应进行检验,对于拟合优度的进一步介绍将在第 3 章中展开。

### 2.6.2 线性回归的显著性检验

（1）假设检验（Hypothesis Testing）

所谓假设检验，就是事先对总体分布形式或总体参数做一个称为原假设的假定，然后利用样本数据信息来检验原假设是否合理，即根据样本数据信息得到的统计结论与原假设设定的结论是否有显著差异或矛盾，从而决定是否接受原假设。

事实上，假设检验采用的是概率意义上的反证法。判断假设情况合理与否，是基于"小概率事件不易发生"这一原理做出的判断。具体来说，首先提出针对总体模型或分布形式的原假设 $H_0$，并假定 $H_0$ 正确。在原假设 $H_0$ 下构造一个事件，随机从总体抽取一组样本容量为 $n$ 的样本观测值对该事件进行检验，即根据样本资料进行估计，得出相应的样本统计结论。如果该事件在"假设 $H_0$ 是正确"的条件下对应的概率很小，那么倾向于拒绝"假设 $H_0$ 是正确"。这因为小概率事件不应该在一次抽样中出现，如果居然在一次抽样中出现了，倾向于认为问题出现在原假设，由此拒绝原假设。反之，如果在一次抽样中，"假设 $H_0$ 是正确"的条件下对应的概率很大，则倾向于接受原假设，因为大概率事件在一次抽样中出现实属正常。

（2）变量的显著性检验——$t$ 检验

在计量经济学中，由于构造的统计量不同，对变量进行显著性检验的方法主要有 $F$ 检验、$t$ 检验、$z$ 检验，应用较为普遍的是 $t$ 检验。

例如：对于简单线性回归模型 $Y_i = \beta_0 + \beta_1 X_i + \varepsilon_i$ 中的 $\beta_1$，从前面的介绍中，已经知道其服从正态分布：

$$\hat{\beta}_1 \sim N\left(\beta_1, \frac{\sigma^2}{\sum (X_i - \bar{X})^2}\right) \tag{2-28}$$

其中，随机扰动项的方差 $\sigma^2$ 可以用它的无偏估计量 $\hat{\sigma} = \dfrac{\sum e_i^2}{n-2}$ 替代，进一步根据统计学中的理论，可以构造 $t$ 统计量，即：

$$t = \frac{\hat{\beta}_1 - \beta_1}{\sqrt{\dfrac{\hat{\sigma}^2}{\sum (X_i - \bar{X})^2}}} = \frac{\hat{\beta}_1 - \beta_1}{S_{\hat{\beta}_1}} \tag{2-29}$$

其中，$S_{\hat{\beta}_1} = \sqrt{\dfrac{\hat{\sigma}^2}{\sum (X_i - \bar{X})^2}}$，该统计量服从自由度为 $n-2$ 的 $t$ 分布，可以以此作为 $\beta_1$ 显著性检验的 $t$ 统计量。如果解释变量 $X$ 是显著的，那么其对应的系数 $\beta_1$ 应该显著不为 0，在实践中，参数显著性检验中的原假设和备择假设常定义为：

$$\begin{cases} H_0 : \beta_1 = 0 \\ H_1 : \beta_1 \neq 0 \end{cases} \qquad (2-30)$$

给定一个显著性水平 $\alpha$（一般为 0.1、0.05 和 0.01），查 $t$ 分布表，得到一个临界值 $t_{\frac{\alpha}{2}}(n-2)$，如果通过式（2-29）计算出来的 $|t|$ 大于通过查表得到的 $t_{\frac{\alpha}{2}}(n-2)$，则原假设是一个小概率事件，应该拒绝原假设，接受备择假设 $H_1$，即变量 $X$ 是显著的，说明 $X$ 对 $Y$ 具有显著影响。否则不拒绝原假设 $H_0$，说明 $X$ 对 $Y$ 不具有显著影响。

对于一元线性回归方程中截距项 $\beta_0$ 的显著性检验，根据其服从正态分布，可以构造 $t$ 统计量进行显著性检验。

$$t = \frac{\hat{\beta}_0 - \beta_0}{\sqrt{\dfrac{\hat{\sigma}^2 \sum X_i^2}{n \sum (X_i - \bar{X})^2}}} = \frac{\hat{\beta}_0 - \beta_0}{S_{\hat{\beta}_0}} \qquad (2-31)$$

该统计量服从自由度为 $n-2$ 的 $t$ 分布，在实践上，原假设和备择假设也常设为为：$H_0: \beta_0 = 0$，$H_1: \beta_0 \neq 0$，检验的基本思路与斜率 $\beta_1$ 的检验思路一致。

## 2.7 过原点回归

简单线性回归模型在普通最小二乘法下残差均值为 0 的前提是总体回归模型含有截距项。同时，在分析拟合优度时，平方和分解公式成立的前提也是总体回归模型带有截距项。若总体模型中无截距项，前面所提到的估计量性质是否成立？根据简单线性函数图像的特征可知，简单线性回归函数中不含截距项，则其图像必然经过原点，此时也称为过原点回归（Regression through the origin）。

无常数项的一元线性回归模型可写成：$Y_i = \beta X_i + \varepsilon_i$（$i = 1, 2, \cdots, n$），其回归函数为 $E(Y_i | X_i) = \beta X_i$（$i = 1, 2, \cdots, n$）。

对于系数 $\beta$ 的估计，依然可以采用 OLS 方法估计，最小化残差平方和，可以表示为：

$$\min_{\hat{\beta}} \sum_{i=1}^{n} e_i^2 = \sum_{i=1}^{n} (Y_i - \hat{\beta} X_i)^2 \qquad (2-32)$$

根据最优化的数学求解方法，可得无常数项回归对应的方程：

$$\frac{d}{d\hat{\beta}} \sum_{i=1}^{n} e_i^2 = -2 \sum_{i=1}^{n} (Y_i - \hat{\beta} X_i) X_i = 0 \qquad (2-33)$$

整理式（2-33）可得无常数回归下的正规方程 $\sum_{i=1}^{n} (Y_i - \hat{\beta} X_i) X_i = 0$，进一步可得：

$$\hat{\beta} = \frac{\sum_{i=1}^{n} X_i Y_i}{\sum_{i=1}^{n} X_i^2} \qquad (2-34)$$

上述无常数项回归与有常数项回归的参数估计量表达式类似，区别在于没有表现为 $X$ 和 $Y$ 的离差形式。

令 $e_i \equiv Y_i - \hat{\beta} X_i$，无常数回归下的正规方程式（2-33）可以进一步表示为 $\sum_{i=1}^{n} e_i X_i = 0$。

若令拟合值 $\hat{Y}_i \equiv \hat{\beta} X_i$，则有 $\sum_{i=1}^{n} \hat{Y}_i e_i = \sum_{i=1}^{n} \hat{\beta} X_i e_i = \hat{\beta} \sum_{i=1}^{n} X_i e_i = \hat{\beta} \cdot 0 = 0$，这表明残差仍然与拟合值正交，反映即使没有常数项，OLS 也仍满足正交性，因为正规方程组的表达式基本不变。

由于平方和分解公式成立的前提是回归模型中含有常数项。若为无常数项回归模型，则平方和分解公式不再成立，此时仅能对 $\sum_{i=1}^{n} Y_i^2$ 进行分解，即：

$$\sum_{i=1}^{n} Y_i^2 = \sum_{i=1}^{n} (\hat{Y}_i + e_i)^2 = \sum_{i=1}^{n} \hat{Y}_i^2 + 2\sum_{i=1}^{n} \hat{Y}_i e_i + \sum_{i=1}^{n} e_i^2 = \sum_{i=1}^{n} \hat{Y}_i^2 + \sum_{i=1}^{n} e_i^2 \qquad (2-35)$$

式（2-35）中右边第一项 $\sum_{i=1}^{n} \hat{Y}_i^2$ 为可由回归函数解释的部分，第二项 $\sum_{i=1}^{n} e_i^2$ 为回归函数不可解释的部分。由此可以定义无常数项回归的拟合优度为：

$$R_{uc}^2 = \frac{\sum_{i=1}^{n} \hat{Y}_i^2}{\sum_{i=1}^{n} Y_i^2} \qquad (2-36)$$

式（2-36）所表示的拟合优度 $R_{uc}^2$ 常称为非中心化拟合优度，这是因为带常数项的回归模型在度量拟合优度时，使用的被解释变量的总离差平方和 $\sum (Y_i - \bar{Y})^2$ 与解释的离差平方和 $\sum (\hat{Y}_i - \bar{Y})^2$，均进行了中心化（减去均值），而在无常数项回归中，未作此处理。

## 2.8 简单线性回归模型的 Stata 实现

为了分析城镇化（urb）对经济发展水平（GDP）的影响，构建 GDP 对 urb 的简单线性回归模型。基于数据的可得性，从《中国统计年鉴》中获得 2019 年中国部分省市区的名义 GDP 和城镇化（城镇常住人口/总常住人口）的数据，将取对数后的 GDP 对城镇化（urb）进行一元线性回归，对应的 Stata 命令为：

reg lnpgdp urb

其中，lnpgdp 为被解释变量，urb 为解释变量，如果在 urb 后面加入选择项"noconstant"，那么将得到无常数项的回归结果，否则，默认有常数项，得到有常数项的回归结果，回归结果见图 2-10。

| Source | SS | df | MS | | | |
|---|---|---|---|---|---|---|
| | | | | Number of obs | = | 31 |
| | | | | F(1, 29) | = | 20.11 |
| Model | 1.96677344 | 1 | 1.96677344 | Prob > F | = | 0.0001 |
| Residual | 2.83571783 | 29 | .097783373 | R-squared | = | 0.4095 |
| | | | | Adj R-squared | = | 0.3892 |
| Total | 4.80249127 | 30 | .160083042 | Root MSE | = | .3127 |

| lnpgdp | Coefficient | Std. err. | t | P>\|t\| | [95% conf. interval] | |
|---|---|---|---|---|---|---|
| urb | 2.118243 | .4723144 | 4.48 | 0.000 | 1.152252 | 3.084235 |
| _cons | 9.758882 | .2949359 | 33.09 | 0.000 | 9.155671 | 10.36209 |

图 2-10 经济发展水平对城镇化的回归结果

图中上部显示可解释部分 ESS（Model）为 1.9668，而不可解释部分 RSS（Residual）为 2.8357。TSS（Total）为 4.8025，$R^2$（R-squared）为 0.4095（=ESS/TSS），Root MSE 表示为残差平方根。

表中下部的"Coefficient"表示回归系数，"_cons"表示常数项（constant）。urb 前的系数估计值为 2.1182、其标准误（Std. Err）为 0.4723，$t$ 值为 4.48，对应的 P 值为 0.000，表明在 1% 的显著性水平上拒绝"系数为 0"的原假设，可以认为 urb 对 lnpgdp 有显著影响。

## 附录 2-A  简单线性回归模型 OLS 估计量最小方差性的证明①②

证明：对于简单线性回归模型 $Y_i = \beta_0 + \beta_1 X_i + \varepsilon_i$，使用 OLS 估计，可知参数 $\beta_0$ 和 $\beta_1$ 估计量的方差分别为：

$$Var(\hat{\beta}_0) = \sigma^2 \frac{\sum X_i^2}{n \sum x_i^2}, Var(\hat{\beta}_1) = \frac{\sigma^2}{\sum x_i^2}$$

其中，$x_i = X_i - \bar{X}$ 表示解释变量观察值的离差。

---

① Jeffrey M. Wooldridge. 计量经济学导论：现代观点（第六版）[M]. 北京：中国人民大学出版社，2018.

② 庞浩. 计量经济学（第二版）[M]. 北京：科学出版社，2010.

对于斜率项 OLS 估计量 $\hat{\beta}_1$ 的方差 $Var(\hat{\beta}_1) = \dfrac{\sigma^2}{\sum x_i^2}$ 最小的证明:

设 $\beta_1$ 的另一个线性无偏估计量为 $\tilde{\beta}_1$,即 $E(\tilde{\beta}_1) = \beta_1$,假设 $\tilde{\beta}_1$ 可以写成 $Y_i$ 的如下线性表示形式:

$$\tilde{\beta}_1 = \sum w_i Y_i$$

其中,$w_i \neq k_i$,$k_i = \dfrac{X_i - \bar{X}}{\sum (X_i - \bar{X})^2} = \dfrac{x_i}{\sum x_i^2}$。

$$E(\tilde{\beta}_1) = E(\sum w_i Y_i) = E[\sum w_i (\beta_0 + \beta_1 X_i + \varepsilon_i)] = \beta_0 \sum w_i + \beta_1 \sum w_i X_i$$

由 $\tilde{\beta}_1$ 满足无偏性可知,$E(\tilde{\beta}_1) = \beta_0 \sum w_i + \beta_1 \sum w_i X_i = \beta_1$,则 $\sum w_i = 0$,$\sum w_i X_i = 1$,此外 $Var(Y_i) = \sigma^2$,则

$$\begin{aligned}
Var(\tilde{\beta}_1) &= Var(\sum w_i Y_i) \\
&= Var(w_1 Y_1 + w_2 Y_2 + \cdots + w_n Y_n) \\
&= w_1^2 \sigma^2 + w_2^2 \sigma^2 + \cdots + w_2^2 \sigma^2 \\
&= \sigma^2 \sum w_i^2 \\
&= \sigma^2 \sum (w_i - k_i + k_i)^2 \\
&= \sigma^2 \sum [(w_i - k_i)^2 + 2(w_i - k_i) k_i + k_i^2] \\
&= \sigma^2 \sum (w_i - k_i)^2 + 2\sigma^2 (\sum w_i k_i - \sum k_i^2) + \sigma^2 \sum k_i^2 \\
&= \sigma^2 \sum (w_i - k_i)^2 + 2\sigma^2 \sum w_i k_i - 2\sigma^2 \sum k_i^2 + \sigma^2 \sum k_i^2 \\
&= \sigma^2 \sum (w_i - k_i)^2 + 2\sigma^2 \sum w_i k_i - \sigma^2 \sum k_i^2 \\
&= \sigma^2 \sum (w_i - k_i)^2 + 2\sigma^2 \sum w_i k_i - \dfrac{\sigma^2}{\sum x_i^2}
\end{aligned}$$

上式中的第二项:

$$\begin{aligned}
\sigma^2 \sum w_i k_i &= \sigma^2 \dfrac{\sum w_i x_i}{\sum x_i^2} \\
&= \sigma^2 \dfrac{\sum w_i (X_i - \bar{X})}{\sum x_i^2} \\
&= \sigma^2 \left[ \dfrac{\sum w_i X_i - \bar{X} \sum w_i}{\sum x_i^2} \right]
\end{aligned}$$

由于 $\sum w_i = 0$、$\sum w_i X_i = 1$,故 $\sigma^2 \sum w_i k_i = \sigma^2 \left[ \dfrac{\sum w_i X_i - \overline{X} \sum w_i}{\sum x_i^2} \right] = \dfrac{\sigma^2}{\sum x_i^2}$,

进而可得:

$$Var(\tilde{\beta}_1) = \sigma^2 \sum (w_i - k_i)^2 + \dfrac{\sigma^2}{\sum x_1^2}$$

由于 $Var(\hat{\beta}_1) = \dfrac{\sigma^2}{\sum x_1^2}$,故

$$Var(\tilde{\beta}_1) = \sigma^2 \sum (w_i - k_i)^2 + Var(\hat{\beta}_1) \geqslant Var(\hat{\beta}_1)$$

同理可证,在满足经典假设下,截距项 OLS 估计量的方差 $Var(\hat{\beta}_0)$ 最小。

## 附录 2-B  简单线性回归模型中随机误差项方差 $\hat{\sigma}^2 = \dfrac{\sum e_i^2}{n-2}$ 的证明[①][②]

证明:对于简单线性回归模型 $Y_i = \beta_0 + \beta_1 X_i + \varepsilon_i$,被解释变量和解释变量的观察值离差可以分别表示为 $y_i = Y_i - \overline{Y}$ 和 $x_i = X_i - \overline{X}$,则:

$y_i = Y_i - \overline{Y} = (\beta_0 + \beta_1 X_i + \varepsilon_i) - (\beta_0 + \beta_1 \overline{X}_i + \overline{\varepsilon}) = (\varepsilon_i - \overline{\varepsilon}) + \beta_1 x_i$

$\hat{y} = \hat{Y}_i - \overline{\hat{Y}}_i = (\hat{\beta}_0 + \hat{\beta}_1 X_i) - (\hat{\beta}_0 + \hat{\beta}_1 \overline{X}) = \hat{\beta}_1 x_i$

$e_i = y_i - \hat{y}_i = (\varepsilon_i - \overline{\varepsilon}) + \beta_1 x_i - \hat{\beta}_i x_i = (\varepsilon_i - \overline{\varepsilon}) - (\hat{\beta}_1 - \beta_1) x_i$

则残差的平方和为:

$$\sum e_i^2 = \sum (y_i - \hat{y}_i)^2$$
$$= \sum [(\varepsilon_i - \overline{\varepsilon}) - (\hat{\beta}_1 - \beta_1) x_i]^2$$
$$= \sum [(\varepsilon_i - \overline{\varepsilon})^2 - 2(\hat{\beta}_1 - \beta_1) \sum [(\varepsilon_i - \overline{\varepsilon}) x_i] + \sum (\hat{\beta}_1 - \beta_1)^2 x_i^2$$

对残差的平方和取期望后可得:

$$E(\sum e_i^2) = E[\sum (y_i - \hat{y}_i)^2]$$
$$= E[\sum (\varepsilon_i - \overline{\varepsilon})^2] - 2E[(\hat{\beta}_1 - \beta_1) \sum (\varepsilon_i - \overline{\varepsilon}) x_i] + E[\sum (\hat{\beta}_1 - \beta_1)^2 x_i^2]$$

结合随机扰动项的同方差和无自相关的假设,上式等号右边第一项为:

$$E[\sum (\varepsilon_i - \overline{\varepsilon})^2] = E[\sum \varepsilon_i^2 - n(\overline{\varepsilon})^2]$$
$$= E[\sum \varepsilon_i^2 - n(\dfrac{\sum \varepsilon_i}{n})^2]$$

---

① Jeffrey M. Wooldridge. 计量经济学导论(第四版)[M]. 北京:中国人民大学出版社,2010.
② 庞浩. 计量经济学(第二版)[M]. 北京:科学出版社,2010.

$$= E\left[\sum \varepsilon_i^2 - \frac{1}{n}\left(\sum \varepsilon_i\right)^2\right]$$

$$= \sum E(\varepsilon_i^2) - \frac{1}{n}E\left(\sum \varepsilon_i\right)^2$$

$$= \sum E(\varepsilon_i^2) - \frac{1}{n}E[\varepsilon_1^2 + \cdots + \varepsilon_n^2 + 2\varepsilon_1\varepsilon_2 + \cdots + 2\varepsilon_{n-1}\varepsilon_n]$$

$$= \sum (n-1)\sigma^2$$

由于, $\hat{\beta}_1 = \beta_1 + \dfrac{\sum x_i \varepsilon_i}{\sum x_i^2}$, $E(\bar{\varepsilon}) = 0$, $Var(\hat{\beta}_1) = \dfrac{\sigma^2}{\sum x_i^2}$, $E(\sum e_i^2)$ 式等号右边第二项为:

$$E\left[(\beta_1 - \hat{\beta}_1)\sum[(\varepsilon_i - \bar{\varepsilon})x_i]\right] = E\left[\frac{\sum x_i \varepsilon_i}{\sum x_i^2}\left(\sum x_i \varepsilon_i - \bar{\varepsilon}\sum x_i\right)\right]$$

$$= E\left[\frac{(\sum x_i \varepsilon_i)^2}{\sum x_i^2}\right] = E\left[\left(\frac{\sum x_i \varepsilon_i}{\sum x_i^2}\right)^2 \sum x_i^2\right]$$

$$= E(\hat{\beta}_1 - \beta_1)^2 \sum x_i^2 = Var\hat{\beta}_1 \sum x_i^2 = \sigma^2$$

$E(\sum e_i^2)$ 表示式等号右边第三项为:

$$E\left[\sum (\hat{\beta}_1 - \beta_1)^2 x_i^2\right] = \sum x_i^2 E[(\hat{\beta}_1 - \beta_1)^2] = Var\hat{\beta}_1 \sum x_i^2 = \sigma^2$$

将上述三项带入 $E(\sum e_i^2)$ 的表达式中,可得:

$$E\left(\sum e_i^2\right) = (n-1)\sigma^2 - 2\sigma^2 + \sigma^2 = (n-2)\sigma^2$$

由此,可知随机扰动项方差的无偏估计: $\hat{\sigma}^2 = \dfrac{\sum e_i^2}{n-2}$

## 参考文献

[1] 杰弗里·M. 伍德里奇. 计量经济学导论: 现代观点(第六版)[M]. 北京: 中国人民大学出版社, 2018.

[2] 李子奈, 潘文卿. 计量经济学(第五版)[M]. 北京: 高等教育出版社, 2020.

[3] 庞浩. 计量经济学(第二版)[M]. 北京: 科学出版社, 2010.

[4] 詹姆斯·H. 斯托克, 马克·M. 沃森. 计量经济学导论(第三版)[M]. 北京: 中国人民大学出版社, 2014.

# 第 3 章
# 多元线性回归模型

**本章导读**

经济运行是一项复杂的活动,一个经济因素的发展变化可能依赖于两个及其以上的其他经济社会因素,这时候一元线性回归模型就无法满足要求,就需要引入多元线性回归模型。为此,本章将在一元线性回归模型的基础上,进一步介绍多元线性回归模型的相关知识。类似于一元线性回归模型内容介绍的逻辑,本章首先介绍多元线性回归模型的形式与 OLS 估计。其次介绍多元线性回归模型 OLS 估计量的性质,主要包括:无任何假设和经典假设下多元线性回归模型 OLS 估计量的性质。然后,介绍多元线性回归模型随机扰动项与参数估计量的分布,以便对参数估计量进行统计检验,在此基础上,介绍参数估计量的统计检验。最后介绍多元线性回归模型的应用,以及多元线性回归模型的 Stata 实践。此外,为了更深入地理解并应用本章内容,本章还介绍了多元线性回归模型的大样本 OLS,以及多元线性回归模型的矩估计与极大似然估计。本章的内容框架如图 3-1 所示。

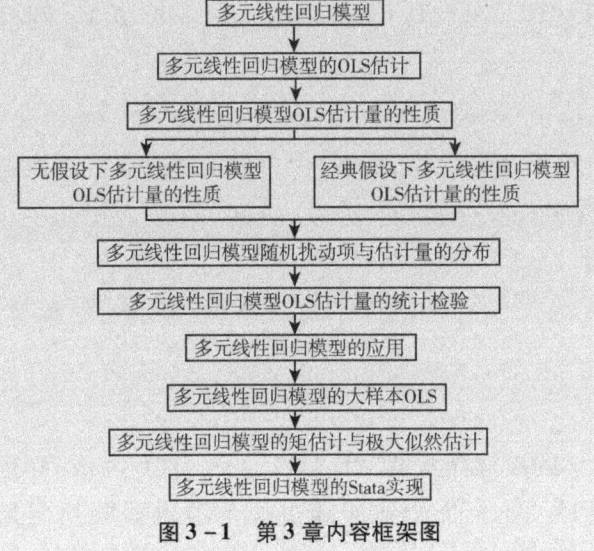

图 3-1　第 3 章内容框架图

## 3.1 多元线性回归模型概述

### 3.1.1 多元线性总体回归函数

对于多元线性总体回归函数来说,可设定为:

$$E(Y_i \mid X_{i0}, X_{i1}, X_{i2}, \cdots, X_{ik}) = \beta_0 X_{i0} + \beta_1 X_{i1} + \cdots + \beta_k X_{ik} \quad (i=1,\cdots,n) \tag{3-1}$$

其中,$E(Y_i \mid X_{i0}, X_{i1}, \cdots, X_{ik})$ 为被解释变量 $Y_i$ 的条件期望;$X_{ij}$ 为个体 $i$ 的第 $j$ 个解释变量;$X_{ij}$ 的第一个下标表示个体 $i$(共有 $n$ 个个体),第二个下标表示第 $j$ 个解释变量(共有 $k$ 个解释变量)。一般来说,计量经济学模型都有常数项,故通常令 $X_{i0}=1$,则模型(3-1)可表示为:

$$E(Y_i \mid X_{i1}, X_{i2}, \cdots, X_{ik}) = \beta_0 + \beta_1 X_{i1} + \cdots + \beta_k X_{ik} \quad (i=1,\cdots,n) \tag{3-2}$$

如果令 $X_i = (1 \quad X_{i1} \quad \cdots \quad X_{ik})$,$\beta = (\beta_0 \quad \beta_1 \quad \cdots \quad \beta_k)$,则模型(3-2)可以表示为:

$$E(Y_i \mid 1, X_{i1}, X_{i2}, \cdots, X_{ik}) = X_i \beta' \quad (i=1,\cdots,n) \tag{3-3}$$

### 3.1.2 多元线性总体回归模型

对于多元线性总体回归模型来说,可设定为:

$$Y_i = \beta_0 + \beta_1 X_{i1} + \cdots + \beta_k X_{ik} + \varepsilon_i = E(Y_i \mid 1, X_{i1}, X_{i2}, \cdots, X_{ik}) + \varepsilon_i \quad (i=1,\cdots,n) \tag{3-4}$$

如果令 $X_i = (1 \quad X_{i1} \quad \cdots \quad X_{ik})$,$\beta = (\beta_0 \quad \beta_1 \quad \cdots \quad \beta_k)$,则模型(3-4)可以表示为:

$$Y_i = X_i \beta' + \varepsilon_i \quad (i=1,\cdots,n) \tag{3-5}$$

模型(3-5)对于 $n$ 个个体中的每个个体 $i$ 都成立,这样就有 $n$ 个如同模型(3-5)构成的方程组:

$$\begin{cases} Y_1 = X_1 \beta' + \varepsilon_1 \\ Y_2 = X_2 \beta' + \varepsilon_2 \\ \cdots \\ Y_n = X_n \beta' + \varepsilon_n \end{cases} \tag{3-6}$$

如果将 $n$ 个个体的被解释变量 $(Y_1 \quad Y_2 \quad \cdots \quad Y_n)$ 写成列向量的形式,即 $Y = (Y_1 \quad Y_2 \quad \cdots \quad Y_n)'$,将 $n$ 个个体的随机扰动项也写成列向量的形式,即 $\varepsilon = (\varepsilon_1 \quad \varepsilon_2 \quad \cdots \quad \varepsilon_n)'$,也将 $n$ 个个体的解释变量写成矩阵的形式,则构成 $n \times (k+1)$

的矩阵（matrix），其中第 $i$ 行包含个体 $i$ 的全部解释变量，第 $j$ 列包含第 $n$ 个解释变量的全部观测值，即：

$$X = \begin{bmatrix} 1 & X_{11} & \cdots & X_{1k} \\ 1 & X_{21} & \cdots & X_{2k} \\ \vdots & \vdots & \ddots & \vdots \\ 1 & X_{n1} & \cdots & X_{nk} \end{bmatrix}_{n \times (k+1)} \tag{3-7}$$

在上述设定下，方程组（3-6）可以表示为：$Y = X\beta' + \varepsilon$，即为多元线性总体回归模型的矩阵表达形式。

### 3.1.3 多元线性样本回归函数

总体回归函数在总体数据能够完全得到或者穷尽的情况下，可以得到其确定的函数形式，这个函数就是所关注被解释变量的生成过程，总体回归函数是真实存在的。但总体数据通常无法穷尽或无法完全得到，这就导致通常没有办法估计出总体回归函数的参数，进而也无法获得总体回归函数的具体形式。现有可供分析的数据只有总体的一个样本实现，需要利用这个样本数据得到的样本回归函数在一些假设下尽可能接近总体回归函数，这时就要考察多元线性样本回归函数及模型。

对应于多元线性总体回归函数，多元线性样本回函数可以写成：

$$\hat{Y}_i = \hat{\beta}_0 + \hat{\beta}_1 X_{i1} + \cdots + \hat{\beta}_k X_{ik} \tag{3-8}$$

类似于多元线性总体回归函数，对于具有 $n$ 个个体的样本来说，多元线性样本回归模型表示成矩阵的形式为：

$$\hat{Y} = X\hat{\beta} \tag{3-9}$$

其中，$\hat{Y} = (\hat{Y}_1, \hat{Y}_2, \cdots, \hat{Y}_k)'$，$\hat{\beta} = (\hat{\beta}_0, \hat{\beta}_1, \cdots, \hat{\beta}_k)'$，$X = \begin{bmatrix} 1 & X_{11} & \cdots & X_{1k} \\ 1 & X_{21} & \cdots & X_{2k} \\ \vdots & \vdots & \ddots & \vdots \\ 1 & X_{n1} & \cdots & X_{nk} \end{bmatrix}_{n \times (k+1)}$。

一般将 $\hat{Y}_i = \hat{\beta}_0 + \hat{\beta}_1 X_{i1} + \cdots + \hat{\beta}_k X_{ik}$ 看作是总体回归期望 $E(Y_i | X_{i1}, X_{i2}, \cdots, X_{ik})$ 的拟合值，$\hat{\beta}$ 看作是 $\beta$ 的拟合值。

### 3.1.4 多元线性样本回归模型

对应于多元线性总体回归模型，多元线性样本回归模型可以写成：

$$Y_i = \hat{\beta}_0 + \hat{\beta}_1 X_{i1} + \cdots + \hat{\beta}_k X_{ik} + e_i = \hat{Y}_i + e_i \quad (3-10)$$

类似于总体回归模型,多元线性样本回归模型也可以表示成矩阵的形式为:

$$Y = X\hat{\beta} + e \quad (3-11)$$

其中,$e = (e_1, e_2, \cdots, e_n)'$,可以将残差值 $e_i = Y_i - \hat{\beta}_0 - \hat{\beta}_1 X_{i1} - \cdots - \hat{\beta}_k X_{ik}$ 看作是随机扰动项 $\varepsilon_i = Y_i - \beta_0 - \beta_1 X_{i1} - \cdots - \beta_k X_{ik}$ 的拟合值。

## 3.2 多元线性回归模型的 OLS 估计

多元线性回归模型设定以后,接下来的工作就是根据设定的模型,从总体中随机抽取样本容量为 $n$ 的样本,由得到的样本数据估计参数。对于参数的估计,目前流行的有普通最小二乘法、极大似然估计法和矩估计法。本节介绍普通最小二乘法,在第 3.8 节将介绍极大似然估计法和矩估计法。根据 OLS 估计的基本原理,使用 OLS 估计多元线性回归模型的参数可以转化为分析 $n$ 个个体的残差平方和最小化问题,即:

$$\min_{\hat{\beta}_0, \hat{\beta}_1, \cdots, \hat{\beta}_k} \sum_{i=1}^{n} (Y_i - \hat{\beta}_0 - \hat{\beta}_1 X_{i1} - \cdots - \hat{\beta}_k X_{ik})^2 = \min_{\hat{\beta}_0, \hat{\beta}_1, \cdots, \hat{\beta}_k} \sum_{i=1}^{n} e_i^2 \quad (3-12)$$

其中,$\hat{\beta}_j$ ($j = 0, 1, \cdots, k$) 是预先设定参数的估计值,残差值 $e_i$ 是在估计出参数后,代入第 $i$ 个个体的观测数据后所得到的残差值,最小二乘估计法就是寻找最合适的 $\hat{\beta}_j$ ($j = 1, 2, \cdots, k$) 能够使残差平方和 $\sum_{i=1}^{n} e_i^2$ 最小。

根据数学最优化原理,式 (3-12) 的求解可以转化为:

$$\begin{cases} \dfrac{\partial \sum_{i=1}^{n} e_i^2}{\partial \hat{\beta}_0} = -2 \sum_{i=1}^{n} (Y_i - \hat{\beta}_0 - \hat{\beta}_1 X_{i1} - \cdots - \hat{\beta}_k X_{ik}) = 0 \\ \cdots \\ \dfrac{\partial \sum_{i=1}^{n} e_i^2}{\partial \hat{\beta}_j} = -2 \sum_{i=1}^{n} (Y_i - \hat{\beta}_0 - \hat{\beta}_1 X_{i1} - \cdots - \hat{\beta}_k X_{ik}) X_{ij} = 0 \\ \cdots \\ \dfrac{\partial \sum_{i=1}^{n} e_i^2}{\partial \hat{\beta}_k} = -2 \sum_{i=1}^{n} (Y_i - \hat{\beta}_0 - \hat{\beta}_1 X_{i1} - \cdots - \hat{\beta}_k X_{ik}) X_{ik} = 0 \end{cases} \quad (3-13)$$

化简、整理方程组（3-13）可得：

$$\begin{cases} \sum_{i=1}^{n}(Y_i - \hat{\beta}_0 - \hat{\beta}_1 X_{i1} - \cdots - \hat{\beta}_k X_{ik}) = 0 \\ \cdots \\ \sum_{i=1}^{n}(Y_i - \hat{\beta}_0 - \hat{\beta}_1 X_{i1} - \cdots - \hat{\beta}_k X_{ik})X_{ij} = 0 \\ \cdots \\ \sum_{i=1}^{n}(Y_i - \hat{\beta}_0 - \hat{\beta}_1 X_{i1} - \cdots - \hat{\beta}_k X_{ik})X_{ik} = 0 \end{cases} \quad (3-14)$$

在经典计量经济学中，式（3-14）也被称为"正规方程组"（normal equations），满足此正规方程组的 $\hat{\beta}_j$（$j=0,1,\cdots,k$）称为参数 OLS 估计量。

将 $e_i = Y_i - \hat{\beta}_0 - \hat{\beta}_1 X_{i1} - \cdots - \hat{\beta}_k X_{ik}$ 代入正规方程组中，可得：

$$\begin{cases} \sum_{i=1}^{n} e_i = 0 \\ \cdots \\ \sum_{i=1}^{n} e_i X_{ij} = 0 \\ \cdots \\ \sum_{i=1}^{n} e_i X_{ik} = 0 \end{cases} \quad (3-15)$$

式（3-15）每一方程都是乘积求和的形式，利用（3-7）中 $n$ 个个体的解释变量观测值矩阵 $X$，可以将方程组（3-15）写成矩阵形式：

$$\begin{bmatrix} 1 & X_{11} & \cdots & X_{1k} \\ 1 & X_{21} & \cdots & X_{2k} \\ \vdots & \vdots & \ddots & \vdots \\ 1 & X_{n1} & \cdots & X_{nk} \end{bmatrix}' \cdot \begin{bmatrix} e_1 \\ e_2 \\ \vdots \\ e_n \end{bmatrix} = \begin{bmatrix} 0 \\ 0 \\ \vdots \\ 0 \end{bmatrix} \quad (3-16)$$

令 $0 = [0 \ 0 \ \cdots \ 0]'$，$e = [e_1 \ e_2 \ \cdots \ e_n]'$，则方程组（3-16）可以简写为：

$$X' \cdot e = 0 \quad (3-17)$$

由于 $e = Y - X\hat{\beta}$ 可得：

$$X' \cdot (Y - X\hat{\beta}) = 0 \quad (3-18)$$

对式（3-18）进行整理后，可得：

$$X'Y = X'X\hat{\beta} \qquad (3-19)$$

如果矩阵 $(X'X)$ 可逆，则式（3-19）可以写成：

$$\hat{\beta} = (X'X)^{-1}X'Y \qquad (3-20)$$

式（3-20）即为多元线性回归模型参数的 OLS 估计量。

从第 2 章内容介绍中可知，在估计一元线性回归模型的参数时，事先设定一条线，通过 OLS 估计参数后，这条线为所寻找的最佳拟合回归线，使观测值 $Y$ 到该回归直线的距离之平方和最小。使用 OLS 估计多元线性回归模型就是事先设定一个面，通过 OLS 估计出参数后，这个面为所寻找的最佳拟合回归面，使观测值 $Y_i$ 到该回归面的距离平方和最小。

## 3.3　多元线性回归模型 OLS 估计量的性质

### 3.3.1　无假设下 OLS 估计量的性质

无假设下多元线性回归模型 OLS 估计量的性质是指仅仅利用 OLS 估计的基本原理，在不施加任何假设下，OLS 参数估计量所表现出的性质，主要包括以下几点。

（1）在有常数项的回归中，残差之和为 0

由方程组（3-15）中的第一个方程可知残差之和为零。

（2）残差向量 $e$ 与解释变量向量都正交

根据 OLS 估计过程中的正规方程所得到的式（3-15），可知残差向量 $e$ 和每个观测数据组成的解释变量向量均正交，由 $X' \cdot e = 0$，可知 $E(X' \cdot e) = 0$。

（3）残差向量 $e$ 与被解释变量条件期望拟合值所构成的向量正交

被解释变量条件期望 $E(Y_i|X_i)$ 的拟合值 $\hat{Y}_i$ 可表示为：

$$\hat{Y}_i = \hat{\beta}_0 + \hat{\beta}_1 X_{i1} + \cdots + \hat{\beta}_j X_{ij} + \cdots + \hat{\beta}_k X_{ik} = X_i \hat{\beta}' \; (i=1,\cdots,n) \qquad (3-21)$$

将所有个体的拟合值 $\hat{Y}_i$ 写为列向量 $\hat{Y}$，$X$ 是式（3-7）所表示的解释变量样本观测值矩阵，则可以表示为：

$$\hat{Y} \equiv (Y_1 \quad Y_2 \quad \cdots \quad Y_n)' = X\hat{\beta}' \qquad (3-22)$$

进一步可得：$\hat{Y}'e = (X\hat{\beta})'e = \hat{\beta}'X'e = \hat{\beta}'0 = 0$，由此可见，被解释变量拟合值向量与残差向量正交。

（4）多元线性回归模型 OLS 估计的几何解释

由于 $\hat{Y}$ 是 $1, X_1, \cdots, X_k$ 的线性组合，因此 $\hat{Y}$ 应平躺在 $1, X_1, \cdots, X_k$ 所构成的超平

面 $X$ 内（见图 3-2，假设图中的平面为超平面），而 $Y = \hat{Y} + e$ 可知，被解释变量 $Y$ 除了受到条件期望的拟合值 $\hat{Y}$（即：$1, X_1, \cdots, X_k$ 的线性组合）的影响外，还受到其他因素的影响，这里的其他因素用 $Y$ 与 $\hat{Y}$ 的残差 $e$ 表示。为了使 $Y$ 在超平面 $X$ 找到更好的拟合面，最好的策略就是 $Y$ 与预回归 $\hat{Y} = X\hat{\beta}'$ 距离最近，由此，从几何上来看，就应该从 $Y$ 向超平面 $X$ 做垂直投影，$Y$ 的投影向量为 $\hat{Y} = X\hat{\beta}'$，此时，可以使残差 $e$ 所代表向量的模最小。由此可见，残差 $e$ 与超平面 $X$ 上每一个分量 $X_i$ 正交，也与 $\hat{Y}$ 正交。

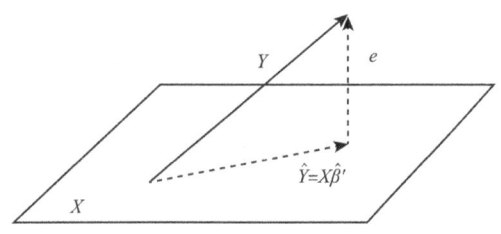

图 3-2 OLS 估计的几何解释图解

## 3.3.2 经典假设下 OLS 估计量的性质

一般而言，估计量的线性性、无偏性和有效性是判断估计量是否具有良好性质的重要标准。但 OLS 估计量具有这三种良好性质，需要对"经典线性回归模型"做一些假设。

（1）线性性

线性性是指 OLS 估计量 $\hat{\beta}$ 是 $Y$ 的线性组合。由 $\hat{\beta} = (X'X)^{-1}X'Y$ 可知，$(X'X)^{-1}X'$ 是由解释变量的样本观测数据矩阵经过运算得到的向量，若令 $K = (X'X)^{-1}X'$，则 $\hat{\beta} = KY$，这表明估计量 $\hat{\beta}$ 是 $Y$ 的线性组合。

需要说明的是，如果参数估计量能够表示为被解释变量 $Y$ 的线性组合，则参数估计量的分布性质就与被解释变量 $Y$ 的分布性质息息相关，知道了 $Y$ 的分布特征就能够较为容易地得到参数估计量的分布特征，这样就便于对参数估计量做统计检验。

（2）无偏性

①无偏性成立的前提假设

为了使 OLS 估计量满足无偏性，常常需要做以下经典假设：

**假设 1（模型关于参数线性）**：在总体回归模型中，因变量 $Y$ 可以表示为自变量 $X$ 和误差项 $\varepsilon$ 的线性组合：$Y_i = \beta_0 + \beta_1 X_{i1} + \cdots + \beta_k X_{ik} + \varepsilon_i$（$i = 1, \cdots, n$）。

参数线性假设的含义是模型中的参数未施加其他运算且指数是 1，而不管解释变量是否施加某种非线性运算。事实上，即使解释变量施加了某种运算或者指数大于1，但在运行计量经济学相关软件时，均可以事先求出这个值，然后赋予新的变量符号，在估计参数的结果时，也是关于参数和变量线性的。例如，如果模型中引入解释变量 $LnX_k$ 替代，但在实证分析时，收集到 $X_k$ 的数据后，先做 $LnX_k$ 运算，然后可以使用一个新的变量 $X'_k = LnX_k$，这样在实证分析时就将 $LnX_k$ 转化为线性，只是参数估计出来后，要根据原模型的形式进行分析解释。模型关于参数线性可以使得在利用数学优化知识进行求解参数估计量的过程中，计算和分析相对简单易行。

**假设 2（随机抽样）**：样本观测值 $\{(X_i, Y_i) : i = 1, 2, \cdots, n\}$ 为来自总体的随机抽样，样本容量为 $n$。

抽样具有随机性能够使抽出来的样本数据尽可能反映总体的数据特征，用这样的样本数据拟合出的样本回归函数能够尽可能拟合、接近总体数据所对应的总体回归函数。

**假设 3（无严格多重共线性）**：解释变量向量 $X$ 内的分量之间不存在严格多重共线。

满足无严格多重共线性的假设，一方面是为了使 $(X'X)$ 可逆，这样才能通过 OLS 估计出模型中参数，否则，$(X'X)^{-1}$ 将不存在，也就无法通过 OLS 估计出模型中的参数；另一方面，如果向量 $X$ 内的分量之间存在严格多重共线，也就意味着其中一个解释变量能够表示为其他变量的线性组合，由此，该变量的功能就可以被其他变量所代替，也就意味着这个变量没有必要引入模型。例如，所设定的模型中出现 $X_{im} = \gamma X_{in}$（$\gamma \neq 0$），则在模型中只保留一个即可，因为其中一个解释变量的作用完全可以由另一个解释变量所替代。虽然看似在模型中引入两个不同解释变量，但实际上真正有意义的解释变量只是其中一个。此外，如果将两者均引入模型，Stata 软件将显示其中一个变量系数的估计结果为"omit"，即"忽略"。

**假定 4（严格外生性或条件期望为 0）**：假定在给定解释变量 $X$ 的条件下，随机扰动项的期望为 0，即 $E(\varepsilon_i | X) = 0$。

严格外生性意味着，扰动项 $\varepsilon_i$ 独立于所有解释变量，也说明对于任一个体随机扰动项的期望与任何解释变量不相关，即对于任意的 $i$、$j$，均有 $Cov(\varepsilon_i, X_{ji}) = 0$。结合 $E(\varepsilon_i | X) = 0$ 与迭代期望定律，可以得出 $E(\varepsilon) = E_X[E(\varepsilon_i | X)] = 0$，即扰动项 $\varepsilon$ 的无条件期望也为 0。此外，由 $Cov(\varepsilon_i, X_{ji}) = 0$ 和 $E(\varepsilon_i) = 0$ 可知：

$$E(\varepsilon_i X_{ji}) = Cov(\varepsilon_i, X_{ji}) + E(\varepsilon_i)E(X_{ji}) = 0 \tag{3-23}$$

即随机扰动项和解释变量之积的期望等于 0，在概率与数理统计中称为扰动项与解释变量"正交"。

②无偏性的内涵和证明

所谓无偏性是指参数估计量$\hat{\beta}$的期望等于参数的真实值,即$E(\hat{\beta})=\beta$。从直观上来看,通过重复抽样$k$次,每次抽样$n$个个体,则使用OLS估计法就可以得到的$k$个$\hat{\beta}$估计值,则$k$个估计值$\hat{\beta}$的均值等于真实的$\beta$。

由$\hat{\beta}=(X'X)^{-1}X'Y$和$Y=X\beta+\varepsilon$可知:

$$\hat{\beta}=(X'X)^{-1}X'(X\beta+\varepsilon)=\beta+(X'X)^{-1}X'\varepsilon=\beta+K\varepsilon \quad (3-24)$$

其中,$K=(X'X)^{-1}X'$,并对式(3-24)两边求条件期望,结合严格外生性假设可得:

$E(\hat{\beta}|X)=\beta+E[K\varepsilon|X]=\beta+KE[\varepsilon|X]=\beta$。

同时,利用期望迭代定律,可以得出条件期望的期望为无条件期望,即:

$$E(\hat{\beta})=E_X E(\hat{\beta}|X)=E_X(\beta)=\beta \quad (3-25)$$

需要说明的是,无偏性是参数估计量期望的性质,在给定样本中,估计量的具体数值可能与真实参数有所偏差,但以真实参数为中心波动,也就是说,随着重复抽样及样本容量的扩大,估计量的期望以真实值为发展方向。无偏性的证明依赖于严格外生性(解释变量与随机扰动项不相关)的假设,如果存在内生性(解释变量与随机扰动项相关),则此条性质不满足。无偏性是估计量应该具有的重要性质,如果此条不满足,则说明无论如何随机抽样,所得到的样本回归函数都无法尽可能接近总体回归函数,参数估计量的期望与真实的参数有偏差,利用有偏差的样本回归函数来对总体模型进行分析,显然是有误的。因此,随着计量经济学的发展以及实证研究的规范化,对严格外生性和内生性的分析日益重要。

(3)有效性(最小方差性)

无偏性说明了估计量的抽样分布以真实参数为中心,但其并没有分析随机估计量的波动程度及精确程度,而要说明估计量的精确程度,就要分析估计量的方差,在讨论OLS估计量有效性或最小方差性时,需要做随机扰动项的同方差、无自相关的假设。在此基础上,讨论其有效性(最小方差性)。

**假设5**(同方差与无自相关假设)。同方差是指对于不同观测个体,随机扰动项具有相同的方差,即$Var(\varepsilon_i)=\sigma^2(i=1,2,\cdots,n)$。无自相关是指对于不同观测个体的随机扰动项而言,相互之间不相关,即$Cov(\varepsilon_i,\varepsilon_j)=0(i\neq j,i,j=1,2,\cdots,n)$。

随机扰动项$\varepsilon$满足"同方差""无自相关"的假设,随机扰动项$\varepsilon$的协方差矩阵可以表示为类似于解析几何中"球形"解析式的矩阵表达形式,为此,扰动项满足同方差和无自相关的假设,也称为"球形扰动项假设",即:

$$Cov(\varepsilon|X) = \begin{bmatrix} Var(\varepsilon_1|X) & Cov(\varepsilon_1\varepsilon_2|X) & \cdots & Cov(\varepsilon_1\varepsilon_n|X) \\ Cov(\varepsilon_2\varepsilon_1|X) & Var(\varepsilon_2|X) & \cdots & Cov(\varepsilon_2\varepsilon_n|X) \\ \vdots & \vdots & \ddots & \vdots \\ Cov(\varepsilon_n\varepsilon_1|X) & Cov(\varepsilon_n\varepsilon_2|X) & \cdots & Var(\varepsilon_n|X) \end{bmatrix}$$

$$= \begin{bmatrix} \sigma^2 & 0 & \cdots & 0 \\ 0 & \sigma^2 & \cdots & 0 \\ \vdots & \vdots & \ddots & \vdots \\ 0 & 0 & \cdots & \sigma^2 \end{bmatrix}$$

$$= \sigma^2 I \qquad (3-26)$$

其中,$I$ 是单位矩阵,从式(3-26)随机扰动项 $\varepsilon$ 的协方差矩阵中可知,协方差矩阵主对角线的元素表示随机扰动项 $\varepsilon$ 的方差且均等于 $\sigma^2$,即同方差。主对角线以外的元素表示随机扰动项 $\varepsilon$ 之间的协方差且均为 0,即不同个体之间的随机扰动项无自相关。

为了分析 $\hat{\beta}$ 的有效性,需要先求出 $\hat{\beta}$ 的方差,由 $\hat{\beta} = \beta + (X'X)^{-1}X'\varepsilon$ 可得:

$$Var\hat{\beta} = Var[\beta + (X'X)^{-1}X'\varepsilon] = Var[(X'X)^{-1}X'\varepsilon]$$
$$= (X'X)^{-1}X'Var(\varepsilon)[(X'X)^{-1}X']' \qquad (3-27)$$

在球形扰动项的假设下,$Var(\varepsilon|X) = \sigma^2 I$ 代入式(3-27),估计量 $\hat{\beta}$ 的协方差矩阵简写为:$Var\hat{\beta} = \sigma^2(X'X)^{-1}$。

在球形扰动项的假设下,在所有可能的估计方法得到的参数估计量中,OLS 估计量在某种范围内是最有效率的估计量,即方差最小。多元线性回归模型 OLS 参数估计量最小方差性的证明见附录 3-A。

## 3.4 多元线性回归模型扰动项和估计量的分布

为了对多元线性回归模型的参数估计量进行检验,首先需要知道参数估计量的分布,由 $\hat{\beta} = \beta + K\varepsilon$ ($K = (X'X)^{-1}X'$) 可知,参数估计量的分布与随机扰动项 $\varepsilon$ 的分布相关。此外,从估计量的线性性可知,估计量 $\hat{\beta}$ 是 $Y$ 的线性表示(即 $\hat{\beta} = KY$,$K = (X'X)^{-1}X'$),故估计量 $\hat{\beta}$ 的分布与被解释变量 $Y$ 的分布相关,而 $Y$ 又可以表

示成其条件期望 $E(Y|X)$（$Y$ 的条件期望为 $X$ 的回归函数）和随机扰动项 $\varepsilon$ 之和，由此可见，$Y$ 的分布与 $\varepsilon$ 分布相关，从这方面来说，参数估计量的分布也与随机扰动项 $\varepsilon$ 的分布相关。对小样本而言，由于随机扰动项 $\varepsilon$ 的具体分布未知，因而需对其分布进行假定。

(1) 扰动项的分布

**假设 6（随机扰动项的正态分布假设）**。在给定 $X$ 的情况下，随机扰动项 $\varepsilon$ 的分布为正态分布，即 $\varepsilon|X \sim N(0,\sigma^2 I)$。

由假设 6 可知随机扰动项服从正态分布，其期望为 0，方差为 $\sigma^2 I$。

由于 $\varepsilon_i(i=1,2,\cdots,n)$ 不可观测，因此随机扰动项的方差 $Var(\varepsilon_i)=\sigma^2$ 也是未知的。通常将 $e_i(i=1,2,\cdots,n)$ 视为 $\varepsilon_i$ 的实现值，得到 $\sigma^2$ 的无偏估计：

$$\hat{\sigma}^2 \equiv \frac{1}{n-(k+1)}\sum_{i=1}^{n} e_i^2 \tag{3-28}$$

之所以使用 $\sum_{i=1}^{n} e_i^2$ 除以 $n-(k+1)$，是因为 $\sum e_i^2$ 的自由度为 $n-(k+1)$。其中，$(k+1)$ 为估计参数个数，$n$ 为样本容量，推导过程见附录 3-B。

(2) 估计量的分布

由于扰动项 $\varepsilon|X \sim N(0,\sigma^2 I)$，而 $\hat{\beta}-\beta = K\varepsilon$ 为 $\varepsilon$ 的线性表示 [其中 $K=(X'X)^{-1}X'$]，由正态分布的特征可知，正态分布的线性表示仍然为正态分布，因此 $\hat{\beta}-\beta$ 也服从正态分布，正态分布的具体形式主要取决于期望和方差。

对于 $\hat{\beta}-\beta$ 的期望，由估计量 $\hat{\beta}$ 的无偏性可知，$E(\hat{\beta}-\beta)=0$。

对于 $\hat{\beta}-\beta$ 的方差，可以写成如下表达式：

$$\begin{aligned}
Var(\hat{\beta}-\beta) &= E[(\hat{\beta}-\beta)(\hat{\beta}-\beta)'] \\
&= E[(X'X)^{-1}X'\varepsilon][(X'X)^{-1}X'\varepsilon]' \\
&= E[(X'X)^{-1}X'\varepsilon\varepsilon'X(X'X)^{-1}] \\
&= (X'X)^{-1}X'[E(\varepsilon\varepsilon')]X(X'X)^{-1} \\
&= (X'X)^{-1}X'X(X'X)^{-1}(\sigma^2 I) \\
&= \sigma^2 (X'X)^{-1}
\end{aligned} \tag{3-29}$$

式（3-29）成立的一个重要前提是随机扰动项满足球形扰动项假设，由此可得 $\hat{\beta}-\beta|X \sim N(0,\sigma^2(X'X)^{-1})$，$X$ 为解释变量样本观测值所构成的数据矩阵，随机扰动项的方差 $\sigma^2$ 的无偏估计为 $\hat{\sigma}^2 \equiv \frac{1}{n-(k+1)}\sum_{i=1}^{n} e_i^2$。

需要指出的是，估计量的分布是对参数进行统计检验的基础，只有确定了估计量的抽样分布，才能对参数做进一步检验。

## 3.5 多元线性回归模型的统计检验

### 3.5.1 拟合优度

类似于简单线性回归模型,在分析多元线性回归模型 $Y_i = \beta_0 + \beta_1 X_{i1} + \cdots + \beta_k X_{ik} + \varepsilon_i$ ($i = 1, \cdots, n$) 的拟合优度时,首先要分析平方和分解公式。

一般情况下,多元线性回归模型带有常数项,此时,类似于简单线性回归模型的平方和分解公式,多元线性回归模型的平方和分解公式依然成立,即:

$$\sum (Y_i - \bar{Y})^2 = \sum [(Y_i - \hat{Y}_i) + (\hat{Y}_i - \bar{Y})]^2 = \sum e_i^2 + \sum (\hat{Y}_i - \bar{Y})^2 \quad (3-30)$$

由式 (3-30) 所表示的平方和分解公式可知,被解释变量的总离差平方和 $\left(TSS = \sum (Y_i - \bar{Y})^2\right)$ 等于解释的离差平方和 $\left(ESS = \sum (\hat{Y}_i - \bar{Y})^2\right)$ 与残差平方和 $\left(RSS = \sum e_i^2\right)$ 之和。与简单线性回归模型的拟合优度定义相同,多元线性回归模型的拟合优度可以定义为:

$$R^2 = \frac{ESS}{TSS} = \frac{\sum (\hat{Y}_i - \bar{Y})^2}{\sum (Y_i - \bar{Y})^2} = 1 - \frac{\sum (Y_i - \hat{Y}_i)^2}{\sum (Y_i - \bar{Y})^2} = 1 - \frac{RSS}{TSS} \quad (3-31)$$

从拟合优度的计算公式可知,$0 \leq R^2 \leq 1$。一般来说,随着模型中引入更多的解释变量,所得到的样本回归线至少不会降低对样本散点的拟合程度,因此,可以通过增加解释变量,以增加模型的拟合优度,但这将导致估计过程中的自由度减少,从而降低模型估计的精确程度,同时,也使模型变得复杂。为此,计量经济学引入校正拟合优度 $\bar{R}^2$ 予以调整。

$$\bar{R}^2 = 1 - \frac{\dfrac{\sum e_i^2}{n - (k+1)}}{\dfrac{\sum (Y_i - \bar{Y})^2}{n - 1}} \quad (3-32)$$

校正拟合优度 $\bar{R}^2$ 主要是用自由度来调整普通的拟合优度 $R^2$。$\sum e_i^2$ 的自由度为 $n - (k+1)$,$\sum (\hat{Y}_i - \bar{Y})^2$ 的自由度为 $k$。$\sum (Y_i - \bar{Y})^2$ 的自由度为 $n-1$。需要说明的是 $R^2$ 和 $\bar{R}^2$ 仅仅表示拟合程度的好坏,并不能说明所关注的变量是否对被解释变量有显著影响,或全部解释变量的线性组合从整体上对被解释变量有显著影响,为此,还需要对模型进行 $t$ 检验和 $F$ 检验。

## 3.5.2 对单个系数显著性的 $t$ 检验

（1）$t$ 检验概述

多元线性回归模型 $y_i = \beta_0 + \beta_1 X_{i1} + \cdots + \beta_k X_{ik} + \varepsilon_i$（$i=1、\cdots、n$）单个系数的 $t$ 检验与简单线性回归模型 $t$ 检验的检验原理、方法和过程基本一致。首先，需要建立单个回归系数 $\beta_i$ 的"原假设" $H_0$ 和"备择假设" $H_1$。

$$H_0 : \beta_i = C$$
$$H_1 : \beta_i \neq C \tag{3-33}$$

从式（3-33）的假设中可知，原假设 $H_0$ 假定真实的 $\beta_i$ 为常数 $C$，然后随机地从总体数据中抽取样本数据对模型进行估计，得到参数的估计值 $\hat{\beta}_i$，进而验证原假设下的 $\beta_i$ 是否正确。检验的基本原理是利用概率意义上的反证法，也就是说，如果原假设成立，那么通过一次抽样估计得到的 $\hat{\beta}_i$ 应该与真实 $\beta_i$ 的假想值 $C$ 很接近，或者 $\hat{\beta}_i$ 等于 $C$ 的概率很大。如果距离很远，或者概率很小，这种小概率事件居然在一次抽样中出现，这说明原假设 $H_0$ 不成立，进而判断备择假设 $H_1$ 成立。

由于 $(\hat{\beta} - \beta) \mid X \sim N(0, \sigma^2 (X'X)^{-1})$，则 $(\hat{\beta}_i - \beta_i) \mid X \sim N(0, \sigma^2 (X'X)^{-1}_{i+1,i+1})$，$\sigma^2 (X'X)^{-1}_{i+1,i+1}$ 是矩阵 $\sigma^2 (X'X)^{-1}$ 主对角线上第 $i+1$ 元素。

在 $H_0: \beta_i = C$ 成立的情况下：

$$(\hat{\beta}_i - C) \mid X \sim N(0, \sigma^2 (X'X)^{-1}_{i+1,i+1}) \tag{3-34}$$

如果 $\sigma^2$ 已知，标准化式（3-34），则服从标准正态分布：

$$Z \equiv \frac{\hat{\beta}_i - C}{\sqrt{\sigma^2 (X'X)^{-1}_{i+1,i+1}}} \mid X \sim N(0,1) \tag{3-35}$$

通常 $\sigma^2$ 未知，使用 $\hat{\sigma}^2 \equiv \dfrac{1}{n-(k+1)} \sum_{i=1}^{n} e_i^2$ 来估计其值，这时标准化式（3-34），则 $Z$ 统计量服从 $t$ 分布，可以写成：

$$t \equiv \frac{\hat{\beta}_i - C}{\sqrt{\hat{\sigma}^2 (X'X)^{-1}_{i+1,i+1}}} \mid X \sim t(n-k-1) \tag{3-36}$$

根据沃尔德（Wald）检验的基本思想，式（3-35）和式（3-36）中的 $Z$ 统计量和 $t$ 统计量可以理解为估计量 $\hat{\beta}_k$ 离假想值 $C$ 的距离，且以估计量 $\hat{\beta}_i$ 的标准误 $Se(\hat{\beta}_i) = \sqrt{\hat{\sigma}^2 (X'X)^{-1}_{i+1,i+1}}$ 作为此距离的度量单位。

如果 $|t|$ 很小的概率很大，在大概率事件中，一次抽样出现的可能性极大实属正常，则 $H_0$ 较可信。如果 $|t|$ 很大的概率很小，在小概率事件中，一次抽样居然出

现，实属不正常，则倾向拒绝 $H_0$，接受备择假设。

根据 $t$ 分布的特征可知，$t$ 分布是以原点 $O$ 为中心的对称分布，接受域在以 $O$ 为中心的附近区域，拒绝域在远离中心 $O$ 的两边区域，由此可见，$t$ 值越小，越倾向于接受原假设；$t$ 值越大，越倾向于接受备择假设。常用显著性水平 $\alpha$（通常取 $\alpha$ =1%、5% 或 10%）来界定概率很大或很小的"临界值" $t_{\frac{\alpha}{2}}(n-k-1)$。

$$P\{T>t_{\frac{\alpha}{2}}(n-k-1)\}=P\{T<-t_{\frac{\alpha}{2}}(n-k-1)\}=\frac{\alpha}{2} \qquad (3-37)$$

式（3-36）和（3-37）表明，随机变量 $T$ 服从自由度为 $(n-k-1)$ 的 $t$ 分布，$T$ 大于 $t_{\frac{\alpha}{2}}(n-k-1)$ 或小于 $-t_{\frac{\alpha}{2}}(n-k-1)$ 的概率均为 $\frac{\alpha}{2}$。当 $|t|>t_{\frac{\alpha}{2}}(n-k-1)$ 时，即利用样本数据，通过式（3-36）计算 $t$ 值的绝对值大于通过查 $t$ 分布所得到的临界值，则表明 $|t|$ 很大，落入了拒绝域，则拒绝原假设。否则，表明如果 $|t|$ 很小，落入了接受域，则接受原假设。

对于 $t\equiv\dfrac{\hat{\beta}_i-C}{\sqrt{\hat{\sigma}^2(X'X)^{-1}_{i+1,i+1}}}|X\sim t(n-k-1)$ 的实践检验中，通常取 $C=0$，即 $t=\dfrac{\hat{\beta}_i}{\sqrt{\hat{\sigma}^2(X'X)^{-1}_{i+1,i+1}}}$，这表明 $t$ 统计量等于估计值 $\hat{\beta}_i$ 除以其标准差，此时为检验模型中第 $i$ 个解释变量前的系数是否为 0，亦分析这个解释变量是否显著。

（2）$P$ 值

在 $t$ 检验中提到，如果 $|t|$ 很小的概率很大（大概率事件），则 $H_0$ 较可信，否则不可信。而这个概率可以使用 $P$ 值（probability value，p-value），$P$ 值表示原假设可被拒绝的最小显著性水平。

在双边 $t$ 检验中，根据样本数据求得 $t_i$，假设检验过程中的 $P$ 值定义为：

$$P 值\equiv P(|T|>|t_i|) \qquad (3-38)$$

式（3-38 中的）随机变量 $T\sim t(n-k-1)$，给定 $t$ 统计量的样本观测值 $t_i$，则 $P$ 值衡量比 $t_i$ 更大的 $t$ 分布两端的尾部概率。$P$ 值越小，则越倾向于拒绝原假设，例如，选定显著性水平为 5%，只要 $P$ 值比 0.05 小，即可以在 $P$ 的显著性水平上拒绝原假设。使用 $P$ 值进行检验的便捷之处在于只要将 $P$ 值与常用的显著性水平 0.01、0.05 和 0.1 相比较，便可以对参数进行检验。

### 3.5.3 区间检验

一般而言仅对总体模型中的真实参数做点估计还不能满足要求，还需要进一步估计总体模型中真实参数可能的取值范围（即区间估计），区间估计和区间检验密切相关，区间检验主要包括双边检验和单边检验。

(1) 双边检验

假设所取的"置信度"为 $(1-\alpha)$，然后找到"置信区间"，使该区间覆盖真实参数 $\beta_k$ 的概率为 $(1-\alpha)$，例如，$\alpha=5\%$，则 $1-\alpha=95\%$，即找到覆盖真实参数 $\beta_k$ 概率为 95% 的置信区间。

由 $t$ 检验可知，$t_i = \dfrac{\hat{\beta}_i - \beta_i}{Se(\hat{\beta}_i)} \sim t(n-k-1)$，且 $t$ 分布以原点为对称分布，$t$ 统计量落在左右两侧拒绝域（$|t_i| > t_{\frac{\alpha}{2}}$）的概率各为 $\dfrac{\alpha}{2}$（合计为 $\alpha$），则落入接受域（$|t_i| < t_{\frac{\alpha}{2}}$）的概率为 $(1-\alpha)$，其中，$t_{\frac{\alpha}{2}}$ 为显著性水平为 $\alpha$ 的临界值，$\beta_i$ 的置信区间表示为：

$$P(|t_i| < t_{\frac{\alpha}{2}}) = P\left(\left|\dfrac{\hat{\beta}_i - \beta_i}{Se(\hat{\beta}_i)}\right| < t_{\frac{\alpha}{2}}\right)$$
$$= P[\hat{\beta}_i - t_{\frac{\alpha}{2}} Se(\hat{\beta}_i) < \beta_i < \hat{\beta}_i + t_{\frac{\alpha}{2}} Se(\hat{\beta}_i)]$$
$$= 1 - \alpha \tag{3-39}$$

由式（3-39）可知，覆盖真实参数 $\beta_k$ 概率为 $1-\alpha$ 的置信区间为 $[\hat{\beta}_i - t_{\frac{\alpha}{2}} Se(\hat{\beta}_i), \hat{\beta}_i + t_{\frac{\alpha}{2}} Se(\hat{\beta}_i)]$，从该置信区间可以发现，当 $\hat{\beta}_i$ 一定时，$Se(\hat{\beta}_i)$ 越大，置信区间也越宽，对 $\beta_i$ 估计的带宽也越大，估计越不准确。

(2) 单边检验

所谓单边检验是指检验拒绝域只在概率分布的最右边或者最左边一侧。如果原假设为 $H_0: \beta_i = 0$，备择假设为 $H_1: \beta_i > 0$（或者 $H_1: \beta_i < 0$），此时称为单边右侧检验（或者单边左侧检验），$t$ 统计量依然为：

$$t_i = \dfrac{\hat{\beta}_i}{Se(\hat{\beta}_i)} \sim t(n-k-1) \tag{3-40}$$

如果 $t$ 统计量为正数且很大，即距离原点很远（原假设假定真实的 $\beta_i$ 处于原点位置），则倾向于拒绝原假设；否则，倾向于接受原假设。

显著性水平 $\alpha$ 给定后，计算的临界值为 $t_\alpha(n-k-1)$，取值大于该临界值的概率为 $\alpha$，则有：

$$P\{T > t_\alpha(n-k-1)\} = \alpha \tag{3-41}$$

其中，$T \sim t(n-k-1)$。对应的 $P$ 值计算公式为：

$$p \text{ 值} \equiv P(T > t_i) \tag{3-42}$$

从式（3-41）和（3-42）可知拒绝域只在分布的右侧尾部，故称"单边右侧检验"。同理可知"单边左侧检验"。

### 3.5.4 对全部解释变量联合显著性的 F 检验

前面介绍的 $t$ 检验是针对单个系数显著性的检验，要想知道整个回归方程是否显著，即所有解释变量的回归系数是否都为零，还需要进行全部系数联合显著性的 $F$ 检验。类似于 $t$ 检验，$F$ 检验的原假设为：

$H_0: \beta_1 = \beta_2 = \cdots = \beta_k = 0$；

$H_1: \beta_1, \beta_2, \cdots, \beta_k$ 不全为 0。

在 $H_0: \beta_1 = \beta_2 = \cdots = \beta_k = 0$ 成立时，有：

$$F \equiv \frac{ESS/k}{RSS/(n-k-1)} \sim F(k, n-k-1) \tag{3-43}$$

此外，类似于 $t$ 检验的做法，如果 $H_0$ 成立，即总体回归模型中的全部 $\beta_i$（$i=1,2,\cdots,k$）均等于 0 为真，那么，通过抽样估计出的 $\hat{\beta}_i$（$i=1,2,\cdots,k$）应该和 $\beta_i$（$i=1,2,\cdots,k$）非常接近，将 $\beta_i$（$i=1,2,\cdots,k$）和 $\hat{\beta}_i$（$i=1,2,\cdots,k$）均表示为向量形式，度量这种向量的距离常常借助二次型。为此，$F$ 检验可以表示为：

$$F \equiv \frac{(\hat{\beta}-\beta)'(X'X)(\hat{\beta}-\beta)/k}{e'e/n-k-1} \sim F(k, n-k-1) \tag{3-44}$$

由式（3-43）和式（3-44）可知，$F$ 统计量服从第一自由度为 $k$、第二自由度为 $n-k-1$ 的 $F$ 分布。在进行 $F$ 检验时，首先根据抽取的样本数据计算出 $F$ 值，然后根据 $F$ 值的大小及其对应的概率进行判断，如果原假设 $H_0$ 为真，则 $F$ 统计量的值应该很小的概率很大，如果 $F$ 统计量的值很大的概率将很小，即小概率事件，不应在一次抽样中观测到，则 $H_0$ 较不可信，倾向于接受备择假设 $H_1$。

具体来说，若根据样本数据计算得到的 $F$ 值大于通过查 $F$ 分布表得到的临界值 $F\alpha(k, n-k-1)$，$\alpha$ 为给定的显著性水平，则可以认为在 $\alpha$ 水平上拒绝 $H_0$，表明原模型中的解释变量对被解释变量具有联合显著性，否则接受 $H_0$。

## 3.6 多元线性回归模型的应用

多元线性回归模型主要应用于验证理论、结构分析、经济预测和政策评价中。验证理论与结构分析主要是对现有经济理论或者对现有经济理论所涉及变量间的关系与经济结构进行分析、在理论假设的基础上，构建模型。然后通过收集样本数据、估计模型，并使用通过检验的模型进行分析验证。政策评价就是将政策因素作为其中一个解释变量，政策所产生的效应作为被解释变量，进而通过收集数据，建立模型，估计、检验模型并用通过检验的模型来分析政策所产生的效应。这里仅仅就预测做一个较为详细的介绍。

用计量经济模型进行预测就是给定解释变量向量 $X_0$ 的未来取值，预测被解释变量 $Y_0$ 的取值。在模型满足遍历性的情况下，假设计量模型对包括外推到未来的所有观测值都成立，即

$$y_0 = x_0'\beta + \varepsilon_0 \tag{3-45}$$

记 $\hat{\beta}$ 为 $\beta$ 的 OLS 估计值，对 $y_0$ 作点预测为：

$$\hat{y}_0 = x_0'\hat{\beta} \tag{3-46}$$

"预测误差"（prediction error）$(\hat{y}_0 - y_0)$ 可写为：

$$\hat{y}_0 - y_0 = x_0'\hat{\beta} - (x_0'\beta + \varepsilon_0) = x_0'(\hat{\beta} - \beta) - \varepsilon_0 \tag{3-47}$$

由于 $\hat{\beta}$ 是 $\beta$ 的无偏估计，即 $E(\hat{\beta} - \beta) = 0$，同时 $E(\varepsilon_0) = 0$，因而有：

$$E(\hat{y}_0 - y_0) = x_0'E(\hat{\beta} - \beta) - E(\varepsilon_0) = 0 \tag{3-48}$$

这反映 $\hat{y}_0$ 为 $y_0$ 的"无偏预测"（unbiased predictor），即在给定未来的解释变量 $x_0$ 观测值的条件下，所有可能的预测值 $\hat{y}_0$ 以 $y_0$ 为中心，即 $E(\hat{y}_0) = y_0$，反映预测值分布在 $y_0$ 周围，这就涉及预测区间的问题，在计量经济学中，常称为预测的置信区间。

有时希望知道此预测的置信区间，为此，需要进一步分析预测误差 $(\hat{y}_0 - y_0)$ 的方差：

$$\begin{aligned}
Var(\hat{y}_0 - y_0) &= Var[x_0'(\hat{\beta} - \beta) - \varepsilon_0] = Var[x_0'(\hat{\beta} - \beta)] + Var(\varepsilon_0) \\
&= Var[x_0'\hat{\beta}] + \sigma^2 = x_0'Var[\hat{\beta}]x_0 + \sigma^2 \\
&= x_0'[\sigma^2(X'X)^{-1}]x_0 + \sigma^2 \\
&= \sigma^2 x_0'(X'X)^{-1}x_0 + \sigma^2
\end{aligned} \tag{3-49}$$

其中，由于在估计 $\hat{\beta}$ 过程中没用到 $\varepsilon_0$ 的信息，因而常假设 $\hat{\beta}$ 与 $\varepsilon_0$ 不相关。将方程预测误差方差中的 $\sigma^2$ 用其无偏估计 $\hat{\sigma}^2$ 替代，可得预测误差 $(\hat{y}_0 - y_0)$ 的标准误：

$$Se(\hat{y}_0 - y_0) = \hat{\sigma}\sqrt{x_0'(X'X)^{-1}x_0 + 1} \tag{3-50}$$

由此可得 $t$ 统计量：

$$t = \frac{\hat{y}_0 - y_0}{Se(\hat{y}_0 - y_0)} \sim t(n - k - 1) \tag{3-51}$$

$y_0$ 的置信度为 $(1-\alpha)$ 的置信区间为：

$$(\hat{y}_0 - t_{\frac{\alpha}{2}} Se(\hat{y}_0 - y_0), \hat{y}_0 + t_{\frac{\alpha}{2}} Se(\hat{y}_0 - y_0)) \qquad (3-52)$$

其中，$t_{\frac{\alpha}{2}}$ 为显著性水平为 $\alpha$ 的 $t(n-k-1)$ 分布的双边检验临界值。

## 3.7　多元线性回归模型的大样本 OLS

前文讨论的均为有限样本或者小样本，小样本的假设比较强，如严格外生性的假设（前文的假设4），随机扰动项的正态分布假设（前文的假设6）等，这些假设在现实中有时无法满足，而在大样本中，这些假设可以被放宽，更接近于现实情形。同时，随着大数据时代的到来，获得海量数据也成为可能，因此有必要讨论多元线性回归模型的大样本 OLS。所谓大样本 OLS 就是分析当样本容量 $n$ 趋于无穷大时统计量的性质。

对于多元线性回归模型 $Y_i = \beta_0 + \beta_1 X_{1i} + \beta_2 X_{2i} + \cdots + \beta_p X_{pi} + \varepsilon_i$ $(i=1,2,\cdots,n)$，在分析当样本容量 $n$ 趋于无穷大，OLS 估计量所具有的性质特征时，需要对大样本 OLS 成立的数理基础进行简要介绍，在此基础上，分析大样本下 OLS 估计，检验其性质。

### 3.7.1　大样本 OLS 成立的数理基础

大样本 OLS 估计量相关特性成立的数理基础主要包括随机收敛（含随机序列依概率收敛、依均方收敛和依分布收敛）、大数定律与中心极限定理，以及数据的平稳性。

（1）随机收敛

随机序列依概率收敛是指对于随机变量 $Y_i$ 组成的随机序列 $\{Y_i\} = \{Y_1, Y_2, \cdots\}$，如果当样本容量 $i \to \infty$ 时，存在任意小的 $\varepsilon$，使 $\lim\limits_{i \to \infty} P(|Y_i - Y| > \varepsilon) = 0$，满足此条件的随机序列 $\{Y_i\}$ 称为依概率收敛于 $Y$，记为 $Y_i \xrightarrow{p} Y$。从直观上来看，随机序列依概率收敛表明，当 $i$ 趋于无穷大时，随机变量 $Y_i$ 与 $Y$ 的距离要多近就有多近。

随机序列依均方收敛是指对于随机变量 $Y_i$ 组成的随机序列 $\{Y_i\} = \{Y_1, Y_2, \cdots\}$，如果当样本容量 $i \to \infty$ 时，$Y_i$ 的期望 $E(Y_i)$ 收敛于常数 $Y$，即 $\lim\limits_{i \to \infty} E(Y_i) = Y$，$Y_i$ 的方差 $Var(Y_i)$ 收敛于 0，即 $\lim\limits_{i \to \infty} Var(Y_i) = 0$，满足此条件的的随机序列 $\{Y_i\}$ 称为依均方（均值和方差）收敛于 $Y$，记为 $Y_i \xrightarrow{ms} Y$。从直观上来看，随机序列依均方收敛表明，当 $i$ 趋于无穷大时，随机变量 $Y_i$ 的期望与 $Y$ 的距离要多近就有多近，围绕 $Y$ 的波动幅度越来越小，在无穷远处，随机变量 $Y_i$ 退化为一常数。

随机序列依分布收敛是指对于随机变量 $Y_i$ 组成的随机序列 $\{Y_i\} = \{Y_1, Y_2, \cdots\}$，如果当样本容量 $i \to \infty$ 时，$Y_i$ 的分布函数 $F(Y_i)$ 收敛于随机变量 $Y$ 的分布函数 $F(Y)$，即 $\underset{i \to \infty}{Lim} F(Y_i) = F(Y)$，记为 $Y_i \xrightarrow{d} Y$。从直观上来看，随机序列 $\{Y_i\}$ 依分布收敛于 $Y$ 表明，当 $i$ 趋于无穷大时，随机变量 $Y_i$ 分布与 $Y$ 的分布越来越相似。

（2）大数定律与中心极限定理

大数定律是指对于随机变量 $Y_i$ 组成的随机序列 $\{Y_i\} = \{Y_1, Y_2, \cdots\}$，对于任意的 $i$ 来说，随机变量 $Y_i$ 为独立同分布，其期望 $E(Y_i) = \mu$，方差 $Var(Y_i) = \sigma^2$，从该随机序列抽取样本容量为 $n$ 的样本，则样本均值 $\overline{Y}_n$ 以概率收敛于 $\mu$。从直观上来看，如果随机序列 $\{Y_i\}$ 中的各随机变量满足期望和方差的遍历性，则从不同的随机变量 $Y_i$ 随机抽取样本的均值可以作为该随机序列 $\{Y_i\}$ 的期望估计。

中心极限定理是指对于随机变量 $Y_i$ 组成的随机序列 $\{Y_i\} = \{Y_1, Y_2, \cdots\}$，对于任意的 $i$ 来说，随机变量 $Y_i$ 为独立同分布，其期望为 $E(Y_i) = \mu$，方差为 $Var(Y_i) = \sigma^2$，从该序列中随机抽取样本容量为 $n$ 的样本，则样本均值的渐近分布为标准正态分布，即 $\overline{Y}_n \xrightarrow{d} N\left(\mu, \dfrac{\sigma^2}{n}\right)$。

（3）随机变量的平稳性

所谓变量的平稳性是指变量发展是平行稳定的，其波动在一个平行的带宽之内，对此，将在第 6 章和第 7 章进行详细讲解，在此不再赘述。

### 3.7.2　大样本 OLS 的假定

类似于小样本，在大样本下，也做了相应假设，只不过这里的假设要弱于小样本下的假设。一些假设与小样本下的假设相一致，如模型关于参数是线性的，解释变量间无多重共线性，这里不再赘述，主要介绍部分不同于小样本的重要假设。

**假定 1**：随机的被解释变量和解释变量所组成的随机过程 $\{Y_i, X_{1i}, \cdots, X_{ni}\}$ 是渐近独立的平稳过程。

**假定 2**：在同一个模型的同一期变量中，任一解释变量 $X_{1i}, \cdots, X_{ki}$ 与随机扰动项 $\varepsilon_i$ 不相关，即同期外生。

### 3.7.3　大样本 OLS 估计量的性质

（1）线性性

类似于小样本下 OLS 估计量的线性性，在大样本下，估计量的线性性也是根据

OLS 估计原理所得的，而未施加任何限定条件，由此，大样本 OLS 估计量 $\hat{\beta} = KY$（$K = (X'X)^{-1}X'$）仍然是被解释变量的线性表示。

（2）一致估计性

大样本 OLS 估计量 $\hat{\beta}$ 的一致性是指当样本容量 $n$ 趋于无穷大时，真实参数 $\beta$ 的估计量 $\hat{\beta}$ 以概率收敛于 $\beta$，即 $\hat{\beta} \xrightarrow{P} \beta$。

由 $\hat{\beta} = (X'X)^{-1}X'Y$ 和 $Y = X\beta + \varepsilon$，可得：

$$\hat{\beta} = (X'X)^{-1}X'(X\beta + \varepsilon) = \beta + (X'X)^{-1}X'\varepsilon \tag{3-53}$$

对式（3-53）的两边同时取期望，可得：

$$E(\hat{\beta}) = E[(X'X)^{-1}X'(X\beta + \varepsilon)] = \beta + E[(X'X)^{-1}X'\varepsilon] \tag{3-54}$$

由假定 2 可知，任一解释变量 $X_{1i}, \cdots, X_{ni}$ 与随机扰动项 $\varepsilon_i$ 不相关以及 $E(\varepsilon) = 0$，则式（3-54）等号右边的第二项可以表示为：

$$E[(X'X)^{-1}X'\varepsilon] = E[(X'X)^{-1}X'] \cdot E(\varepsilon) = 0 \tag{3-55}$$

将式（3-55）代入式（3-54）可得 $E(\hat{\beta}) \xrightarrow{P} \beta$。

从直观来看，大样本 OLS 估计量 $\hat{\beta}$ 的一致性反映了随着样本容量的扩大，$\hat{\beta}$ 与真实参数 $\beta$ 越来越接近，以真实值为中心，向着真实值的方向发展。该性质与小样本 OLS 估计量的无偏性相对应，也具有重要的理论和实践意义。需要指出的是，小样本 OLS 估计量无偏性成立的前提随机扰动项为严格外生，而大样本 OLS 估计量一致性成立的前提为同期外生。

（3）渐近正态性与渐近有效性

在大样本的情况下，满足大样本假定的 OLS 参数估计量 $\hat{\beta}$ 服从渐近正态分布，即 $\sqrt{n}(\hat{\beta} - \beta) \xrightarrow{d} N(0, Avar(\hat{\beta}))$，其中 $Avar(\hat{\beta})$ 为 $\hat{\beta}$ 的渐近方差。

在满足大样本假定的情况下，$\hat{\beta}_n$ 是 OLS 估计量，$\tilde{\beta}_n$ 是其它估计量，则有 $\hat{\beta}_n$ 的渐近方差 $Avar(\hat{\beta}_n)$ 不大于 $\tilde{\beta}_n$ 的渐近方差 $Avar(\tilde{\beta}_n)$，此时称 $\hat{\beta}_n$ 比 $\tilde{\beta}_n$ 渐近有效。

## 3.8 多元线性回归模型的矩估计与极大似然估计

### 3.8.1 多元线性回归模型的矩估计

矩估计的基本思想是：首先，根据总体模型中某种矩条件的假设或者所具有的某个矩条件，构造总体矩；其次，基于样本数据的可得性，根据总体矩条件构造样本矩条件；最后，使用样本矩估计总体矩，进而得出相应参数的估计量。

由多元线性回归模型的经典假设 $E(\varepsilon_i | X_j) = 0$ 可知，$Cov(\varepsilon_i, X_j) = 0$ 和 $E(\varepsilon_i) = 0$，进一步可得：

$$\begin{aligned}
Cov(\varepsilon_i, X_j) &= E[(\varepsilon_i - E(\varepsilon_i))(X_j - E(X_j))] \\
&= E[\varepsilon_i(X_j - E(X_j))] \\
&= E(\varepsilon_i X_j) - E[\varepsilon_i E(X_j)] \\
&= E(\varepsilon_i X_j) - E(X_j)E(\varepsilon_i) \\
&= E(\varepsilon_i X_j) \\
&= 0
\end{aligned} \quad (3-56)$$

即 $E(\varepsilon_i X_j) = 0$，推广到所有样本数据及扰动项，并写成向量形式可得：$E(X'\varepsilon) = 0$，由此形成一个总体的矩条件，即解释变量向量与随机扰动项向量正交。对于此总体矩条件，对应的样本矩条件为：

$$\frac{1}{n}X'e = \frac{1}{n}X'(Y - X\hat{\beta}) = 0 \quad (3-57)$$

对方程（3-57）进行整理可得：$X'Y = X'X\hat{\beta}$。

在矩阵 $X'X$ 可逆的条件下，解此方程可得估计参数量为 $\hat{\beta} = (X'X)^{-1}X'Y$。

需要指出的是，矩估计的前提是总体模型中存在类似于 $E(\varepsilon_i X_j) = 0$ 的矩条件，因此，需要根据总体模型中的矩假设来构造矩条件。根据线性代数的理论知识，若要估计 $K$ 个参数，需要有 $K$ 个方程组成的正规方程组，对应地，至少需要 $K$ 个矩条件。

### 3.8.2 多元线性回归模型的极大似然估计

对于多元线性回归模型中参数的估计，除了可以使用普通最小二乘估计法和矩估计法外，极大似然估计法（Maximum Likelihood，ML）也是一种常用的方法。虽然在传统经典计量经济学模型中，普通最小二乘估计法的应用比较广泛，但随着计量经济学的发展，在现代计量经济学模型中，极大似然估计法应用越来越广泛。对于一些模型，普通最小二乘估计法反而行不通，需要使用极大似然估计才能较为精确地估计其模型参数，例如空间计量经济模型。

极大似然估计法又称为最大似然估计法，其估计的基本原理为极大似然原理。对于普通最小二乘估计法，当从总体中随机抽取 $n$ 组样本观测值后，最合理的参数估计量应该是使样本回归线能更好地拟合样本数据所刻画的散点。而对于极大似然估计法来说，其基本原理为：当从总体中随机抽取 $n$ 组样本观测值后，最合理的参数估计量应该是使从总体中抽取该 $n$ 组样本观测值的概率最大。由此可见，普通最小二乘估计法和极大似然估计法是从不同原理出发所得到的两种参数估计方法。

从总体中随机抽样得到样本容量为 $n$ 的样本观测值，在任一次随机抽样中，样本观测值都以一定的概率出现。通常情况下只知道总体大概服从某种分布，不知道其分布中的具体参数，而是需要估计这个参数，这时可以通过样本数据估计该总体的参数。以正态分布（正态分布的具体形式由其均值和方差来确定）的总体为例，每个总体都有反映自身特征的期望和方差。如果已经得到样本容量为 $n$ 的样本观测值，在这些可供选择的总体中，哪个总体最可能产生已经得到这个样本观测值呢？显然，要从每个服从正态分布的总体中估计 $n$ 个样本观测量的联合概率，然后选择其参数能使观测值的联合概率最大的那个总体。将样本观测量的联合概率函数称为变量的似然函数。在已经取得样本观测值的情况下，使似然函数取最大值的总体分布参数所代表的总体具有最大的概率取得这些样本观测值，该总体参数即是所求得的参数。通过最大化样本似然函数以求得总体参数估计量的方法称为极大似然法。

对于多元线性回归模型，由经典假设可知，随机扰动项的分布为 $\varepsilon_i \sim N(0, \sigma^2)$。同时 $Y_i = X_i \beta + \varepsilon_i$，$X_i$ 为解释变量观测值，且与 $\varepsilon_i$ 不相关，由此可得 $Y_i \sim N(X_i \beta, \sigma^2)$，从 $Y_i$ 分布表达式中可以看出，虽然 $Y_i$ 服从正态分布，但要知道该正态分布的具体形态和分布，需要估计其中的参数，对于 $Y_i$ 来说，就是要估计向量 $\beta$ 的各分量和 $\sigma^2$。

从总体中随机抽取 $n$ 组样本，$Y$ 观测值的联合概率为：

$$
\begin{aligned}
L(\beta, \sigma^2) &= P(Y_1, Y_2, \cdots, Y_n) \\
&= \frac{1}{(2\pi)^{\frac{n}{2}} \sigma^n} e^{-\frac{1}{2\sigma^2} \sum [Y_i - X_i \beta]^2} \\
&= \frac{1}{(2\pi)^{\frac{n}{2}} \sigma^n} e^{-\frac{1}{2\sigma^2} \sum (Y_i - X_i \beta)'(Y_i - X_i \beta)}
\end{aligned}
\tag{3-58}
$$

式（3-58）就是变量 $Y$ 的似然函数，极大似然估计法就是求解使 $Y$ 的似然函数达到最大化的 $\beta$ 值。由于 $L(\beta, \sigma^2)$ 含有指数的形式，不便于求解，因此，根据对数函数的单调性，常在 $L(\beta, \sigma^2)$ 表达式的两边取自然对数，在此情形下，似然函数的最大化与似然函数的对数最大化是等价的。然后求解使似然函数的对数最大化的 $\beta$，即可得到 $\beta$ 的估计量。

## 3.9 多元线性回归模型的 Stata 实现

宏观经济理论告诉我们，国民经济受到投资、消费和出口等因素的影响，为此构建经济发展水平（gdp）对投资（fai）、消费（co）和出口（ev）的多元线性回归模型。基于数据的可得性，从《中国统计年鉴》中获得 2019 年中国部分省市区的名义 GDP、全社会固定资产投资、社会消费品零售总额和出口额分别作为经济发展水平（gdp）、投资（fai）、消费（co）和出口（ev）的代理变量，在回归过程中，对上述变量的数据均取了对数。回归的命令为：

reg lngdp lnfai lnco lnev

其中，lngdp 为被解释变量，lnfai lnco lnev 为解释变量。回归结果见下图 3-3。

| Source | SS | df | MS | | Number of obs | = | 31 |
|---|---|---|---|---|---|---|---|
| | | | | | F(3, 27) | = | 697.35 |
| Model | 28.6620267 | 3 | 9.55400891 | | Prob > F | = | 0.0000 |
| Residual | .369913273 | 27 | .013700492 | | R-squared | = | 0.9873 |
| | | | | | Adj R-squared | = | 0.9858 |
| Total | 29.03194 | 30 | .967731333 | | Root MSE | = | .11705 |

| lngdp | Coefficient | Std. err. | t | P>\|t\| | [95% conf. interval] | |
|---|---|---|---|---|---|---|
| lnfai | .0934925 | .0492965 | 1.90 | 0.069 | -.0076556 | .1946406 |
| lnco | .8856756 | .0421983 | 20.99 | 0.000 | .7990917 | .9722595 |
| lnev | .0088447 | .0067768 | 1.31 | 0.203 | -.0050602 | .0227497 |
| _cons | .9628307 | .243669 | 3.95 | 0.001 | .4628632 | 1.462798 |

图 3-3 经济发展水平对投资、消费和出口的回归结果

表中上部显示可解释部分 ESS（Model）为 28.6620，对应的自由度 df = 3，不可解释部分 RSS（Residual）为 0.3699，对应的自由度为 27。TSS（Total）为 29.0319，恰好等于 ESS（Model）与 RSS（Residual）之和，F 值等于 697.35，其对应的 p 值为 0.000，表明回归方程整体是非常显著的，$R^2$（R-squared）为，0.9873，调整的 $R^2$（Adj R-squared）为 0.9858，Root MSE 表示为残差平方根。

表中下部的"Coef."表示回归系数，"_cons"表示常数项（constant）。lnfai 前的系数估计值为 0.093、其标准误（Std. Err）为 0.049，t 值为 1.90，对应的 P 值为 0.069，表明在 10% 的显著性水平上拒绝原假设。

若要计算被解释变量 lngdp 的拟合值，将其记为 lngdphat，对应的 Stata 命令为：predict lngdphat

若要计算残差值 e，对应的 Stata 命令为：predict e, residual

## 附录3-A 多元线性回归 OLS 估计量最小方差性的证明[①]

证明：多元线性回归模型的矩阵形式可以表示为 $Y = X\beta + \varepsilon$，其中 $Y = (Y_1 \quad Y_2 \quad \cdots \quad Y_n)$，

$$\beta = (\beta_0 \quad \beta_1 \quad \beta_2 \quad \cdots)', \quad X = \begin{bmatrix} 1 & X_{11} & \cdots & X_{1k} \\ 1 & X_{21} & \cdots & X_{2k} \\ \vdots & \vdots & \ddots & \vdots \\ 1 & X_{n1} & \cdots & X_{nk} \end{bmatrix}, \quad \varepsilon = (\varepsilon_1 \quad \varepsilon_2 \quad \cdots \quad \varepsilon_n)'$$

$\hat{\beta}$ 是满足经典假设下 OLS 估计得到的线性无偏估计量，即 $\hat{\beta} = (X'X)^{-1}X'Y$，且 $E(\hat{\beta}) = \beta$，$Var\hat{\beta} = \sigma^2(X'X)^{-1}$。

假设 $\beta$ 的另一个线性无偏估计量 $\tilde{\beta}$ 可以用 $Y$ 的如下线性形式表示：

$$\tilde{\beta} = A'Y$$

由于 $\tilde{\beta}$ 是 $\beta$ 的无偏估计，故 $E(\tilde{\beta}) = \beta$，进一步可得：

$$\begin{aligned} E(\tilde{\beta}) &= E(A'Y) \\ &= E[A'(X\beta + \varepsilon)] \\ &= E(A'X\beta) + AE(\varepsilon) \\ &= A'XE(\beta) \end{aligned}$$

要使得 $E(\tilde{\beta}) = A'XE(\beta) = \beta$，必然要求 $A'X = I$，由于 $Var(Y) = \sigma^2$，则有：

$$Var\tilde{\beta} = Var(A'Y \mid X) = A'Var(Y \mid X)A = A'\sigma^2 A = \sigma^2 A'A$$

$$\begin{aligned} Var\tilde{\beta} - Var\hat{\beta} &= \sigma^2[A'A - (X'X)^{-1}] \\ &= \sigma^2[A'A - A'X(X'X)^{-1}X'A] \\ &= \sigma^2 A'[I - X(X'X)^{-1}X']A \\ &= \sigma^2 A'PA \end{aligned}$$

其中，$P = I - X(X'X)^{-1}X'$ 是对称幂等矩阵，因此，$A'PA$ 是半正定矩阵，$Var\tilde{\beta} - Var\hat{\beta} = \sigma^2 A'PA \geq 0$

即：$Var\tilde{\beta} \geq Var\hat{\beta}$

---

① Jeffrey M. Wooldridge. 计量经济学导论：现代观点（第六版）[M]. 北京：中国人民大学出版社，2018.

## 附录 3-B  多元线性回归模型随机扰动项方差无偏估计为 $\hat{\sigma}^2 = \dfrac{\sum e_i^2}{n-k-1}$ 的证明[①]

证明：多元线性回归模型的矩阵表示形式为 $Y = X\beta + \varepsilon$，其中 $Y = (Y_1 \ Y_2 \ \cdots \ Y_n)$，

$$\beta = (\beta_0 \ \beta_1 \ \beta_2 \ \cdots)', X = \begin{bmatrix} 1 & X_{11} & \cdots & X_{1k} \\ 1 & X_{21} & \cdots & X_{2k} \\ \vdots & \vdots & \ddots & \vdots \\ 1 & X_{n1} & \cdots & X_{nk} \end{bmatrix}, \varepsilon = (\varepsilon_1 \ \varepsilon_2 \ \cdots \ \varepsilon_n)'$$

残差 $e = Y - \hat{Y} = Y - X\hat{\beta} = Y - X(X'X)^{-1}X'Y = [I - X(X'X)^{-1}X']Y$，残差向量 $e = (e_1 \ e_2 \ \cdots \ e_n)'$ 令 $P = I - X(X'X)^{-1}X'$，则 $P$ 是对称幂等矩阵，即 $P = P'$，$P^2 = PP' = P$ 进一步可得：

$$\begin{aligned} e &= PY \\ &= P(X\beta + \varepsilon) \\ &= PX\beta + P\varepsilon \\ &= [I - X(X'X)^{-1}X']X\beta + P\varepsilon \\ &= P\varepsilon \end{aligned}$$

进一步有：$e'e = \varepsilon'P'P\varepsilon = \varepsilon'P\varepsilon$，由于 $e'e$ 是一个数量，则 $e'e = \varepsilon'P\varepsilon$ 等于其迹 $tr(e'e)$。

$$\begin{aligned} tr(P) &= tr(I_n - X(X'X)^{-1}X') \\ &= tr(I_n) - tr[X(X'X)^{-1}X'] \\ &= tr(I_n) - tr[(X'X)^{-1}XX'] \\ &= n - tr(I_{k+1}) \\ &= n - k - 1 \end{aligned}$$

则：

$$\begin{aligned} E(e'e \mid X) &= E(\varepsilon'P'P\varepsilon \mid X) \\ &= E[tr(\varepsilon'P\varepsilon) \mid X] \\ &= E[tr(P\varepsilon\varepsilon') \mid X] \end{aligned}$$

---

[①] Jeffrey M. wooldridge. 计量经济学导论：现代观点（第六版）[M]. 北京：中国人民大学出版社，2018.

$$= tr[E(P\varepsilon\varepsilon') \mid X]$$
$$= tr[PE(\varepsilon\varepsilon') \mid X]$$
$$= tr(P\sigma^2 I)$$
$$= \sigma^2 tr(P)$$
$$= \sigma^2(n-k-1)$$

进而可得：$\hat{\sigma}^2 = \dfrac{\sum e_i^2}{n-k-1}$

## 参考文献

[1] 杰弗里·M. 伍德里奇. 计量经济学导论：现代观点（第六版）[M]. 北京：中国人民大学出版社，2018.

[2] 李子奈，潘文卿. 计量经济学（第五版）[M]. 北京：高等教育出版社，2020.

[3] 庞浩. 计量经济学（第二版）[M]. 北京：科学出版社，2010.

[4] 陈强，高级计量经济学及 Stata 应用（第 2 版）[M]. 北京：高等教育出版社，2014.

[5] 詹姆斯·H. 斯托克，马克·M. 沃森. 计量经济学导论（第三版）[M]. 北京：中国人民大学出版社，2014.

[6] 潘初省. 计量经济学中级教程（第 2 版）[M]. 北京：清华大学出版社，2012.

# 第4章
# 违反经典假设的问题分析

## 本章导读

经典多元线性回归模型在满足若干基本假定的条件下，应用普通最小二乘法可以得到无偏、有效且一致的参数估计量。在实际应用回归模型分析问题时，完全满足这些基本假定的情况并不多，不满足基本假定的情况，称为基本假定违背。违背基本假定的情形主要包括：违反解释变量之间无多重共线性而存在的多重共线性；违反随机干扰项同方差与无自相关而出现的随机干扰项异方差和自相关；违反随机干扰项与解释变量不相关而存在的解释变量与随机干扰项相关，即内生性；以及模型设定偏误等。

在建立计量经济学模型时，对所研究对象是否满足经典假定进行检验，这种检验称为计量经济学检验。经过计量经济学检验发现出现一种或多种基本假定违背时，则不能直接使用 OLS 法进行参数估计，而必须采取补救措施或发展新的估计方法。因此本章在介绍异方差、自相关、多重共线、内生性和模型设定误差时，借鉴现有计量经济学教材与参考书的通常做法，按照以下模式展开。首先，介绍异方差、自相关、多重共线、内生性和模型设定误差的概念及其在实际经济问题中的表现，以及出现这些情况的后果。其次，介绍如何对这些情况进行检验，进而介绍对出现这些情况的补救措施。最后是违反经典假设的 Stata 分析实例，本章的内容框架如图 4-1 所示。

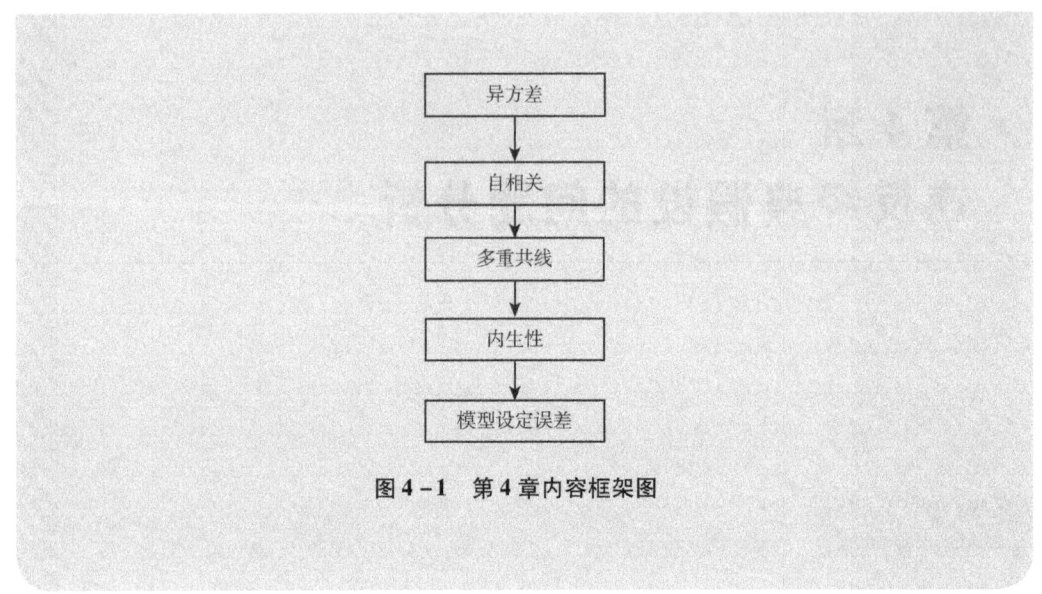

图 4-1 第 4 章内容框架图

## 4.1 异方差

### 4.1.1 异方差的概念

对于多元线性回归模型：

$$Y_i = \beta_0 + \beta_1 X_{i1} + \beta_2 X_{i2} + \cdots + \beta_j X_{ij} + \cdots + \beta_k X_{ik} + \varepsilon_i \quad (i=1,\cdots,n) \quad (4-1)$$

如果对于不同的样本个体观测量，随机误差项的方差 $Var(\varepsilon_i) = \sigma^2$（$i = 1,2,\cdots,n$；$\sigma^2$ 为恒定常数）不再成立，即随机误差项的方差存在差异 $Var(\varepsilon_i) = \sigma_i^2$，则认为出现了异方差性（Heteroskedasticity）。

一般而言，异方差可以分为三种类型：随机误差项的方差呈现单调递增特征，即 $Var(\varepsilon_i) = \sigma_i^2$ 随 $X$ 的增大而增大；随机误差项的方差呈现单调递减特征，即 $Var(\varepsilon_i) = \sigma_i^2$ 随 $X$ 的增大而减小；随机误差项的方差呈现复杂特征：$Var(\varepsilon_i) = \sigma_i^2$ 与 $X$ 的变化呈复杂形式，如图 4-2 所示。

分析同方差的图形可以发现，随着 $X$ 的增加，样本散点分布在拟合线上下，离散程度基本不变，基本位于拟合线上下两侧的平行带宽内。分析递增型异方差的图形可以发现，随着 $X$ 的增加，散点位于拟合线两侧的分散程度越来越大，基本位于拟合线上下两侧的递增带宽内。分析递减型异方差的图形可以发现，随着 $X$ 的增加，散点位于拟合线两侧的分散程度越来越小，基本位于拟合线上下两侧的递减带

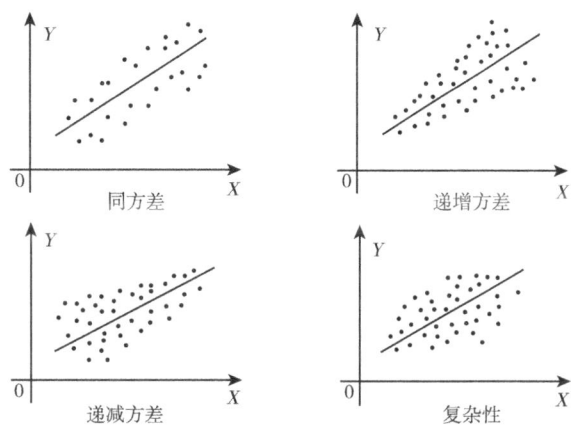

图 4-2 同方差与各种异方差示意图

宽内。而分析复杂型异方差的图形可以发现，随着 $X$ 的增加，散点位于拟合线两侧的分散程度时大时小，无规律可言。

### 4.1.2 实际经济问题中的异方差

【例 4-1】研究居民家庭的储蓄行为，构建如下模型：
$$Y_i = \beta_0 + \beta_1 X_i + \varepsilon_i \tag{4-2}$$

其中，$Y_i$ 表示第 $i$ 个家庭的储蓄额，$X_i$ 为第 $i$ 个家庭的可支配收入。按照可支配收入对总体进行分组，对于高收入组的家庭来说，由于可支配收入高，各家庭消费和储蓄习惯存在差异，这将使得高收入组的家庭储蓄差异较大；而低收入组的家庭储蓄则更有规律性，差异较小。因此使得随机扰动项 $\varepsilon_i$ 的方差表现出递增的特征。

【例 4-2】构建居民消费依赖绝对收入的回归模型：
$$C_i = \beta_0 + \beta_1 Y_i + \varepsilon_i \tag{4-3}$$

其中，$C_i$ 表示个体 $i$ 的消费支出，$Y_i$ 表示个体 $i$ 的绝对收入，对于收入较高的人群来说，消费支出变化较大，对于收入较低的人群来说，消费支出变化较小，因此，样本观测值的观测误差随着观测群体的不同而不同，使得不同群体间的随机扰动项存在异方差。

【例 4-3】建立某个产业中企业生产函数模型：
$$Y_i = \beta_0 + \beta_1 A_i + \beta_2 K_i + \beta_3 L_i + \varepsilon_i \tag{4-4}$$

其中，$i$ 表示第 $i$ 个企业，$Y_i$ 为企业 $i$ 产出量，$K_i$ 为资本投入，$L_i$ 为投入的劳动力，$A_i$ 为技术，除此之外，影响企业产量的其他因素均包含在随机误差项中。对于不同规模的企业来说,产出量变异的程度不同,造成了随机误差项的异方差性。

### 4.1.3 异方差的后果

(1) 参数估计量非有效

在 OLS 估计量线性性和无偏性的分析中,没有使用到随机扰动项应具有同方差这一假设,因此 OLS 估计量仍然具有线性性和无偏性。估计量的有效性是在 $Var(\varepsilon) = \sigma^2 I$ 这一假设成立的情况下得以实现,因此,存在异方差时,估计量不再具有有效性,在大样本情况下,估计量将不再具有渐近有效性。

(2) 变量的显著性检验失效

对于单个变量的显著性检验,我们构造了 $t$ 统计量 $t = \dfrac{\hat{\beta}_i}{Se(\hat{\beta}_i)}$,这是建立在随机扰动项的方差 $\sigma^2$ 不变且正确估计了参数估计量标准差基础之上。如果出现异方差,$t$ 检验中 $Se(\hat{\beta}_i)$ 出现偏误,$t$ 检验将失去意义。同时,变量的区间检验也是建立在 $t$ 检验基础之上,变量的区间检验也将失效。

(3) 模型的预测失效

在预测值的置信区间中包含有参数方差的估计量,其又依赖于随机扰动项同方差 $\sigma^2$ 的假设。当模型随机扰动项出现异方差时,参数估计值 $\hat{\beta}_i$ 的变异程度增大,从而使得 $Y$ 的预测误差变大,降低预测精度,导致预测失效。

### 4.1.4 异方差的检验

由于异方差性是相对于不同的解释变量观测值或不同个体,随机误差项具有不同的方差。那么检验异方差性,也就是检验随机误差项的方差与解释变量观测值之间的相关性及其相关的"形式"。问题在于用什么来表示随机误差项的方差?一般的检验思路为:首先,采用 OLS 估计,得到残差估计值 $e_i = Y_i - \hat{Y}_i$,用它的平方近似随机误差项的方差 $Var(\varepsilon_i) = E(\varepsilon_i^2) \approx e_i^2$;然后,建立以残差的平方为被解释变量,原模型的解释变量为解释变量的辅助回归;最后,通过辅助回归函数的显著性来检验随机扰动项的异方差性,由此,异方差可以采取以下检验方法。

(1) 图示法

异方差检验的图示法主要包括两个方面,一是使用 $X-Y$ 的样本散点图进行判断,看是否存在明显的散点扩大、缩小或复杂型变化趋势,总之,散点图不在一个平行带宽内。二是在实施 OLS 估计后，利用残差平方值 $e_i^2$ 与解释变量 $X$ 的散点图进行判断，看是否形成水平的直线，见图 4-3。

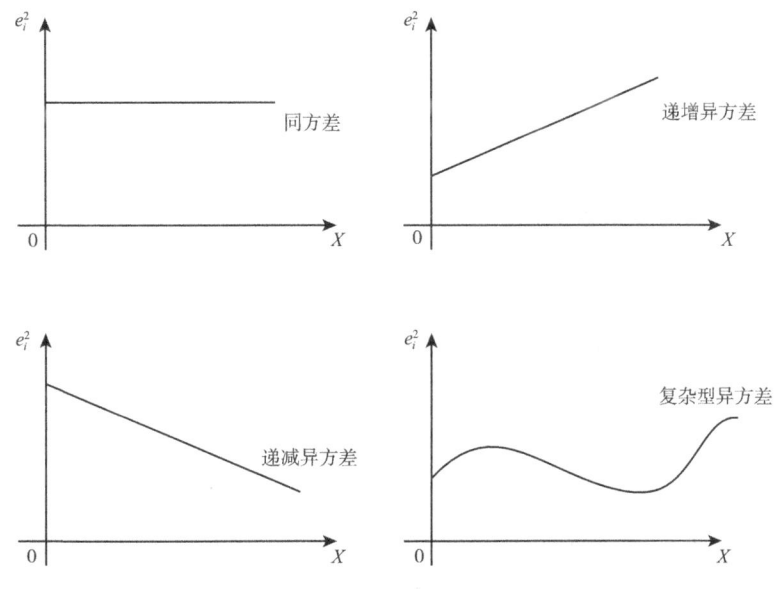

图 4-3 异方差检验的图示法

（2）帕克（Park）检验与戈里瑟（Gleiser）检验

根据异方差检验的基本思路，帕克（Park）检验与戈里瑟（Gleiser）检验主要是通过构建残差的平方（帕克检验）或绝对值（戈里瑟检验）对原总体模型中解释变量构建辅助回归模型，通过考察解释变量前系数的显著性来检验总体模型是否存在异方差。

帕克检验所构建的模型为：$e_i^2 = \sigma^2 X_{ij}^{\alpha} e^{\mu_i}$。

对帕克检验所构建的模型两边取自然对数可得：

$$Ln(e_i^2) = Ln\sigma^2 + \alpha LnX_{ij} + \mu_i \tag{4-5}$$

如果 $\alpha$ 在统计上显著，则表明扰动项存在异方差性。

戈里瑟（Gleiser）检验所构建的模型：$|e_i| = f(X_{ij}) + \mu_i$。

如果存在某种函数 $f(X_{ij})$，使得辅助回归模型显著成立，则说明原模型随机扰动项存在异方差性。

（3）布罗施—帕甘（Breusch-Pagan，简记 BP 检验）检验

依据异方差检验的基本思路，BP 检验与帕克（Park）检验和戈里瑟（Gleiser）检验类似，只不过选择回归的函数形式不同而已，也是首先对原模型进行回归，并得到相应的残差值，然后以残差值的平方为被解释变量，原总体模型中的解释变量作为解释变量，构建辅助回归模型，通过考察解释变量前系数的显著性来检验总体

模型是否存在异方差,对于多元线性回归模型:

$$Y_i = \beta_0 + \beta_1 X_{i1} + \beta_2 X_{i2} + \cdots + \beta_k X_{ik} + \varepsilon_i \tag{4-6}$$

检验是否存在异方差就是检验随机扰动项的方差是否与模型解释变量相关,即:

$$Var(\varepsilon_i) = \lambda_0 + \lambda_1 X_{i1} + \lambda_2 X_{i2} + \cdots + \lambda_k X_{ik} + \mu_i \tag{4-7}$$

用 OLS 估计模型 (4-6) 后,所得到的 $e_i^2$ 近似方差,构造辅助回归:

$$e_i^2 = \lambda_0 + \lambda_1 X_{i1} + \lambda_2 X_{i2} + \cdots + \lambda_k X_{ik} + \mu_i \tag{4-8}$$

原假设为:

$$H_0: \lambda_1 = \lambda_2 = \cdots = \lambda_k = 0 \tag{4-9}$$

其中,$\mu_i$ 为满足经典假设的随机扰动项。在 $H_0$ 成立时,用辅助回归的可决系数 $R_e^2$ 构造 LM 统计量:

$$LM = n \cdot R_e^2 \xrightarrow{d} \chi^2(k) \tag{4-10}$$

进而进行 LM 检验来判断原模型是否存在异方差。

(4) 怀特(White)检验

怀特(White)检验也是对原模型先做 OLS 回归后,得到样本的残差值,使用残差的平方对原模型的解释变量做辅助回归。最后通过构建辅助回归模型的相关统计量,来分析原模型是否存在异方差。只不过,在使用残差的平方对原模型的解释变量做辅助回归时,怀特(White)检验更多地纳入了解释变量的交互项和平方项等选项。

以二元模型为例: $Y_i = \beta_0 + \beta_1 X_{1i} + \beta_2 X_{2i} + \varepsilon_i$,首先对该模型做 OLS 回归,计算得到残差的平方,然后建立辅助回归模型:

$$e_i^2 = \alpha_0 + \alpha_1 X_{1i} + \alpha_2 X_{2i} + \alpha_3 X_{1i}^2 + \alpha_4 X_{2i}^2 + \alpha_5 X_{1i} X_{2i} + \mu_i \tag{4-11}$$

其中,$\mu_i$ 为满足经典假设的随机扰动项。

在同方差假设下,有:

$$nR_e^2 \sim \chi^2(k) \tag{4-12}$$

其中,$R_e^2$ 和 $k$ 分别为辅助回归模型(4-11)的可决系数和解释变量的个数,$n$ 为样本容量。

从以上几种异方差的统计检验中,可以发现异方差检验的共同特点:首先对原回归模型做 OLS 回归,得到残差值;然后利用残差值的平方对解释变量及其可能组合构建辅助回归模型,检验辅助回归模型中各解释变量的显著性来判断原回归模型是否存在异方差。

### 4.1.5 异方差的处理

当通过检验发现原模型存在异方差时,这时候就要采取相应的措施进行补救或处理。对于异方差的处理，最简单的方法是消除异方差，即通过变换，使得变换后的模型满足同方差的要求。处理异方差常用的方法有加权最小二乘法（Weighted Least Squares，WLS）和异方差稳健标准误法。

（1）加权最小二乘法

顾名思义，加权最小二乘法是对原模型加权，使之变成一个新的不存在异方差的模型，然后采用 OLS 估计其参数。

以多元线性模型 $Y_i = \hat{\beta}_0 + \hat{\beta}_1 X_{1i} + \cdots + \hat{\beta}_k X_{ki} + \varepsilon_i$（$Y = X\beta + \varepsilon$）为例，假如该模型的随机扰动项存在异方差，但其条件期望为 0 仍满足，如果存在：

$$Var(\varepsilon_i) = E(\varepsilon_i)^2 = \sigma_i^2 = f(X_{ij})\sigma^2 \tag{4-13}$$

对原模型的两边同时除以 $\sqrt{f(X_{ij})}$（施加 $\frac{1}{\sqrt{f(X_{ij})}}$ 的权重），则有新的模型：

$$\frac{1}{\sqrt{f(X_{ij})}}Y_i = \frac{1}{\sqrt{f(X_{ij})}}\hat{\beta}_0 + \frac{1}{\sqrt{f(X_{ij})}}\hat{\beta}_1 X_{1i} + \frac{1}{\sqrt{f(X_{ij})}}\hat{\beta}_2 X_{2i} + \cdots$$
$$+ \frac{1}{\sqrt{f(X_{ij})}}\hat{\beta}_k X_{ki} + \frac{1}{\sqrt{f(X_{ij})}}\varepsilon_i \tag{4-14}$$

新模型的扰动项 $\frac{1}{\sqrt{f(X_{ij})}}\varepsilon_i$ 的方差为：

$$Var(\frac{1}{\sqrt{f(X_{ij})}}\varepsilon_i) = E(\frac{1}{\sqrt{f(X_{ij})}}\varepsilon_i)^2 = \frac{1}{f(X_{ij})}E(\varepsilon_i)^2 = \sigma^2 \tag{4-15}$$

加权后的新模型满足同方差性，可用 OLS 法估计。需要指出的是确定 $f(X_{ij})$ 是使用加权最小二乘法的重难点。

一般情况下：$Y = X\beta + \varepsilon$ 且 $E(\varepsilon) = 0$，$Cov(\varepsilon_i, \varepsilon_j) = 0(i,j = 1,2,\cdots,n$ 且 $i \neq j)$。假设有：

$Cov(\varepsilon) = E(\varepsilon\varepsilon') = \sigma^2 W$，其中 $W$ 可以表示为：

$$W = \begin{bmatrix} w_1 & & & \\ & w_2 & & \\ & & \ddots & \\ & & & w_n \end{bmatrix} \tag{4-16}$$

$W$ 的主对角线为各样本个体的方差，且此时，无自相关的假设仍满足，故 $W$ 为对称正定矩阵，存在可逆矩阵 $D$，使得 $W = DD'$。

在 $Y = X\beta + \varepsilon$ 两边左乘以 $D^{-1}$ 可得：

$$D^{-1}Y = D^{-1}X\beta + D^{-1}\varepsilon \tag{4-17}$$

令 $Y_* = D^{-1}Y$，$X_* = D^{-1}X$，$\varepsilon_* = D^{-1}\varepsilon$，则式（4-17）可写为

$$Y_* = X_*\beta + \varepsilon_* \tag{4-18}$$

新随机扰动项 $\varepsilon_*$ 的方差可以表示为：

$$\begin{aligned}
Var(\varepsilon_*) &= E(\varepsilon_*\varepsilon'_*) = E[D^{-1}\varepsilon\varepsilon'(D^{-1})'] \\
&= D^{-1}E(\varepsilon\varepsilon')(D^{-1})' = D^{-1}\sigma^2 W(D^{-1})' \\
&= D^{-1}\sigma^2 DD'(D^{-1})' = \sigma^2 I
\end{aligned} \tag{4-19}$$

使用 OLS 法估计新模型，记参数估计量为 $\beta$，则：

$$\begin{aligned}
\beta &= (X'_*X_*)^{-1}X'_*Y_* = [X'(D^{-1})'D^{-1}X]^{-1}X'(D^{-1})'D^{-1}Y \\
&= (X'W^{-1}X)^{-1}X'W^{-1}Y
\end{aligned} \tag{4-20}$$

这就是原模型 $Y = X\beta + \varepsilon$ 的加权最小二乘估计量，是无偏、有效的估计量。其中，权重矩阵为 $D^{-1}$，它来自于原模型随机扰动项 $\varepsilon$ 的协方差矩阵 $\sigma^2 W$。

（2）附加异方差稳健标准误的 OLS 估计

由于异方差不改变估计量的无偏性，但会使得估计量的方差出现偏差，使得统计检验不准确，异方差稳健标准误法就是仍然采用 OLS，但对 OLS 估计的标准差进行修正。与不附加异方差稳健标准误的 OLS 估计相比，其参数估计量都没有发生变化，但是参数估计量的方差和标准差发生变化，即使存在异方差，采用附加异方差稳健标准误的 OLS 估计，变量的显著性检验与预测也有效，由此，在实证分析中，该方法常常被使用。

## 4.2 自相关

### 4.2.1 自相关的概念

对于多元线性回归模型：$Y_t = \beta_0 + \beta_1 X_{t1} + \cdots + \beta_k X_{tk} + \varepsilon_t (t = 1,\cdots,T)$，如果 $Cov(\varepsilon_i,\varepsilon_j) = 0 (i,j = 1,\cdots,T 且 i \neq j)$，则称随机扰动项无自相关；否则，$Cov(\varepsilon_i,\varepsilon_j) \neq 0 (i,j = 1,\cdots,T 且 i \neq j)$，则表明随机项扰动项存在自相关。

在其他假设依然成立的条件下（比如随机扰动项的同方差假定依然成立），随机扰动项存在自相关时，随机扰动项的协方差矩阵可以表示为：

$$Cov(\varepsilon) = E(\varepsilon\varepsilon') = \begin{bmatrix} \sigma^2 & \cdots & E(\varepsilon_1\varepsilon_T) \\ \vdots & \ddots & \vdots \\ E(\varepsilon_T\varepsilon_1) & \cdots & \sigma^2 \end{bmatrix}$$

$$= \begin{bmatrix} \sigma^2 & \cdots & \sigma_{1T} \\ \vdots & \ddots & \vdots \\ \sigma_{T1} & \cdots & \sigma^2 \end{bmatrix}$$

$$= \sigma^2 W \neq \sigma^2 I \tag{4-21}$$

如果 $\varepsilon_t$ 与 $\varepsilon_{t-1}$ 之间仅存在如下关系：

$$\varepsilon_t = \rho \varepsilon_{t-1} + \mu_t (-1 < \rho < 1) \tag{4-22}$$

其中，$\rho$ 被称为自相关系数，随机扰动项 $\mu_t$ 满足零均值、同方差、无自相关的假定，则称随机扰动项 $\varepsilon_t$ 存在一阶自相关。

### 4.2.2 实际经济问题中的自相关

(1) 经济变量的惯性

大多数经济变量都有"惯性"的特点，表现在时间序列中不同时间的前后关联上。例如，居民的消费函数模型：

$$C_t = \beta_1 + \beta_2 Y_t + \varepsilon_t (t = 1, \cdots, T) \tag{4-23}$$

模型将消费支出 $C_t$ 对收入 $Y_t$ 做回归，事实上消费习惯也会影响消费支出，由于消费习惯无法量化，在建模时，消费习惯这一变量就被丢在随机误差项之中，由于消费习惯具有惯性或连续性，由此可能导致随机扰动项出现自相关性。

(2) 模型设定的偏误

在模型设定过程中，常出现遗漏重要解释变量或者模型的函数形式设定错误，即模型设定偏误（Specification error）。

例如，总体模型本应该设定为：

$$y_t = \beta_0 + \beta_1 x_{1t} + \beta_2 x_{2t} + \beta_3 x_{3t} + \varepsilon_t (t = 1, \cdots, n) \tag{4-24}$$

但在实践中，模型误设为：

$$y_t = \beta_0 + \beta_1 x_{1t} + \beta_2 x_{2t} + \mu_t (t = 1, \cdots, n) \tag{4-25}$$

因此，$\mu_t = \beta_3 x_{3t} + \varepsilon_t$，如果变量 $x_{3t}$ 具有自相关性，这将导致随机扰动项出现自相关。

(3) 数据的"编造"

在实际经济问题中，有些缺失数据是通过已知数据生成得到，在此情形下，新生成的数据与原数据间就有了内在的联系，表现出自相关性。

例如，在实证分析收集数据的过程中，其中某个年份的数据出现缺失，最为直接的做法是使用前后两个年份的均值来充当缺失年份的数据，即使用两个时间点之间的"内插"技术来计算缺失年份的数据，这将使得插值获得的数据与前后两年的数据存在自相关性。

### 4.2.3 自相关的后果

如果计量模型中出现了随机扰动项自相关性，但仍然采用OLS法估计模型参数，将出现类似于异方差情况时的不良后果：

（1）参数估计量非有效

参数估计量有效性的证明中利用了

$$E(\varepsilon\varepsilon') = \sigma^2 I \tag{4-26}$$

式（4-26）表明随机扰动项满足同方差性和相互独立的假设。如果 $E(\varepsilon\varepsilon') \neq \sigma^2 I$，这将使得参数估计量非有效。在大样本情况下，参数估计量虽然具有一致性，但将不具有渐近有效性。

（2）变量的显著性检验失效

在单个变量显著性检验（$t$ 检验）中，构建的检验统计量是建立在随机误差项具有同方差和无自相关基础之上。否则，参数估计量的方差出现偏差，从而 $t$ 值出现偏差，$t$ 检验就失去意义。

（3）模型的预测失效

当模型中随机扰动项出现自相关，则参数估计量的方差出现偏误，进而使得预测区间发生偏误，预测精度降低。

### 4.2.4 自相关的检验

类似于异方差的检验，自相关检验的基本思路如下：首先，采用OLS法估计原模型，以求得随机误差项 $\varepsilon_t$ 的"近似估计量"，即残差 $e_t$（$e_t = Y_t - (\hat{Y}_t)_{OLS}$）。然后，通过分析这些"近似估计量"之间的相关性，进而判断随机误差项是否存在自相关性。

（1）图示检验法

用 $e_t$ 随 $e_{t-1}$ 的图形变化情况来判断 $\varepsilon_t$ 的自相关性，如图4-4所示。

（2）回归检验法

以 $e_t$ 为被解释变量，以各种可能的相关量（例如，$e_{t-1}$、$e_{t-2}$、$e_{t-1}^2$ 等）为解释变量，建立各种可能形式的辅助回归模型：

$$e_t = \rho e_{t-1} + \mu_t \tag{4-27}$$

$$e_t = \rho_1 e_{t-1} + \rho_2 e_{t-2} + \mu_t \tag{4-28}$$

$$e_t = \rho_1 e_{t-1} + \rho_2 e_{t-2} + \rho_3 e_{t-1}^2 + \rho_4 e_{t-2}^2 + \mu_t \tag{4-29}$$

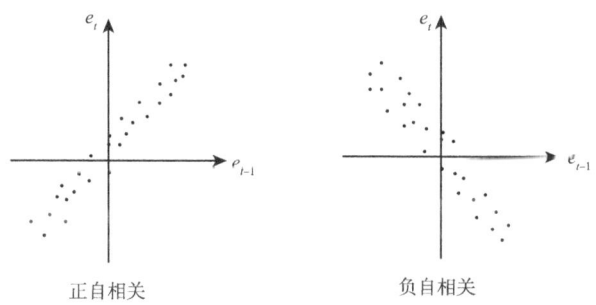

图 4-4 自相关检验的图示

其中，$\mu_t$ 为满足零均值、同方差、无自相关的随机扰动项。如果存在某一种模型形式，使得辅助回归模型中解释变量前的系数显著，则说明原模型存在自相关性。

(3) 杜宾—瓦森（Durbin-Watson）检验法

早在1950年，杜宾（Durbin）和瓦森（Watson）[1] 就提出了一种检验自相关的方法，即 D·W 检验，但使用该方法的前提条件是：一是解释变量 $X$ 非随机；二是随机误差项 $\varepsilon_t$ 为一阶自回归形式，即 $\varepsilon_t = \rho \varepsilon_{t-1} + \mu_t$，其中 $\mu_i$ 是随机干扰项且满足零均值、同方差和无自相关的假定；三是原回归模型中不应含有滞后被解释变量作为解释变量的情形，且模型中含有截距项。

在上述假设下，D.W 检验的原假设为 $H_0: \rho = 0$，即随机扰动项不存在一阶自回归形式，进而构造 D.W 统计量：

$$D.W = \frac{\sum_{t=2}^{n} (\varepsilon_t - \varepsilon_{t-1})^2}{\sum_{t=1}^{n} \varepsilon_t^2} \tag{4-30}$$

虽然 D.W 统计量的分布与给定样本中的 $X$ 值有复杂的关系，其精确的分布也很难得到，但是杜宾和瓦森推导得到了临界值的下限 $d_L$ 和上限 $d_u$，且这些上下限只与样本的容量 $n$ 和解释变量的个数 $k$ 有关。

可以证明当 D.W 值在2左右时，模型不存在一阶自相关。

$$D.W = \frac{\sum_{t=2}^{n} (\varepsilon_t - \varepsilon_{t-1})^2}{\sum_{t=1}^{n} \varepsilon_t^2} = \frac{\sum_{t=2}^{n} \varepsilon_t^2 + \sum_{t=2}^{n} \varepsilon_{t-1}^2 - 2\sum_{t=2}^{n} \varepsilon_t \varepsilon_{t-1}}{\sum_{t=1}^{n} \varepsilon_t^2} \tag{4-31}$$

当 $n \to \infty$ 时，$\sum_{t=2}^{n} \varepsilon_t^2 \approx \sum_{t=2}^{n} \varepsilon_{t-1}^2 \approx \sum_{t=1}^{n} \varepsilon_t^2$，因此 D.W 统计量可以进一步表示为：

---

[1] Durbin J, G Watson. Testing for Serial Correlation in Least-Square Regression [J]. Biometrika, 1950 (37): 409-428.

$$D.W \approx 2(1 - \frac{\sum_{t=2}^{n} \varepsilon_t \varepsilon_{t-1}}{\sum_{t=2}^{n} \varepsilon_t^2}) \approx 2(1 - \rho) \tag{4-32}$$

其中，$\rho \approx \dfrac{\sum_{t=2}^{n} \varepsilon_t \varepsilon_{t-1}}{\sum_{t=1}^{n} \varepsilon_t^2} \approx \dfrac{\sum_{t=2}^{n} \varepsilon_t \varepsilon_{t-1}}{\sum_{t=2}^{n} \varepsilon_t^2}$ 为一阶自回归模型 $\varepsilon_t = \rho \varepsilon_{t-1} + \mu_t$ 的参数估计。

如果 $\varepsilon_t$ 存在完全一阶正相关，即 $\rho = 1$，则 $D.W = 0$；完全一阶负相关，即 $\rho = -1$，则 $D.W = 4$；完全不相关，即 $\rho = 0$，则 $D.W = 2$。

综上可知，在进行 $D.W$ 检验时，首先，计算 $D.W$ 值。其次，给定 $\alpha$，由 $n$ 和 $k$ 的大小查 $D.W$ 分布表，得临界值 $d_L$ 和 $d_u$。最后，进行比较和判断，①若 $0 < D.W < d_L$，存在正自相关；② $d_L < D.W < d_u$，不能确定；③ $d_u < D.W < 4 - d_u$，无自相关；④ $4 - d_u < D.W < 4 - d_L$，不能确定；⑤ $4 - d_L < D.W < 4$，存在负自相关。

需要指出的是，由于 $D.W$ 检验的前提假设较多，限制其实用性，随着计量经济学的发展，其他自相关检验的方法相应提出。

(4) 拉格朗日乘数（Lagrange multiplier）检验

1978 年，布劳殊（Breusch）① 与戈弗雷（Godfrey）② 提出了拉格朗日乘数 (Lagrange multiplier，简记 LM) 检验，也称为 BG 检验，其较好地克服了 $D.W$ 检验的缺陷，且适合于高阶序列相关以及模型中存在滞后被解释变量的情形。

对于模型：

$$Y_t = \beta_0 + \beta_1 X_{t1} + \beta_2 X_{t2} + \cdots + \beta_k X_{tk} + \varepsilon_t (t = 1, \cdots, T) \tag{4-33}$$

如果随机扰动项存在 $p$ 阶自相关，则有：

$$\varepsilon_t = \rho_1 \varepsilon_{t-1} + \rho_2 \varepsilon_{t-2} + \cdots + \rho_p \varepsilon_{t-p} + \mu_t \tag{4-34}$$

用 OLS 估计模型 (4-33)，进而得到残差 $e_t$，构建辅助回归模型：

$$\begin{aligned} e_t = &\beta_0 + \beta_1 X_{t1} + \beta_2 X_{t2} + \cdots + \beta_j X_{tj} + \cdots + \beta_k X_{tk} \\ &+ \rho_1 e_{t-1} + \rho_2 e_{t-2} + \cdots + \rho_p e_{t-p} + \mu_t (t = 1, \cdots, T) \end{aligned} \tag{4-35}$$

其中 $\mu_t$ 为随机扰动项，满足经典假设，原假设为：

$$H_0: \rho_1 = \rho_2 = \cdots = \rho_p = 0 \tag{4-36}$$

当 $H_0$ 为真时，利用辅助回归模型 (4-35) 的可决系数 $R^2$，构建 $LM$ 统计量

---

① Breusch T. Testing for Autocorrelation in Dynamic linear Models [J]. Australian Economic Papers, 1978 (17): 334-355.

② Godfreg L. Testing against General Autoregressive and Moving Average Error Models When the Regressors Include Lagged Dependent Variables [J]. Econmetrica, 1978 (46): 1293-1302.

$$LM = (n-p)R^2 \sim \chi^2(p) \tag{4-37}$$

其中，$n$ 为样本容量，给定 $\alpha$，查自由度为 $p$ 的 $\chi^2$ 分布表，可得到临界值 $\chi_\alpha^2(p)$，若通过样本数据计算得到的 $LM$ 值超过临界值 $\chi_\alpha^2(p)$，则倾向于拒绝 $H_0$，否则接受 $H_0$。在检验中，$p$ 可从 1 阶、2 阶、……逐次提高。

### 4.2.5 自相关的处理

如果经过自相关检验，发现随机扰动项存在自相关性，则需要发展新的方法估计模型。常用的方法有广义最小二乘法（GLS：Generalized least squares）、广义差分法（Generalized Difference）和附加异方差自相关稳健标准误的 OLS 估计。

（1）广义最小二乘法

广义最小二乘法的基本思想是通过变换，使变换后的模型满足球形扰动项的假设，然后使用 OLS 进行估计，从而获得有效的估计量。

对于模型

$$Y = X\beta + \varepsilon \tag{4-38}$$

如果随机扰动项存在自相关和异方差，但条件期望为 0 仍然成立，则有

$$Cov(\varepsilon,\varepsilon') = E(\varepsilon,\varepsilon') = \begin{bmatrix} \sigma_1^2 & \sigma_{12} & \cdots & \sigma_{1T} \\ \sigma_{21} & \sigma_2^2 & \cdots & \sigma_{2T} \\ \vdots & \vdots & \ddots & \vdots \\ \sigma_{T1} & \sigma_{T2} & \cdots & \sigma_T^2 \end{bmatrix} = \sigma^2\Omega \neq \sigma^2 I \tag{4-39}$$

$\Omega$ 为正定矩阵，存在一可逆矩阵 $D$，使得 $\Omega = DD'$，利用 $D^{-1}$ 变换原模型：

$$D^{-1}Y = D^{-1}X\beta + D^{-1}\varepsilon \tag{4-40}$$

$$Y_* = X_*\beta + \varepsilon_* \tag{4-41}$$

其中，$Y_* = D^{-1}Y, X_* = D^{-1}X, \varepsilon_* = D^{-1}\varepsilon$，则

$$\begin{aligned} E(\varepsilon_*\varepsilon_*') &= E[D^{-1}\varepsilon\varepsilon'(D^{-1})'] = D^{-1}E(\varepsilon\varepsilon')(D^{-1})' \\ &= D^{-1}\sigma^2\Omega(D^{-1})' = D^{-1}\sigma^2 DD'(D^{-1})' = \sigma^2 I \end{aligned} \tag{4-42}$$

变换后的模型随机扰动项就满足了同方差性和无自相关性。

使用 OLS 法估计新模型，记参数估计量为 $\beta$，则：

$$\begin{aligned} \beta &= (X_*'X_*)^{-1}X_*'Y_* = [X'(D^{-1})'D^{-1}X]^{-1}X'(D^{-1})'D^{-1}Y \\ &= (X'\Omega^{-1}X)^{-1}X'\Omega^{-1}Y \end{aligned} \tag{4-43}$$

这就是原模型的广义最小二乘估计量（GLS estimators），满足无偏性和有效性。

（2）广义差分法

广义差分法就是将原模型通过差分变换，使变换后模型的随机扰动项无自相

关，然后再进行 OLS 估计。如果原模型：

$$Y_t = \beta_0 + \beta_1 X_{t1} + \beta_2 X_{t2} + \cdots + \beta_j X_{tj} + \cdots + \beta_k X_{tk} + \varepsilon_t (t = 1, \cdots, T) \quad (4-44)$$

存在：$\varepsilon_t = \rho_1 \varepsilon_{t-1} + \rho_2 \varepsilon_{t-2} + \cdots + \rho_l \varepsilon_{t-l} + \mu_t$，$\mu_t$ 为满足经典假设的随机扰动项，可以将原模型变换为：

$$Y_t - \rho_1 Y_{t-1} - \cdots - \rho_l Y_{t-l} = \beta_0(1 - \rho_1 - \cdots - \rho_l) + \beta_1(X_{1t} - \rho_1 X_{1,t-1} - \cdots - \rho_l X_{1,t-l})$$
$$+ \cdots + \beta_k(X_{1t} - \rho_1 X_{k,t-1} - \cdots - \rho_l X_{k,t-l}) + \varepsilon_t - \rho_1 \varepsilon_{t-1} - \cdots - \rho_l \varepsilon_{t-l} \quad (4-45)$$

其中，$\mu_t = \varepsilon_t - \rho_1 \varepsilon_{t-1} - \cdots - \rho_l \varepsilon_{t-l}$，令 $Y_t^* = Y_t - \rho_1 Y_{t-1} - \cdots - \rho_l Y_{t-l}$，$\beta_0^* = \beta_0(1 - \rho_1 - \cdots - \rho_l)$，$X_{1t}^* = X_{1t} - \rho_1 X_{1,t-1} - \cdots - \rho_l X_{1,t-l}$，$X_{kt}^* = X_{kt} - \rho_1 X_{k,t-1} - \cdots - \rho_l X_{k,t-l}$，则有：$Y_t^* = \beta_0^* + \beta_1 X_{1t}^* + \cdots + \beta_k X_{kt}^* + \mu_t$，该模型为广义差分模型，不存在序列相关问题，可进行 OLS 估计，进而得到有效的估计量。

(3) 附加异方差自相关稳健标准误的 OLS 估计

类似于异方差的情况，存在自相关时，不改变 OLS 估计量的无偏性与一致性，因此，仍可以使用 OLS 估计模型中的系数，但需要改变其方差，为了正确地推断统计，可以使用存在异方差、自相关情况下的稳健标准误，进行统计推断。在实践中，该方法简单易行，使用 Stata 软件做回归分析时，可以在估计命令的选项中加入"robust"，即可实现。

## 4.3 多重共线性

### 4.3.1 多重共线性的概念

在多元线性回归模型中，如果两个或两个以上解释变量之间存在相关性，则称为多重共线性（Multicollinearity）。多重共线性又可以分为完全多重共线性和不完全多重共线性。

(1) 完全多重共线性

在多元线性回归模型：$Y_i = \beta_0 + \beta_1 X_{i1} + \beta_2 X_{i2} + \cdots + \beta_k X_{ik} + \varepsilon_i (i = 1, \cdots, n)$ 中，若存在不全为 0 的 $\lambda_1, \lambda_2, \cdots, \lambda_k$ 使得下式成立：

$$\lambda_1 X_{i1} + \lambda_2 X_{i2} + \cdots + \lambda_j X_{ij} + \cdots + \lambda_k X_{ik} = 0 \quad (4-46)$$

那么称 $X_{i1}, X_{i2}, \cdots, X_{ik}$ 之间存在完全多重共线。

(2) 不完全多重共线性

在多元线性回归模型 $Y_i = \beta_0 + \beta_1 X_{i1} + \beta_2 X_{i2} + \cdots + \beta_k X_{ik} + \varepsilon_i (i = 1, \cdots, n)$ 中，若存在不全为 0 的 $\lambda_1, \lambda_2, \cdots, \lambda_k$ 使得下式成立：

$$\lambda_1 X_{i1} + \lambda_2 X_{i2} + \cdots + \lambda_j X_{ij} + \cdots + \lambda_k X_{ik} + \upsilon_i = 0 \qquad (4-47)$$

其中，$\upsilon_i$ 为随机扰动项，此时称 $X_{i1}$、$X_{i2}$、$\cdots$、$X_{ik}$ 之间具有不完全多重共线。

事实上，由于经济变量之间具有千丝万缕的联系，这使得在经济实证分析时，解释变量之间往往存在不完全的多重共线性，因此在计量经济学分析时往往分析不完全多重共线性。对于完全多重共线性，说明其中一个解释变量可以用其他解释变量来替代。

### 4.3.2 实际经济问题中的多重共线性

产生多重共线性的原因主要包括相关经济变量的共同趋势，例如，两个变量 $X_t$ 和 $Y_t$ 随着时间 $t$ 的推移，均存在增长趋势，由此，$X_t$ 和 $Y_t$ 均可能表示成时间 $t$ 的函数，即 $X_t = \alpha t$，$Y_t = \beta t$，进而 $X_t$ 和 $Y_t$ 之间存在共线性；模型设定问题所导致的多重共线性，例如在时间序列数据模型和面板数据模型中，将解释变量的滞后项也作为解释变量引入模型，这样由于经济变量的惯性，解释变量及其滞后项就可能存在较大的相关性，导致多重共线性；解释变量之间存在内在经济联系或互为因果，也可能导致解释变量之间存在多重共线性，例如，投资可以促进经济增长，经济增长也可能吸引投资，二者之间存在相互促进，如果将二者同时引入模型，可能导致多重共线性。

### 4.3.3 多重共线性的影响

如果在计量经济学模型中出现多重共线性的情况下，依然使用 OLS 估计模型，将会产生以下影响。

(1) 完全共线性导致参数无法估计

对于多元线性回归模型：

$$Y = X\beta + \varepsilon \qquad (4-48)$$

由第 3 章的介绍可知：

$$\hat{\beta} = (X'X)^{-1}X'Y \qquad (4-49)$$

如果解释变量间存在完全共线性，将使得 $(X'X)^{-1}$ 不存在，利用式（4-49）将无法得到参数的估计量。

(2) 不完全共线性导致 OLS 估计量非有效

在不完全共线性的情况下，虽然使用 OLS 可以得到参数估计量，但是参数估计量的方差为 $Var(\hat{\beta}) = \sigma^2 (X'X)^{-1}$，由于解释变量的不完全多重共线性，会使得

$|X'X| \approx 0$，进而使得$(X'X)^{-1}$主对角线元素较大，这会使参数估计量的方差增大，使得参数估计精确度下降，从而非有效。

（3）无法区分共线解释变量对被解释变量的影响

如果模型中两个解释变量具有线性相关性，例如$x_2 = \lambda x_1$，此时，模型中看似引入了变量$x_1$和$x_2$，但是有实际意义的仅仅是其中的任意一个，因为这两个可以相互替代。$x_1$和$x_2$前的参数并不反映各自对被解释变量的影响，而是反映它们对被解释变量的共同影响，由此可能使得引入的共线性解释变量的回归系数出现偏差。

（4）变量的显著性检验失去意义

存在多重共线性→参数估计量的方差与标准差变大→容易使$t$值小于临界值，误导作出参数为0的推断→可能将重要的解释变量排除在模型之外。

（5）模型的预测功能失效

多重共线容易导致参数估计量的方差变大，变大的方差容易使区间预测的"区间"变大，使区间预测失去意义。

### 4.3.4 多重共线性的检验

多重共线性表现为解释变量之间具有相关关系，因此可以考察解释变量之间的线性关系，进而检验解释变量之间是否存在多重共线性。

（1）统计检验法

若模型中仅含有两个解释变量，可以求出这两个解释变量的线性相关系数$r$，进而判断这两个解释变量的相关性。如果这两个解释变量相关系数接近于1或者-1，则说明这两个解释变量间存在较强的多重共线性，如果接近于0，则说明这两个解释变量间不存在较强的多重共线性。

若模型中含有多于两个解释变量的情况，在OLS法估计下，若$R^2$与$F$值较大，而$t$检验值较小，则说明各解释变量的线性组合对$Y$的作用显著，由于各解释变量间存在多重共线性而使得具有共线性的解释变量对$Y$的独立作用不能分辨，由此使得单个变量检验的$t$检验不显著。

（2）判定系数检验法。

将模型中每一个解释变量作为被解释变量，分别对剩余解释变量做辅助回归（Auxiliary Regression），并计算相应的拟合优度。如果拟合优度较大，说明充当被解释变量的解释变量可能与剩下其他的解释变量之间存在共线性。

（3）逐步回归法（Stepwise forward Regression）

在构建模型进行分析被解释变量对解释变量的"依赖性"时，可以逐步将解释变量引入原模型，并进行 OLS 估计。根据拟合优度的变化判断新引入的变量是否独立。如果拟合优度变化显著，则说明新引入的变量是一个独立解释变量；如果拟合优度变化很不显著，则说明新引入的变量与其他变量之间可能存在共线性关系。

（4）根据方程膨胀因子判断

若变量间存在较高的相关性，将不易区分共线的解释变量各自对被解释变量的影响，因而 $t$ 值较小，而 $F$ 值较大。如果 $X_k$ 与其他解释变量的相关性越强，其对应系数 $\beta_k$ 估计量的方差也越大，这将可能使得 $X_k$ 不显著。事实上，可以证明：

$$Var(\hat{\beta}_k \mid X) = \frac{\sigma^2}{(1-R_k^2)\sum_{i=1}^{n}(X_{ik}-\overline{X}_k)^2} = VIF_k \cdot \frac{\sigma^2}{\sum_{i=1}^{n}(X_{ik}-\overline{X}_k)^2} \quad (4-50)$$

其中，$VIF_k = \dfrac{1}{(1-R_k^2)}$ 为 $X_k$ 的方差膨胀因子，$R_k^2$ 为 $X_k$ 对其他剩下解释变量做回归所获得的可决系数，$\sigma^2$ 为原模型随机扰动项的方差，$\sum_{i=1}^{n}(X_{ik}-\overline{X}_k)^2$ 为 $X_k$ 的离差平方和。在 $\sigma^2$ 和 $\sum_{i=1}^{n}(X_{ik}-\overline{X}_k)^2$ 一定时，$VIF_k$ 越大，$Var(\hat{\beta}_k \mid X)$ 也越大。对于方差膨胀因子的获取，在使用 Stata 软件进行回归后，进一步使用命令：estat vif，即可得到各解释变量的方差膨胀因子。对于 $k$ 个解释变量 $\{X_1, X_2, \cdots, X_k\}$，可以计算相应的方差膨胀因子 $\{VIF_1, VIF_2, \cdots, VIF_k\}$，判断是否存在多重共线性的经验规则是 $\{VIF_1, VIF_2, \cdots, VIF_k\}$ 的最大值不超过 10。

### 4.3.5 多重共线性的处理

（1）排除引起共线性的变量

找出引起多重共线性的解释变量，将它排除，然后进行回归分析。

（2）减小参数估计量的方差

多重共线性主要是使参数估计量的方差发生膨胀，因此，可以采取适当方法缩小参数估计量的方差，这样能降低多重共线性造成的不良后果。比如，可以通过扩大样本容量来缩小参数估计量的方差，但该方法没有从根本上消除模型中解释变量的多重共线性。

（3）无为而治与有为而治

哲学告诉我们"万事万物是相关联的"，那么处于同一经济系统的两个或多个经济变量之间不可避免存在相关性，进而导致多重共线性。多重共线性主要导致单个解释变量的估计与检验发生偏差，而解释变量的联合显著性也可以得以显示。因此，在实证研究中，如果不是完全多重共线性，且所导致的问题不是研究中的核心关注点，可以"无为而治"①。如果导致的问题是研究的核心关注点，则需要"有为而治"，即如果核心解释变量之间存在多重共线性，则需要对其中的核心解释变量寻找新的代理变量；如果核心解释变量与控制变量之间存在共线性，可以考虑给控制变量寻找新的代理变量，保留核心解释变量，即"抓主放次"。如果模型中的解释变量间存在严格多重共线性，Stata 软件将无法估计出共线变量中某个变量前的参数。

## 4.4 内生性

### 4.4.1 内生性的含义

在分析 OLS 估计量的性质时，小样本下，OLS 估计量无偏性成立的前提条件是所有解释变量满足严格外生性。大样本下，OLS 估计量一致性成立的前提是所有解释变量满足同期外生性，也就是要求位于同一方程中的所有解释变量与随机扰动项不相关。由此可见，无偏性和一致性成立的前提均为解释变量与随机扰动项不存在相关性（即要么解释变量是严格外生，要么是同期外生）。反之，解释变量与随机扰动项存在相关性，即解释变量内生，则无偏性或一致性将不在成立。

理论上来看，解释变量存在内生性表明解释变量和随机误差项有关联，说明随机误差项与解释变量的关系没有处理干净，也意味着没有能够将反映被解释变量确定关系的解释变量充分纳入到回归函数之中，导致被解释变量剔除确定规律性部分后的残余变量（即随机扰动项）不是高度随机的，从而出现与解释变量相关的情况，使得在同一方程中，区分不清解释变量和随机误差项对被解释变量的影响，进而参数估计量出现偏差。

### 4.4.2 可能产生内生性的典型问题

（1）双向因果关系

双向因果是指解释变量 $X$ 与被解释变量 $Y$ 之间相互影响，$X$ 影响 $Y$，同时 $Y$ 又影响 $X$。当回归方程中的误差项发生一个正向冲击，那么被解释变量 $Y$ 就会受到影响，$Y$ 又影响 $X$，从而误差项与解释变量 $X$ 之间相关。如果 $Y$ 对 $X$ 有正向影响，那么，正向冲击就会导致 $X$ 也会增加，从而导致解释变量 $X$ 与误差项呈正相关。如果

---

① 陈强. 高级计量经济学及 stata 应用（第二版）[M]. 北京：高等教育出版社，2014.

$Y$ 对 $X$ 有负向影响,那么负向冲击就会导致 $X$ 降低,从而导致解释变量 $X$ 与误差项呈负相关。

例如,考察引进外资对经济发展的影响,一般情况下,引进外资能够促进经济发展,同时,经济发展了也会吸引外资,由此,二者构成双向的联立因果关系。

(2) 遗漏解释变量

如果遗漏的变量与解释变量相关,本来应该加入回归方程中进行控制,但没有加入回归方程中,这些遗漏的变量进入误差项中,导致解释变量与误差项相关,产生内生性问题。

(3) 测量误差

由于引入模型中的解释变量数据无法观测,使用可观测的替代变量来代替,如果替代变量与随机扰动项之间存在相关性,则导致模型在估计过程中出现内生性问题,主要包括解释变量和被解释变量测量存在偏误导致的内生性问题。

当解释变量存在测量误差时,假设真实模型为:$Y = \alpha + \beta X^* + \varepsilon$,其中 $X^*$ 和 $\varepsilon$ 不相关。由于真实的核心解释变量 $X^*$ 无法观测到,只能观测到 $X$,而 $X = X^* + \mu$,且 $Cov(\mu, X^*) = 0$,$Cov(\mu, \varepsilon) = 0$,可以得到 $Y = \alpha + \beta X + (\varepsilon - \beta\mu)$。因为 $\mu$ 与 $X$ 相关,所以误差项 $\varepsilon - \beta\mu$ 与 $X$ 相关,也就使观察到的解释变量 $X$ 与新的复合误差项之间相关,从而产生内生性。

当被解释变量存在测量误差时,假设真实模型是 $Y^* = \alpha + \beta X + \varepsilon$,其中 $X$ 和 $\varepsilon$ 不相关。真实值 $Y^*$ 无法观测到,只能观测到 $Y$,$Y = Y^* + \nu$,$\nu$ 为测量误差。则回归模型可以写成:$Y = \alpha + \beta X + (\varepsilon + \nu)$,如果 $Cov(X, \nu) = 0$,则 OLS 仍是一致估计量,但可能增大随机误差项的方差。如果 $Cov(X, \nu) \neq 0$,则导致内生性问题。

### 4.4.3 内生性的后果

计量经济学模型一旦出现内生解释变量,如果仍采用 OLS 法估计模型参数,则参数估计量将是有偏、非一致性估计量。

对于线性回归模型 $Y = X\beta + \varepsilon$,使用普通最小二乘法可以得到参数估计量:

$$\hat{\beta} = (X'X)^{-1}X'(X\beta + \varepsilon) = \beta + (X'X)^{-1}X'\varepsilon = \beta + K\varepsilon \qquad (4-51)$$

其中 $K = (X'X)^{-1}X'$,并对参数估计量 $\hat{\beta}$ 的两边求条件期望,可得:

$$E(\hat{\beta}|X) = \beta + E[K\varepsilon|X] = \beta + KE[\varepsilon|X] = \beta \qquad (4-52)$$

上式成立的前提是 $E[\varepsilon|X] = 0$,如果解释变量内生,则 $E[\varepsilon|X] = 0$ 不再成立,此时 $E(\hat{\beta}|X) \neq \beta$,这表明 OLS 估计量的无偏性不再成立,说明参数 OLS 估计量不是以真实的 $\beta$ 为中心波动,或者不是向着接近真实的 $\beta$ 方向发展,而是偏离了

真实的 $\beta$。

需要指出的是，参数的无偏性或一致性表明估计量的发展向着总体模型参数真实值收敛，或者以总体模型参数真实值为中心。如果存在内生性，参数估计量的收敛方向发生偏差，这样估计出有偏于真实值的参数也是没有意义的，这可能就是目前实证分析中，非常重视内生性分析与处理的原因。

### 4.4.4 内生性的处理与工具变量法

解释变量与随机扰动项相关将使得对应参数的 OLS 估计量有偏或不一致，导致参数的估计失去意义。处理内生性的一种重要且常用的方法为工具变量法，所谓工具变量法就是利用工具变量将内生解释变量分割成两部分，一部分与随机扰动项相关，另一部分与随机扰动项不相关，可用与随机扰动项不相关的那部分进行估计，进而得到一致估计。

（1）工具变量的内涵

通俗来讲，工具变量法就像给内生解释变量寻找一个"替身"，一方面要求该工具变量与所替代的内生解释变量高度相关，也就是这个"替身"与所替代的解释变量要"长得像"；另一方面，工具变量与扰动项不相关，即该"替身"能够克服内生解释变量与随机扰动项相关的缺陷；此外，工具变量与模型中其他释变量不能高度相关，以避免出现严格的多重共线性。根据工具变量的内涵解释，外生解释变量可以作为自己的工具变量。

（2）工具变量法的实现与 2SLS

工具变量法是解决内生解释变量的重要途径或者方略，工具变量法可以通过"二阶段最小二乘法"（Two Stage Least Square，简记 2SLS 或 TSLS）来实现。顾名思义，两阶段最小二乘法就是通过两个阶段的最小二乘估计来实现由工具变量来解决内生解释变量的问题，其基本思路是首先使用工具变量将内生解释变量 $X$ 分解成两个部分，一部分是能被工具变量 $Z$ 解释的外生部分 $\hat{X}$，另一部分是使得 $X$ 与扰动项相关的那一部分，即内生的 $X - \hat{X}$，也就是可能产生相关性问题的那一部分。然后将 $\hat{X}$ 作为外生解释变量，代替 $X$ 去估计参数。

具体来看，使用工具变量法估计模型 $Y = X\beta + \varepsilon$ 可等价地分解为两个阶段的 OLS 回归：

第一阶段，用 OLS 法估计内生解释变量对其工具变量 $Z$ 的回归参数，由此获得 $X$ 的拟合值 $\hat{X} = Z\hat{\alpha}$；

第二阶段,以拟合值 $\hat{X} = Z\hat{\alpha}$ 代替 X 作为解释变量,再次使用 OLS 估计回归函数 $\hat{Y} = \hat{X}\hat{\beta}$。

由于第二阶段所使用内生解释变量的替代量是工具变量 Z 的线性组合 $Z\hat{\alpha}$,而工具变量 Z 与随机扰动项 $\varepsilon$ 无关的,这将会使得第二阶段的 OLS 估计所获得的估计量满足无偏性或一致性。

需要注意的是工具变量估计的渐近方差为 $[se(\hat{\beta})]^2 = \dfrac{\hat{\sigma}^2}{TSS_x R_{x,z}^2}$,$\hat{\sigma}^2$ 是随机扰动项方差的估计量,$TSS_x$ 表示总离差的平方和。由于 $0 < R_{x,z}^2 < 1$,工具变量法估计的标准误始终大于 OLS 估计的标准误,工具变量与内生解释变量的相关性越强,工具变量估计的标准误越小。

### 4.4.5 解释变量内生性和工具变量有效性的检验

解决内生性的常用方法是找工具变量,并借用 2SLS 法进行具体参数的估计,可以获得参数的无偏估计量,然而找到科学合理的工具变量并不是一件容易的事。因为在寻找工具变量时,一方面要求工具变量和内生解释变量的相关性要强,另一方面要求工具变量与随机扰动项不相关,即工具变量是外生的。由此看来,需要对工具变量与内生解释变量的关系强弱进行检验,即弱工具变量检验,同时还需检验工具变量的外生性,即工具变量与随机扰动项无关。此外,使用工具变量法解决内生性的前提是解释变量中出现内生解释变量,如果不存在内生解释变量就没有必要使用工具变量法,因此,在使用工具变量法解决内生性,具体实施 2SLS 进行估计前,要对解释变量的内生性进行检验。

(1) 解释变量的内生性检验

内生性的检验主要检验解释变量是否存在内生性,如果解释变量不存在内生性,则没有必要使用工具变量法。内生解释变量的突出表现是和随机扰动项存在相关性,但由于随机扰动项不可观测,无法直接检验解释变量与扰动项的相关性。在此情形下,如果能够找到有效的工具变量,可以通过比较直接使用 OLS 估计原模型与借助工具变量实施 2SLS 估计原模型的估计效果进行检验。基本检验思路为:

① 假设原模型中的解释变量均为外生解释变量,对此模型进行两种方法的估计,一是使用 OLS 法,由于原模型的解释变量均外生,则 OLS 估计量为无偏或者一致估计量,且是有效的估计量。二是使用工具变量法,假设外生解释变量找到了科学合适的工具变量,这时使用 2SLS 进行估计,得到的估计量虽然是无偏或一致的,但在使用工具变量法进行估计过程中,仅仅使用解释变量的部分值进行第二阶段的

估计，使得估计效率出现损失。由此可见，在此情形下，同时使用 OLS 法与工具变量法，虽然估计量都是无偏或一致的，但 OLS 法比工具变量法更有效。

②假设原模型的解释变量中存在内生解释变量，对此模型进行两种方法的估计。一是使用 OLS 进行直接估计，由于存在内生解释变量，将会使得 OLS 估计量出现有偏或不一致的情况。另一方面，假设为内生解释变量找到科学合理的工具变量，进而使用工具变量法进行估计，此时，所得到的估计量是无偏或一致的。由此可见，在此情形下，使用 OLS 法所得到的参数估计量是有偏或不一致，而使用工具变量法所获得的参数估计量是无偏或一致的。

根据上述两种情况的分析，可以使用"豪斯曼检验"（Hausman specification test）（Hausman, 1978）来检验解释变量的内生性。豪斯曼检验的原假设和备择假设分别为：

$$H_0: Cov(X, \varepsilon) = 0 \tag{4-53}$$

$$H_1: Cov(X, \varepsilon) \neq 0 \tag{4-54}$$

如果 $H_0$ 成立，则 OLS 估计量与 2SLS 估计量都无偏或一致，在大样本下 $\hat{\beta}_{2SLS}$ 与 $\hat{\beta}_{OLS}$ 都收敛于真实的参数值 $\hat{\beta}$，则有 $(\hat{\beta}_{2SLS} - \hat{\beta}_{OLS})$ 依概率收敛于 0。反之，如果 $H_0$ 不成立，则 2SLS 一致而 OLS 不一致，故 $(\hat{\beta}_{2SLS} - \hat{\beta}_{OLS})$ 不会收敛于 0。可以使用表 4-1 加以总结说明。

表 4-1　　　　　　　　　　解释变量内生性的豪斯曼检验

| | $H_0: Cov(X, \varepsilon) = 0$ | $H_1: Cov(X, \varepsilon) \neq 0$ |
| --- | --- | --- |
| OLS | 一致且有效 | 不一致 |
| 2SLS | 一致但无效 | 一致且可能有效 |
| $\hat{\beta}_{2SLS}$ 与 $\hat{\beta}_{OLS}$ 的距离 | 小，收敛于 0 | 大，不收敛于 0 |

由表 4-1 可知，如果 $(\hat{\beta}_{2SLS} - \hat{\beta}_{OLS})$ 的距离很大，则倾向于拒绝原假设。对于 $(\hat{\beta}_{2SLS} - \hat{\beta}_{OLS})$ 的距离可以使用二次型来度量：

$$H = (\hat{\beta}_{2SLS} - \hat{\beta}_{OLS})' [Var(\hat{\beta}_{2SLS} - \hat{\beta}_{OLS})]^{-1} (\hat{\beta}_{2SLS} - \hat{\beta}_{OLS}) \xrightarrow{d} \chi^2(r) \tag{4-55}$$

其中，$r$ 为内生解释变量的个数，$Var(\hat{\beta}_{2SLS} - \hat{\beta}_{OLS})$ 为 $(\hat{\beta}_{2SLS} - \hat{\beta}_{OLS})$ 的协方差矩阵之样本估计值。如果此豪斯曼统计量 $H$ 很大，超过了其渐近分布 $\chi^2(r)$ 的临界值，则倾向于拒绝 $H_0$。

（2）工具变量的相关性检验

寻找的工具变量应该与所替代的内生解释变量具有较高相关性，否则，将称为弱工具变量。

对于多元线性回归模型 $Y_i = \beta_0 + \beta_1 X_{i1} + \beta_2 W_{i2} + \cdots + \beta_k W_{ik} + \varepsilon_i (i = 1, \cdots, n)$，假设 $X_{i1}$ 是内生解释变量，其工具变量为 $Z_1, \cdots, Z_m$，外生解释变量为 $W_{i2}, \cdots, W_{ik}$，使用 2SLS 进行估计。在 2SLS 的第一阶段回归中，为了提高估计效率，将内生解释变量 $X_{i1}$ 对所有外生解释变量 $W_{i2}, \cdots, W_{ik}$ 和工具变量 $Z_1, \cdots, Z_m$ 做回归，回归模型为：

$$X_i = \alpha_0 + \alpha_1 Z_{i1} + \cdots + \alpha_m Z_{im} \\ + \beta_2 W_{i2} + \cdots + \beta_k W_{ik} + \mu_i (i = 1, \cdots, n) \quad (4-56)$$

如果所有 $Z_1, \cdots, Z_m$ 前的系数不全为 0，则表明工具变量与内生解释变量的具有较强的相关性。如果所有 $Z_1, \cdots, Z_m$ 前的系数近似为 0，则工具变量为弱工具变量，即内生解释变量与工具变量的相关性较弱。如果工具变量 $Z_1, \cdots, Z_m$ 与 $X_{i1}$ 完全不相关，则其前面的系数均应该等于 0。而第一阶段的 $F$ 统计量是假设所有工具变量 $Z_1, \cdots, Z_m$ 与 $X_{i1}$ 完全不相关，如果 $F$ 统计量较小，则工具变量为弱工具变量。由于工具变量的强弱连续变化，很难确定明确的检验标准，经验规则是此检验的 $F$ 统计量大于 10，则拒绝"存在弱工具变量"的原假设。

例如，分析金融发展对经济增长的影响，考虑到金融发展可能存在内生性，使用金融发展的滞后一期做工具变量，第一阶段使用金融发展对金融发展的滞后一期进行回归。从回归结果看，如果 $F$ 值大于 10，表明金融发展滞后一期做工具变量不是弱工具变量。如果工具变量是弱工具变量，解决办法主要包括三种：一是寻找更好的工具变量；二是替换弱工具变量；三是使用有限信息最大似然法（Limited Information Maximum Likelihood Estimation，LIML），在大样本的情况下，LIML 与 2SLS 是渐近等价的。在小样本情况下，存在弱工具变量时，采用 LIML 的估计结果优于 2SLS。

(3) 工具变量的外生性检验

工具变量的外生性检验是指检验所有的工具变量是否与误差项不相关，即检验 $Cor(Z, \varepsilon) = 0$ 是否成立。如果工具变量与误差项相关，则 2SLS 回归中的第一阶段回归将无法分离出内生解释变量 $X$ 中与误差项不相关的部分，因而 $\hat{X}$ 与随机扰动项相关，这时使用 2SLS 得到的参数估计量将会出现偏误。

需要指出的是，在计量经济学中，如果工具变量的个数小于内生解释变量的个数，则称为不可识别；如果工具变量的个数等于内生解释变量的个数，则称为恰好识别；如果工具变量的个数多于内生解释变量的个数，则称为过度识别。

在不可识别的情况下，由于工具变量过少，无法为内生解释变量找到对应合理的工具变量，也就没有办法通过工具变量法来解决内生性问题。

在恰好识别的情况下，无法通过统计检验方式检验工具变量的外生性，常通过判断工具变量仅仅通过内生变量来影响被解释变量,从而定性地判断工具变量的外生性。实践中,首先找出工具变量影响被解释变量的所有可能途径,然后一一排除,进而说明工具变量的外生性。

在过度识别情况下,可通过"过度识别检验"(overidentification test)来判断工具变量的外生性。

对于多元线性回归模型:

$$Y_i = \beta_0 + \beta_1 X_{i1} + \cdots + \beta_k X_{ik} + \beta_{k+1} W_{i1} + \cdots + \beta_{k+r} W_{ir} + \varepsilon_i \qquad (4-57)$$

其中,$\varepsilon_i$ 为随机扰动项,假设有 $k$ 个内生解释变量 $X_1$、$X_2$、$\cdots$、$X_k$,能够找到 $m$ 个工具变量 $Z_1$、$Z_2$、$\cdots$、$Z_m$,且 $m>k$,即存在过度识别。$W_{i1}$、$\cdots$、$W_{ir}$ 为外生解释变量。为了检验工具变量 $Z_1$、$Z_2$、$\cdots$、$Z_m$ 的外生性,构建 $J$ 统计量进行检验,检验的原假设和备择假设分别为:

$H_0$:所有工具变量均是外生的。

$H_1$:至少存在一个工具变量是内生的。

首先,使用全部的 m 个工具变量对模型(4-57)做 2SLS 估计,得到参数的估计值。其次,使用真实的解释变量数据带入拟合的回归方程,得到被解释变量的拟合值 $\hat{Y}_i$,进而计算残差 $e_i = Y_i - \hat{Y}_i$,使用残差值对所有的工具变量和外生解释变量做回归,可得到对应的可决系数 $R^2$。最后,构建 $Z_1, Z_2, \cdots, Z_m$ 的系数联合为 0 的 $F$ 检验,进而得到 $F$ 统计量,由此构建 $J$ 统计量,即 $J = mF$,在原假设 $H_0$ 成立的情况下,$J \sim \chi^2(m-k)$,如果存在恰好识别($m=k$),则卡方分布的自由度为 0,这时无法进行过度识别的检验。此外,也可以利用 $nR^2$ 构建 Sargan 统计量,即 $nR^2 \xrightarrow{d} \chi^2(m-k)$ 进行检验。

### 4.4.6 工具变量的获取

工具变量的两个要求(即工具变量与内生解释变量高度相关,而与随机扰动项无关)常自相矛盾。寻找合适的工具变量通常较困难,探寻工具变量可以从以下两个方面思考,一是找出尽可能多的候选工具变量。二是通过理论分析,结合现实情况,逐一剔除不合格的候选工具变量,保留下来的候选工具变量就可能成为合格的工具变量。

### 4.4.7 广义矩估计在工具变量法解决内生性中的应用

当模型中存在某些内生解释变量的时候,如果此时是恰好识别的,可以通过构造一组矩条件,即 $E(Z\varepsilon) = 0$,进而唯一确定相应的参数估计值。如果是过度识别的，此时很难实现 $E(Z\varepsilon)$ 值等于 0，或者无法找到 $E(Z\varepsilon) = 0$ 的唯一确切解，但又想利用所有工具变量的信息，从而提高工具变量估计的效率，这时可以对 $E(Z\varepsilon)$ 施加一个权重 $W$，使得施加权重后的 $E(Z\varepsilon)$ 尽可能接近于 0。这就是广义矩估计的思想，由此可见，广义矩估计的主要目的是为了解决内生性问题。

## 4.5 模型设定

在经典线性回归模型的假定中，实际上还包括回归模型设定正确的假设，这表明，影响被解释变量的解释变量均已纳入模型、模型形式设定正确，不存在遗漏变量、误增变量、误测变量和误设模型的情形。但正确设定模型并不是一件容易的事，因为影响被解释变量的因素众多，如何避免遗漏变量？模型的形式多样，选择哪种模型合适？这就需要建模者基于经济理论，不断调整和探索，减少模型设定问题。正确建模的过程就像艺术品的创作过程，需要不断尝试和打磨。同时，模型的设定需要符合一些基本标准。

### 4.5.1 模型设定的标准

虽然可以对一些变量建立起千差万别的模型，但对于计量经济学的建模应该遵从一些基本标准。按照 A. C. Harvey[1]、D. F. Hendry[2] 和古扎拉蒂[3]的研究，模型设定应当符合下列基本标准：

（1）模型的简约性。简约性原则表明计量经济模型应尽可能简洁，经济理论应该用言简意赅的模型来阐释现实复杂的经济社会现象。但模型的简洁性与现实经济社会的复杂性常常存在矛盾，这是因为在设定计量模型过程中，虽然加入较多的解释变量可以提高模型的解释力，但这与模型的简洁性相悖，所以需要在模型的简洁性和解释能力方面进行权衡。

（2）模型的一致性。不管模型的拟合优度 $R^2$ 或者 $F$ 值有多高，如果回归模型中出现解释变量系数的符号与现实不相符，就是一个有问题的模型。因为模型所揭

---

[1] A. C. Harvey. The Economic Analysis of Time Series [M]. Wiley, New York, 1981, 5–7.
[2] D. F. Hendry, J. F. Richard. On the Formulation of Empirical Models in Dynamic Econometrics. Journal of Econometrics [J]. 1982, Vol 20, October, pp. 3–33.
[3] 达摩达尔·N·古扎拉蒂（Damodar N. Gujarati）. 计量经济学基础（第五版）[M]. 北京：中国人民大学出版社，2011.

示的现象与现实情况不一致,那么只有一种可能,就是模型所揭示的理论错误。例如,一般来说,创新可以促进经济效率或者经济增长,如果使用经济增长或者经济效率对创新水平做回归,回归结果显示创新水平前的系数为负,那么这个回归结果可能就要引起注意,这也表明在建立计量经济学模型前,要有一定的经济理论基础和现实基础,要以经济理论和现实作为建立模型的依据,模型的回归结果要与理论和实践相吻合。

(3) 模型的预测性。在经济研究的实证分析环节,根据理论与现实分析所得到经济变量之间的"依赖"或"因果"关系,进而构建计量经济模型。实际上,这个模型是总体模型的某种构想和近似替代。在某种程度上,总体模型对总体中的每个个体均适用,也可以称之为个体规律特征的"遍历性"描述,这种遍历性对于现有样本能够适应,外推到将来或者总体中除样本数据之外的其他同类个体数据,也具有预测能力。对假设(模型)有效性的唯一检验就是将预测值与经验值相比较(Milton Frideman,1953[①]),这也是对计量经济学模型预测功能的一个体现。

(4) 可识别性。在计量经济学中,所谓可识别就是能够根据一组样本数据得到唯一确切的参数估计值,否则,称为不可识别。可识别性是发挥模型功能的基本要求,试想构建的模型,进行回归后,如果不满足可识别性,也就无法进行理论检验、政策评价以及预测等。例如,如果使用某种估计方法得到的正规方程组为
$\begin{cases} \alpha_1 + 2\alpha_2 + 3\alpha_3 = 0 \\ 2\alpha_1 + 5\alpha_2 + 8\alpha_3 = 0 \end{cases}$,其中,$\alpha_1, \alpha_2, \alpha_3$ 是模型中待估参数,这样就有无穷多组 $\alpha_1, \alpha_2, \alpha_3$ 的值,这将导致模型无法用确定的参数值来发挥其识别功能。

### 4.5.2 模型设定偏误的类型

模型设定误差涉及的内容十分丰富,实践中经常遇到的设定偏误主要包括:
(1) 遗漏变量

顾名思义,遗漏变量就是原模型应当包括某个解释变量,但在设定模型过程中,将此变量遗漏掉了。从前文异方差、自相关和内生性等问题产生的原因可以看出,这些问题的产生基本上都有遗漏变量的影子,由此,遗漏变量可以使得参数估计量的方差出现偏误,导致统计检验有偏,模型预测不准确。可以相应采取异方差、自相关和内生性的检验和处理方法进行分析遗漏变量问题,尤其是由于遗漏变量所导致的内生性问题,在实证分析中比较常见,这将使得相关变量估计出现偏

---

[①] Milton Friedman, The Methodology of Positive Economics, Essays in Positive Economics [M]. University of Chicago Press, 1953, 7.

误,也使得遗漏的解释变量不能真实反映对被解释变量的影响。

此外,对于遗漏变量的检验,也可以使用拉姆齐(Ramsey)于1969年提出的 RESET 检验(也称为一般性检验),其检验的基本思想是,如果清楚遗漏的变量,将该变量纳入模型,并分析其 $t$ 检验的显著性即可。如果不清楚遗漏的变量,可以寻找替代变量来进行检验,替代变量可以选择模型中被解释变量拟合值的若干次方的线性组合来替代,具体来说:

首先,构建模型:

$$Y_i = \alpha_0 + \alpha_1 X_{1i} + \cdots + \alpha_k X_{ki} + \varepsilon_i \tag{4-58}$$

对上述模型进行 OLS 估计,得到被解释变量的拟合值 $\hat{Y}_i$ 和残差值 $e_i$,以及拟合优度 $R_R^2$ 和残差平方和 $RSS_R$。若残差值 $e_i$ 包含遗漏变量,可以使用 $\hat{Y}_i$ 若干次方的线性组合来替代。

然后,构建 $Y$ 对原模型中的 $X_1$、$\cdots$、$X_k$ 及 $\hat{Y}_i$ 的高次方(通常选择 $\hat{Y}_i^2$、$\hat{Y}_i^3$ 和 $\hat{Y}_i^4$)构建模型,即:

$$Y_i = \beta_0 + \beta_1 X_{1i} + \cdots + \beta_k X_{ki} + \gamma_1 \hat{Y}_i^2 + \gamma_2 \hat{Y}_i^3 + \gamma_3 \hat{Y}_i^4 + \varepsilon_i \tag{4-59}$$

对上述模型进行 OLS 估计,并得到拟合优度 $R_U^2$ 和残差平方和 $RSS_U$。

最后,构建原假设为 $H_0:\gamma_1 = \gamma_2 = \gamma_3 = 0$ 时的 $F$ 检验统计量:

$$F = \frac{(RSS_R - RSS_u)/s}{RSS_u/[n-(k+s+1)]} \sim F(s, n-k-s-1] \tag{4-60}$$

其中,$s$ 是原假设中约束条件的个数,此例中为3,$k+s+1$ 是无约束模型(4-59)参数的个数。由此可以根据 $F$ 检验的基本原理进行判断,如果 $F$ 值大于其临界值,则拒绝原假设,说明存在遗漏变量问题。

对于遗漏变量的处理,需要在建模过程中,从经济理论上分析被解释变量所涉及的相关解释变量,进而把相关的重要变量引入模型。由遗漏变量所产生的内生性问题,可以采取工具变量法处理。此外,使用面板数据也能够在一定程度上缓解遗漏变量问题。

(2)误增变量

误增变量就是在模型中错误地增加了与被解释变量无关的变量。相对来说,误增变量容易解决,可以根据经济理论,进行逐步回归,结合 $t$ 检验或 $F$ 检验,检验是否存在误增变量。如果错误增加到模型中的变量与被解释变量无关,则该变量的 $t$ 检验将不显著,由此可以结合经济理论分析,判断是否出现误增变量的情况。

(3)误测变量

在实证分析过程中,事实上存在一种隐含假设,那就是假设模型中的变量不存在测度误差，变量的数据是准确的。然而在实践中，由于数据可得性、统计误差、调查对象的主观性和随意性，误测变量常常出现。显然，误测变量会对 OLS 估计量造成一些影响。如果是被解释变量存在误测，将会因为被解释变量的误差加入到了随机扰动项中，而使得估计量的估计方差增大。如果解释变量出现误测，将可能导致 OLS 估计量有偏或不一致，即使样本容量足够大，也不能消除这种偏差。由此，在实践中，要保证变量的数据尽可能准确。如果不可避免地出现误测变量，可以通过寻找合适的替代变量来降低误测变量所带来的影响，替代变量本身要不存在误测，同时，要求与原始变量 X 高度相关、与回归扰动项 $\varepsilon$ 无关。

（4）误设函数

在计量经济分析中，一个满意的计量经济模型除了满足无遗漏变量、无误增变量和无误测变量外，无误设模型的函数形式也至关重要。回归模型的设定是根据被解释变量与解释变量之间依存关系的理论分析基础上，将被解释变量条件期望表示成解释变量的某种函数形式，即正确选择 $E(Y\mid X_i) = f(X_i)$ 中函数 $f(\cdot)$ 的具体形式。如果 $f(\cdot)$ 的模型形式选择错误，并对其估计，可能带有偏误。误设函数可能会导致随机扰动项的自相关，对此，可以使用自相关检验和纠偏的处理方法处理。事实上，遗漏变量也是误设回归模型中函数形式的表现之一，对此可以使用遗漏变量的检验和处理方法。

### 4.5.3 模型中解释变量的引入

（1）赤池信息准则和施瓦茨准则[①]

对于模型中解释变量个数的选择，在计量经济学中，可以选择使得赤池信息准则 AIC 和施瓦茨准则 SIC 所对应的值最小化来加以判断，即：

$$\min_{K} AIC = Ln(\frac{e'e}{n}) + \frac{2(K+1)}{n} \qquad (4-61)$$

$$\min_{K} SIC = Ln(\frac{e'e}{n}) + \frac{K}{n}Ln(n) \qquad (4-62)$$

其中，$e$ 表示回归模型的残差，$n$ 表示样本容量，$K$ 表示待估参数个数，赤池信息准则和施瓦茨准则均要求所增加的解释变量能够降低 AIC 值或 SIC 值时，才有必要在原模型中增加该解释变量。倘若增加的解释变量对被解释变量没有解释能力，这对残差平方和 $e'e$ 的减小没有多大帮助，反而增加了待估参数的个数，由此导致 AIC 和 SIC 的值变大，这就是这两个信息准则的基本思想。

---

[①] 李子奈，潘文卿. 计量经济学（第四版）[M]. 北京：高等教育出版社，2015.

(2) 解释变量"由少到多"和"由多到少"的建模方式

在模型构建过程中，对于解释变量的引入，可以采取"由少到多"或"由多到少"的方式。

采用"由少到多"的解释变量引入方式，其基本做法是先加入少数核心解释变量，然后逐步加入控制变量。这种建模方式，可以在保证模型简洁性的基础上，逐步提升模型的复杂程度，提高其解释力。也可以在保证核心关注的解释变量显著的情况下，通过加入控制变量，分析核心解释变量的稳健性。

采用"由多到少"解释变量引入方式是指在模型构建中，首先尽可能多地引入解释变量，然后逐步剔除不显著的解释变量，保留显著的解释变量。对于时间序列模型构建，这种方式也称为"由大到小的序贯 $t$ 准则"。对于时间序列构建 ARMA $(p, q)$ 模型来说，使用"由大到小的序贯 $t$ 准则"就是首先设定引入模型最大的滞后阶数，然后根据 $t$ 检验，逐步剔除最高阶不显著的滞后项，依次降低最高阶的滞后阶数，直至模型中的最高阶滞后项显著为止。

## 4.6 违反经典假设情况的 Stata 实现

### 4.6.1 违反同方差与自相关的 Stata 实践

构建经济发展水平（gdp）对投资（fai）、消费（co）和出口（ev）的多元线性回归模型。从《中国统计年鉴》中获得 2019 年中国部分省市区的名义 GDP、全社会固定资产投资、社会消费品零售总额和出口额分别作为经济发展水平（gdp）、投资（fai）、消费（co）和出口（ev）的代理变量，进行 OLS 估计：

reg gdp fai co ev

其中，gdp 为被解释变量，fai co ev 为解释变量，回归结果见图 4-5。

考虑上述回归模型中随机扰动项可能存在的异方差，使用所有解释变量进行 BP 检验。

estat hettest, iid rhs

从图 4-6 中经济发展水平对投资、消费和出口进行回归后，使用所有解释变量进行的 BP 检验结果可知，BP 检验的 P 值为 0.0026，表明在 5% 的水平上拒绝同方差的原假设，即原模型中的随机扰动项存在异方差。

此外，还可以使用 white 检验来分析原模型中的随机扰动项是否存在异方差。

estat imtest, white

从图 4-7 中经济发展水平对投资、消费和出口进行 OLS 回归后，进一步实施

```
      Source |       SS           df       MS      Number of obs   =        31
-------------+----------------------------------   F(3, 27)        =    535.98
       Model |  1.4491e+10         3   4.8302e+09  Prob > F        =    0.0000
    Residual |   243325990        27    9012073.7  R-squared       =    0.9835
-------------+----------------------------------   Adj R-squared   =    0.9817
       Total |  1.4734e+10        30    491135498  Root MSE        =      3002

         gdp |      Coef.   Std. Err.      t    P>|t|     [95% Conf. Interval]
         fai |      0.042      0.069     0.61   0.548      -0.100      0.184
          co |      2.307      0.121    19.04   0.000       2.059      2.556
          ev |      0.136      0.116     1.18   0.248      -0.101      0.374
       _cons |   -333.950    942.381    -0.35   0.726    -2267.557   1599.656
```

图 4-5　经济发展水平对投资、消费和出口进行回归结果

```
Breusch-Pagan / Cook-Weisberg test for heteroskedasticity
        Ho: Constant variance
        Variables: fai co ev

        chi2(3)      =     14.23
        Prob > chi2  =    0.0026
```

图 4-6　随机扰动项异方差的 BP 检验结果

```
White's test for Ho: homoskedasticity
        against Ha: unrestricted heteroskedasticity

        chi2(9)      =     19.96
        Prob > chi2  =    0.0182
```

图 4-7　随机扰动项异方差的 White 检验结果

的 white 检验结果可知，white 检验的 $P$ 值为 0.0182，在 5% 的水平上拒绝同方差的原假设，也表明原模型中的随机扰动项存在异方差。

使用异方差稳健标准误

reg gdp fai co ev, robust

比较图 4-5 和图 4-8 的回归结果，可以看出，解释变量前的回归系数相同，但系数估计量的标准误差、$t$ 值和 $P$ 值有所不同，图 4-8 的回归结果中的标准差为稳健标准误，比图 4-5 回归结果中各系数标准误要大，需要说明的是使用稳健标准误一致估计所获得的系数估计标准差是对普通最小二乘估计量标准差的真实改进。

```
Linear regression                        Number of obs  =      31
                                         F(3, 27)       =  346.42
                                         Prob > F       =  0.0000
                                         R-squared      =  0.9835
                                         Root MSE       =    3002
```

|       |         | Robust    |       |       |                      |          |
|-------|---------|-----------|-------|-------|----------------------|----------|
| gdp   | Coef.   | Std. Err. | t     | P>\|t\| | [95% Conf. Interval] |          |
| fai   | 0.042   | 0.077     | 0.55  | 0.590 | -0.116               | 0.200    |
| co    | 2.307   | 0.210     | 10.98 | 0.000 | 1.876                | 2.738    |
| ev    | 0.136   | 0.198     | 0.69  | 0.496 | -0.269               | 0.542    |
| _cons | -333.950| 665.069   | -0.50 | 0.620 | -1698.559            | 1030.659 |

图 4-8　投资、消费和出口影响经济发展水平的异方差稳健标准误回归结果

## 4.6.2　违反无多重共线性的 Stata 应用

为了从实例上分析多重共线性，将第 2 章 2.8 节实例中的城镇化 urb 对应的数据乘以 2 得到变量 turb，即 turb = 2 × urb，由此可见，turb 和 urb 是完全共线，然后，再用 lnpgdp 对 urb 和 turb 做回归，回归结果见图 4-9。从回归结果来看，对应的 Stata 命令下面有一行提示 "note: urb omitted because of collinearity"，表明由于共线而省略了 urb，于是 urb 前的系数（Coef）为 0，标准差（Std. Err.）显示为：omitted，对应的 t 值及其 P 值也显示不出。

```
. reg lnpgdp urb turb
note: urb omitted because of collinearity
```

| Source   | SS         | df | MS         | Number of obs | = | 31     |
|----------|------------|----|------------|---------------|---|--------|
|          |            |    |            | F(1, 29)      | = | 20.11  |
| Model    | 1.96677509 | 1  | 1.96677509 | Prob > F      | = | 0.0001 |
| Residual | 2.8357171  | 29 | .097783348 | R-squared     | = | 0.4095 |
|          |            |    |            | Adj R-squared | = | 0.3892 |
| Total    | 4.80249219 | 30 | .160083073 | Root MSE      | = | .3127  |

| lnpgdp | Coef.  | Std. Err. | t     | P>\|t\| | [95% Conf. Interval] |        |
|--------|--------|-----------|-------|-------|----------------------|--------|
| urb    | 0.000  | (omitted) |       |       |                      |        |
| turb   | 1.059  | 0.236     | 4.48  | 0.000 | 0.576                | 1.542  |
| _cons  | 9.759  | 0.295     | 33.09 | 0.000 | 9.156                | 10.362 |

图 4-9　经济发展水平对城镇化水平及其 2 倍的回归结果

另一方面，如果令 urbp = urb × urb，显然 urbp 和 urb 具有相关性，但不是完全共线性，此时，如果将 lnpgdp 对 urb 和 urbp 做回归，urb 和 urbp 前的回归系数均能够估计出来，但是，$F$ 值较大，而 urb 和 urbp 均不显著。

```
. reg lnpgdp urb urbp

    Source |       SS           df       MS      Number of obs   =        31
-----------+----------------------------------   F(2, 28)        =     10.29
     Model |  2.03450924         2   1.01725462  Prob > F        =    0.0004
  Residual |  2.76798294        28   .098856534  R-squared       =    0.4236
-----------+----------------------------------   Adj R-squared   =    0.3825
     Total |  4.80249219        30   .160083073  Root MSE        =    .31441

      lnpgdp |      Coef.   Std. Err.      t    P>|t|     [95% Conf. Interval]
         urb |     -0.203      2.844    -0.07   0.944      -6.028       5.622
        urbp |      1.799      2.173     0.83   0.415      -2.652       6.249
       _cons |     10.480      0.921    11.38   0.000       8.595      12.366
```

图 4-10 经济发展水平对城镇化水平及其平方的回归结果

## 4.6.3 内生性的 Stata 实践说明

解决内生性的主要方法就是给内生解释变量找一个"替身",即工具变量,合格的工具变量应该满足三条,一是要与所"顶替"的内生解释变量相关,二是要与随机扰动项无关,三是要与模型中的外生解释变量无关,避免与其他外生解释变量出现多重共线性。目前,对于工具变量的寻找没有标准化的方法和路径,基本上是根据理论分析,结合统计检验来确定,即便如此,合格的工具变量也不易获取,同时,对于同一个内生解释变量,不同的研究者也可能找出不同的工具变量。在带有时间维度的变量中,满足一定条件下,用自己的过去作为自己现在的"替身",也是一个简单易行,也可以接受和解释的工具变量。因此,在后续的面板数据模型 Stata 实践中,将会展示使用内生解释变量的一阶滞后项作为其工具变量。面板数据模型中使用内生解释变量的滞后项作为工具变量和截面数据模型中寻找内生解释变量的其他工具变量,在操作原理方面基本相似,因此,在此不再赘述有关截面数据模型内生性的 Stata 实现实例。

## 参考文献

[1] 陈强. 高级计量经济学及 Stata 应用(第 2 版)[M]. 北京:高等教育出版社,2014.

[2] 杰弗里·M. 伍德里奇. 计量经济学导论:现代观点(第六版)[M]. 北京:中国人民大学出版社,2018.

[3] 达摩达尔·N. 古扎拉蒂. 计量经济学基础(第五版)[M]. 北京:中国人民大学出版社,2011.

[4] 张晓峒. 计量经济学基础(第 5 版)[M]. 天津:南开大学出版社,2021.

[5] 张卫东，喻开志，李伊，张华节. 中级计量经济学——方法与应用 [M]. 成都：西南财经大学出版社，2021.

[6] Hausman J. Specification Tests in Econometrics [J]. Econometrica, 1978 (46)：1252-1271.

[7] Arellano M, O Bover. Another Look at Instrumental Variable Estimation of Error Components Models [J]. Journal of Econometrics, 1995 (68)：29-51.

[8] Milton Friedman, The Methodology of Positive Economics, Essays in Positive Economics [M]. University of Chicago Press, 1953.

[9] A. C. Harvey. The Economic Analysis of Time Series [M]. Wiley, New York, 1981.

[10] D. F. Hendry, J. F. Richard. On the Formulation of Empirical Models in Dynamic Econometrics. Journal of Econometrics [J]. 1982, 20 (10)：3-33.

# 第5章
# 截面数据模型的拓展

**本章导读**

在前文介绍的内容中,被解释变量和解释变量均为可直接量化的连续型变量。然而现实生活中的经济变量也常出现以定性变量为代表的非连续型变量。所谓定性变量是指变量按照某种属性被分为几类,这些变量往往未直接给出数据,为了能够在计量模型中反映这些变量对其他变量的影响,或者受到其他变量的影响状况,需要对其量化赋值,常赋以离散型的数值,然后再进行分析。例如,季节变量:春、夏、秋和冬,可以分别赋值1、2、3和4;性别变量:男生和女生,可以分别赋值1和0;区域变量:东部、中部和西部,可以分别赋值1、2和3;购房决策变量:购房和不购房,可以分别赋值1和0。根据定性变量在模型中充当的角色,可以分为定性解释变量和定性被解释变量,这两类定性变量在模型设定、估计方法、模型检验和应用分析等方面有很大的区别,为此,需要分别进行介绍。

此外,在对计量经济模型分析时,经常进行一些检验,如前文的 $F$ 检验、$t$ 检验、Hausman 检验。实际上,这些检验的基本原理可以用计量经济学的三大检验来解释,即:沃尔德检验,似然比检验和拉格朗日乘子检验,为此本章对这三类检验进行专题介绍,本章内容结构框架如图5-1所示。

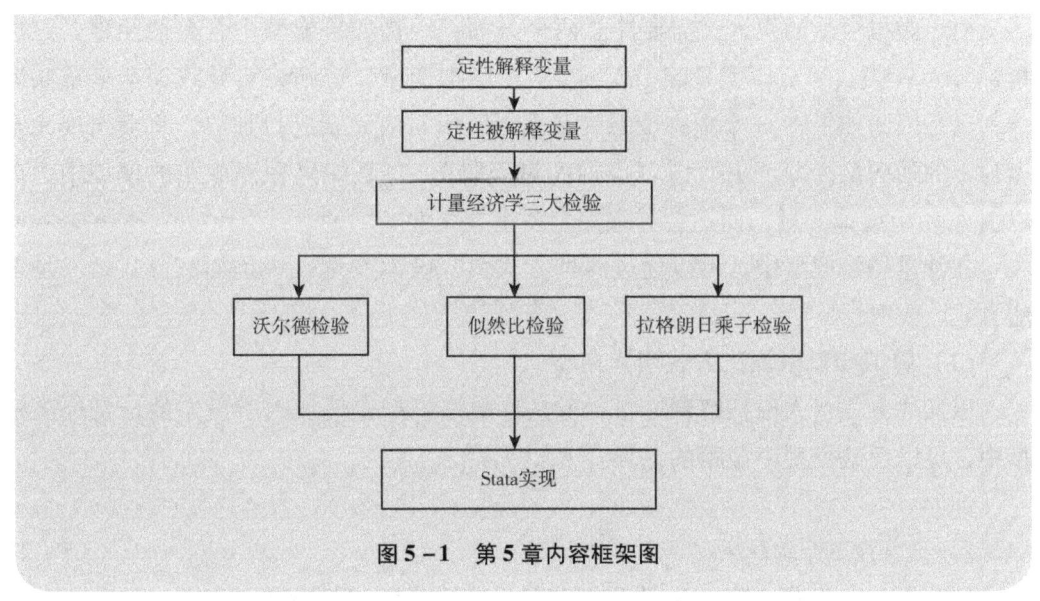

图 5-1　第 5 章内容框架图

## 5.1　含有定性解释变量的模型

在前文介绍的模型中,被解释变量主要受可以直接量化的解释变量影响。但现实经济生活中,影响被解释变量的解释变量,除了一些可以直接获得观测数据的解释变量以外,可能还包括一些本质上为定性但可以人为虚拟量化的解释变量。例如,工资收入除了受教育年限、工作年限、年龄等直接可以定量化的因素影响外,还受到性别、婚否、区位等定性变量的影响。因此,在计量经济学的建模过程中,有时除了纳入可直接量化的解释变量外,也需要纳入不能够直接获得数据的定性解释变量。

为了在模型中反映这些定性因素,可以引入人为构造的、作为属性因素代表的虚拟变量(用 dummy 的缩写 DUM 或字母 D 表示)来表征定性因素的不同状态,一般而言,虚拟变量的取值为 0 或 1。

例如,性别变量,可构造虚拟变量 $D = \begin{cases} 1, 男生 \\ 0, 女生 \end{cases}$;

又如,一年四季变量,则需要构造三个虚拟变量,即:

$$D_1 = \begin{cases} 1, 春季 \\ 0, 其他 \end{cases}; \quad D_2 = \begin{cases} 1, 夏季 \\ 0, 其他 \end{cases}; \quad D_3 = \begin{cases} 1, 秋季 \\ 0, 其他 \end{cases} \quad (5-1)$$

若 $D_1 = D_2 = D_3 = 0$,则表示冬季。

对于虚拟变量的引入，需要注意两个方面：一是如果模型中含有截距项，定性指标分为 $m$ 类，那么模型只能引入 $m-1$ 个虚拟变量，否则将会导致完全多重共线性，这是因为如果将 $m$ 个虚拟变量在数据矩阵中对应元素进行加总，将会出现元素全为 1 的列向量，即产生所谓"虚拟变量陷阱"；二是如果在无截距的模型中，可以引入 $m$ 个虚拟变量，而不会导致完全多重共线性。

在计量经济模型中，可以通过两种方式引入虚拟变量：一是加法方式；二是乘法方式。

（1）虚拟变量以加法方式引入模型

以加法方式引入虚拟解释变量，就是将虚拟解释变量加入所设定的计量经济模型中，可以反映模型中截距的差异。

例如：

$$Y_i = \beta_0 + \beta_1 X_i + \beta_2 D_i + \varepsilon_i \tag{5-2}$$

其中，$X_i$ 为定量变量，$D_i$ 为虚拟变量，模型（5-2）等价于：

$$Y_i = \begin{cases} \beta_0 + \beta_2 + \beta_1 X_i + \varepsilon_i & D_i = 1 \\ \beta_0 + \beta_1 X_i + \varepsilon_i & D_i = 0 \end{cases} \tag{5-3}$$

（2）虚拟变量以乘法方式引入模型

以乘法形式引入虚拟解释变量，就是将虚拟解释变量与其他解释变量的乘积作为解释变量引入所设定的计量经济模型中，可以反映模型中斜率系数的差异。

例如：

$$Y_i = \beta_0 + \beta_1 X_i + \beta_2 D_i + \beta_3 (X_i D_i) + \varepsilon_i \tag{5-4}$$

模型（5-4）等价于：

$$Y_i = \begin{cases} (\beta_0 + \beta_2) + (\beta_1 + \beta_3) X_i + \varepsilon_i & D_i = 1 \\ \beta_0 + \beta_1 X_i + \varepsilon_i & D_i = 0 \end{cases} \tag{5-5}$$

对于含有虚拟解释变量模型的参数估计和假设检验与前文介绍的线性回归模型估计方法和假设检验基本一致，在满足基本经典假设下，仍然使用 OLS 法进行估计，以及使用 $t$ 检验和 $F$ 检验。

## 5.2 定性被解释变量模型

如果被解释变量 $y$ 是定性或离散，则称为"离散选择模型"（discrete choice model）或"定性反应模型"（qualitative response model）。最常见的离散选择模型是二值选择模型（binary choices）。

例如，分析考研或不考研，就业或待业，买房或不买房，买股票或不买股票等选择的影响因素。

从上述被解释变量所取的离散数据来看，如果被解释变量只有两种选择，则建立的模型为二值离散选择模型，又称二元响应模型；如果变量有多于两种的选择，则为多元选择模型。二元选择模型或多元选择模型，可以该称为定性被解释变量模型。

如何分析离散选择模型，早期的做法是使用线性概率模型来分析。

### 5.2.1 定性被解释变量模型的类型

（1）线性概率模型

例如：假设家庭购买住房的选择主要受到家庭收入水平的影响，则构建以下模型：

$$Y_i = \beta_0 + \beta_1 X_i + \varepsilon_i \, (i = 1, \cdots, N) \tag{5-6}$$

其中，$X_i$ 为家庭的收入水平，$Y_i$ 为家庭购买住房的选择，$E(\varepsilon_i) = 0$。

$$Y_i = \begin{cases} 1 & \text{购买住房} \\ 0 & \text{未购买住房} \end{cases} \tag{5-7}$$

虽然家庭是否购买住房有两种可能选择，但分析这种选择的影响因素，实际上是分析各因素影响购房家庭购房意愿或概率，从模型（5-6）可知家庭选择购买住房的概率是解释变量（家庭收入）的一个线性函数，因此，常称这种类型的模型为线性概率模型（LPM）。假设购买住房选择的概率分布如表5-1所示。

表5-1　　　　　　　　购买住房选择概率的分布

| $Y_i$ | 1 | 0 |
|---|---|---|
| 概率 | $P_i$ | $1 - P_i$ |

由表5-1可知：

$$E(Y_i) = 1 \times P_i + 0 \times (1 - P_i) = P_i \tag{5-8}$$

由此可见，$E(Y_i)$ 等于 $Y_i$ 取1时的概率。

由式（5-6）可知

$$E(Y_i) = E(\beta_0 + \beta_1 X_i + \varepsilon_i) = \beta_0 + \beta_1 X_i \tag{5-9}$$

由式（5-8）和式（5-9）可知，$E(Y_i) = P_i = \beta_0 + \beta_1 X_i$，线性概率模型只能在 $0 \leq P = X'\beta \leq 1$ 范围内进行估计。将上例推广到一般情形，根据经典线性回归模型，总体回归方程是对条件期望建模，可以构造线性概率模型：

$$Y_i = \beta_0 + \beta_1 X_{1i} + \cdots + \beta_k X_{ki} + \varepsilon_i = X_i'\beta + \varepsilon_i \quad (i=1,\cdots,N) \tag{5-10}$$

$$X_i = (1, X_{1i}, X_{2i}, \cdots, X_{ki})' \tag{5-11}$$

$$\beta = (\beta_0, \beta_1, \cdots, \beta_k)' \tag{5-12}$$

$$P_i = P(Y_i = 1) = E(Y_i) = X_i'\beta \tag{5-13}$$

其中，$Y_i$ 的样本值是 0 或 1，进一步分析线性概率模型中随机干扰项 $\varepsilon_i$ 的分布（见表5-2）。

$$\varepsilon_i = Y_i - X_i'\beta = \begin{cases} 1 - X_i'\beta & Y_i = 1 \\ -X_i'\beta & Y_i = 0 \end{cases} \tag{5-14}$$

表5-2　　　　　　　　　　线性概率模型随机干扰项 $\varepsilon_i$ 概率分布

| $\varepsilon_i$ | $1 - X_i'\beta$ | $-X_i'\beta$ |
|---|---|---|
| 概率 | $P_i$ | $1 - P_i$ |

由于 $E(\varepsilon_i) = 0$，结合式（5-13），可得随机干扰项 $\varepsilon_i$ 的方差为：

$$Var(\varepsilon_i) = E(\varepsilon_i^2) = (-X_i'\beta)^2(1-P_i) + (1-X_i'\beta)^2 P_i = P_i(1-P_i) \tag{5-15}$$

由此可见，随机干扰项 $\varepsilon_i$ 非正态分布且存在异方差性，对于随机干扰项的异方差性，虽然可以使用加权最小二乘估计法修正异方差，但是加权最小二乘估计法无法保证预测值 $\hat{Y}_i$ 在 [0,1] 之间，即 $0 \leq P_i = X_i'\beta \leq 1$ 可能不成立，这是线性概率模型的一个严重缺陷。

当用线性概率模型进行预测，预测值 $\hat{Y}_i$ 落在区间 [0,1] 之内时，则没有什么问题；但是当预测值 $\hat{Y}_i$ 落在区间 [0,1] 之外时，则会暴露出该模型的严重缺点，此时必须强令预测值（概率值）等于 0 或 1，因此，线性概率模型常常写成下面的形式：

$$P_i = \begin{cases} X_i'\beta & 0 < X_i'\beta < 1 \\ 1 & 1 \leq X_i'\beta \\ 0 & X_i'\beta \leq 0 \end{cases} \tag{5-16}$$

可以用图5-2展示。

综上分析，可以发现 LPM 模型主要存在以下问题：①随机扰动项非正态分布，这将导致难以进行小样本下的检验推断；②随机扰动项的异方差性，这将导致估计量出现效率偏差；③无法保证 $0 \leq P_i = X_i'\beta \leq 1$ 在任何 $X_i'$ 值情况下都成立，因为随着 $X_i'$ 的增加或减小，$X_i'\beta$ 的值可能超出区间 [0,1]，这与概率值相矛盾。

要解决 LPM 模型存在的上述问题，就需要寻找一种变换方法。①使解释变量 $X_i'$ 所对应的所有预测值（概率值）都落在 [0,1] 之间；②对于所有的 $X_i$，当 $X_i$

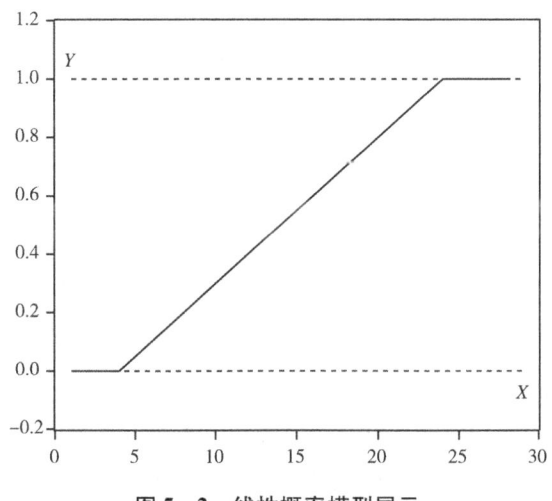

图 5 – 2 线性概率模型展示

增加时，希望 $Y_i$ 也单调增加或单调减少。为使 $Y$ 的预测值介于 $[0,1]$ 之间，在给定 $X$ 的情况下，可以给予 $X_i'\beta$ 一种复合函数变换 $F(\cdot)$，使变换后的 $F(X_i'\beta)$ 满足以上两点。

考虑 $y$ 的两点分布概率：

$$\begin{cases} P(y=1\mid x)=F(X'\beta) \\ P(y=0\mid x)=1-F(X'\beta) \end{cases} \tag{5-17}$$

由于 $F(\cdot)$ 将 $X'$ 与 $Y$ 的取值概率链接起来，$F(\cdot)$ 也常称为链接函数。$F(\cdot)$ 选择不同的形式，就形成了不同的二值选择模型。

如果 $F(\cdot)$ 为标准正态分布的累积分布函数，即：

$$P(y=1\mid x)=F(x\beta)=\Phi(x\beta)=\int_{-\infty}^{x\beta}\phi(z)dz \tag{5-18}$$

其中，$\phi(\cdot)$ 与 $\Phi(\cdot)$ 分别为标准正态的概率密度与累积分布函数，此时模型称为 Probit 模型。

如果 $F(\cdot)$ 为"逻辑分布"（logistic distribution）的累积分布函数，即：

$$P(y=1\mid x)=F(x\beta)=\Lambda(x\beta)=\frac{e^{x'\beta}}{1+e^{x'\beta}} \tag{5-19}$$

其中，$\Lambda(\cdot)=\dfrac{e^{\cdot}}{1+e^{\cdot}}$ 是 Logist 分布的累积分布函数，此时模型称为 Logit 模型。

Probit 与 Logit 模型都很常用，两者的估计结果通常很接近。Logit 模型的优势在于，其分布的累积分布函数有解析表达式，故分析 Logit 模型较为方便，而且 Logit 的回归系数较易解释其经济意义。因此本章主要分析 Logit 模型的概念、估计方法、经济意义、拟合优度等，Probit 模型分析也是类似的路径。

(2) Logit 模型

Logit 模型是 McFadden 于 1973 年首次提出的，其采用的是 Logistic 概率分布函数，其形式为：

$$P_i(y=1|x) = F(x\beta) = \Lambda(x\beta) = \frac{e^{x'\beta}}{1+e^{x'\beta}} = \frac{e^y}{1+e^y} \tag{5-20}$$

对于给定的 $X$，表示相应个体做出某个选择的概率，Logit 累积概率分布函数的斜率在累积分布的中间位置时最大，在累积分布两个尾端的斜率逐渐减小，且可使得 $P_i(y=1|x)$ 的最小值为 0，最大值为 1。

(3) Probit 模型。

在构建经济模型时，可以通过分析经济变量的内在作用机制来进行建模。例如，人们做一种选择而不做另一种选择是基于两种效用的比较，类似于微观经济学，这种效用就是做出这种选择所带来的满足程度。如果做出某种选择的效用为 $U_1$，不做这种选择的效用为 $U_0$，最后做出哪种选择，取决于 $U_1$ 和 $U_0$ 的大小，假设效用 $U$ 是连续函数，受到一系列因素 $X$ 的影响，为此可以建立 $X$ 影响 $U$ 的线性模型，即：

$$\begin{cases} U_{i1} = X'\beta_1 + \varepsilon_{i1} \\ U_{i0} = X'\beta_0 + \varepsilon_{i0} \end{cases} \tag{5-21}$$

其中，$\varepsilon_{ij} \sim N(0,\sigma_j^2)$，$j=0,1$，且服从独立同分布。由于效用不可测度，但是根据人们的选择行为，如果选择 1 的效用大于选择 0 的效用，则会选择 1，否则选择 0，即：

$$Y = \begin{cases} 1, U_{i1} - U_{i0} > 0 \\ 0, U_{i1} - U_{i0} \leq 0 \end{cases} \tag{5-22}$$

由式 (5-21) 可得

$$U_{i1} - U_{i0} = X'_i(\beta_1 - \beta_0) + (\varepsilon_{i1} - \varepsilon_{i0}) \tag{5-23}$$

进一步可得：$U_i^* = X'_i\beta + \varepsilon_i^*$。

其中，$U_i^* = U_{i1} - U_{i0}$，$\beta = \beta_1 - \beta_0$，$\varepsilon_i^* = \varepsilon_{i1} - \varepsilon_{i0}$，$U_i^*$ 也可以称为选择倾向，由于 $\varepsilon_{ij} \sim N(0,\sigma_j^2)$，$j=0,1$，则 $\varepsilon_i^*$ 也服从正态分布，$Y=1$ 的概率为选择倾向 $U_i^* > 0$ 的概率，即：

$$\begin{aligned} P(Y=1) &= P(U_i^* > 0) = P(\varepsilon_i^* > -X'_i\beta) \\ &= P(\varepsilon_i^* < X'_i\beta) = \Phi(X'_i\beta) \end{aligned} \tag{5-24}$$

其中，$\Phi(\cdot)$ 为标准正态的累积分布函数，由此可得 Probit 模型。

### 5.2.2 定性被解释变量模型的极大似然估计

在定性被解释变量模型中，$Y$ 服从伯努利两点分布，其条件概率分布函数为：

$$f(Y_i \mid X_i) = P_i^{Y_i}(1 - P_i)^{1-Y_i} \tag{5-25}$$

将带有链接函数的定性被解释变量模型（5-17）代入式（5-25），可以得到定性被解释变量模型的似然函数表达式：

$$L(\beta \mid X, Y) = \prod_{i=1}^{n} F(X_i'\beta)^{Y_i} [1 - F(X_i'\beta)]^{1-Y_i} \tag{5-26}$$

为了方便求解，对于连乘形式的函数求最大值，一般首先对原函数两边取对数后，再求其导数，并令其导数为零，即可求得相应的参数。

即：

$$\hat{\beta} = \underset{\beta}{\operatorname{argmax}} \ln L(\beta \mid X, Y)$$
$$= \underset{\beta}{\operatorname{argmax}} \left\{ \sum_{i=1}^{n} Y_i \ln[F(X_i'\beta)] + \sum_{i=1}^{n} (1 - Y_i) \ln[1 - F(X_i'\beta)] \right\} \tag{5-27}$$

由于式（5-27）中的 $\ln L(\beta \mid X, Y)$ 为非线性函数，可能导致不存在解析解的情况，这时可以通过数值算法求其估计值 $\hat{\beta} = \underset{\beta}{\operatorname{argmax}} \ln L(\beta \mid X, Y)$，对于具体的 Logit 模型和 Probit 模型的估计，需要将对应的链接函数代入即可。

### 5.2.3 定性被解释变量模型的拟合优度

由于定性被解释变量模型不存在平方和分解公式，无法计算传统意义上的拟合优度 $R^2$，但 McFadden（1974）提出"准 $R^2$"，并将其定义为：

$$\text{准 } R^2 \equiv \frac{\ln L_1 - \ln L_0}{\ln L_{\max} - \ln L_0} \tag{5-28}$$

其中，$\ln L_1$ 为原模型对数似然函数所能取到的最大值，$\ln L_0$ 为原模型仅含有常数项时，所对应的对数似然函数最大值。由于 $Y$ 为两点分布，其概率的最大值为 1，由此可知，似然函数的最大可能值为 1，对应的对数似然函数最大可能值为 0，即 $\ln L_{\max} = 0$，在此情形下，"准 $R^2$" 可以进一步写为：

$$\text{准 } R^2 \equiv \frac{\ln L_1 - \ln L_0}{\ln L_{\max} - \ln L_0} = \frac{\ln L_1 - \ln L_0}{0 - \ln L_0} = \frac{\ln L_0 - \ln L_1}{\ln L_0} \tag{5-29}$$

由于 $\ln L_0 \leq \ln L_1 \leq \ln L_{\max}$，可知 $0 \leq \frac{\ln L_1 - \ln L_0}{\ln L_{\max} - \ln L_0} \leq 1$，因此，$0 \leq \text{准 } R^2 \leq 1$，实际上，"准 $R^2$" 的计算公式中分子为对数似然函数的实际增加值 $\ln L_1 - \ln L_0$；分母为对

数似然函数的最大可能增加值 $\ln L_{\max} - \ln L_0$。

此外，也可以通过计算"正确预测的百分比"（percent correctly predicted）来判断拟合优度。若通过模型预测概率判定事件发生（比如，对应概率大于0.5），且对应的实际样本数据也显示出该事件发生，则表明正确预测，否则为不正确预测，由此，计算出正确预测样本占全部样本的百分比。

### 5.2.4 定性被解释变量模型的边际效应及系数的经济意义

（1）定性被解释变量模型的边际效应

对于线性模型而言，解释变量的边际效应（marginal effects）表示某个解释变量变化一个单位时，在其他解释变量一定的情况下，平均来看，被解释变量会变化几个单位，通常是其系数。因而可以表示为：

$$\text{marginal}(X_k) = \frac{\partial Y_i}{\partial X_k} \tag{5-30}$$

按照线性模型边际效应的解释逻辑，对于定性被解释变量模型，其边际效应显示了解释变量变化1个单位，平均来看，对应的被解释变量取1的概率会变化多少单位。由于定性被解释变量模型的非线性，其边际效应要稍微复杂一点，其边际效应也不是单纯的系数。根据边际效应的基本含义可知，定性被解释变量模型的边际效应可以表示为：

$$\text{marginal}(X_k) = \frac{\partial P(Y_i = 1 \mid X_i)}{\partial X_k} = F'(X_i'\beta)\beta_k \tag{5-31}$$

从式（5-31）可知，解释变量的边际效应不仅与系数有关，而且随着解释变量的取值及链接函数的导函数形式而发生变化，如果链接函数 $F(\cdot)$ 为单调递增函数，其导函数也大于0，此时，解释变量边际效应的符号与其对应的回归系数保持一致。

对于定性被解释变量模型，常常有三种方式解释模型中解释变量的边际效应：

一是平均边际效应（average marginal effect，AME）：分别计算在每个样本观测点上的边际效应，然后进行简单算术平均可以求得所有样本观测点边际效应的平均值，即平均边际效应，可以表示为：AME。

二是样本均值处的边际效应（marginal effect at mean）：计算样本观测值的均值，并测得该值处的边际效应，即样本均值处的边际效应，可以表示为：MEM。

三是在某代表值处的边际效应（marginal effect at the representative value）：给定样本的代表值，并计算在该处的边际效应，即代表值处的边际效应，可以表示为：MERV。

以上三种边际效应的计算结果可能有较大差异，具体如何选择，可根据经济理论分析或现实情况进行判断。

（2）定性被解释变量模型中系数的经济意义

从定性被解释变量模型中解释变量边际效应的内涵和计算方法可知，在计算 Probit 模型和 Logit 模型的边际效应时，根据边际效应的求解方法，即可求得各自解释变量的边际效应，同时模型中解释变量前的系数仅仅是边际效应的一个影响因素，表示的不是单纯的边际效应。那么这两类模型中解释变量的系数又表示何种意义，由于其链接函数的形式不同，Probit 模型和 Logit 模型的回归系数所表示的经济意义上也有所不同。

①Logit 模型系数的经济意义

在 Logit 模型中，假设 $Y_i=1$ 的概率为 $p_i$，由 Logit 模型可知：

$$p_i = \frac{e^{X_i'\beta}}{1+e^{X_i'\beta}} \tag{5-32}$$

对式（5-32）进行变换，整理可得：

$$\ln\frac{p_i}{1-p_i} = y_i = X_i\beta \tag{5-33}$$

其中，$\frac{p_i}{1-p_i}$ 称为机会比率，即取 1 的概率与其取 0 的概率之比，$\ln\frac{p_i}{1-p_i}$ 称为机会比率的对数。Logit 模型的一个重要优点是把在 [0,1] 区间上预测概率的问题转化为预测一个事件发生的机率比问题。其回归系数反映的是解释变量对于被解释变量的概率比的半弹性，具体来说：

$$\frac{\partial \ln\frac{p_i}{1-p_i}}{\partial X_i} = \frac{\partial X_i \beta_k}{\partial X_i} = \beta_k \tag{5-34}$$

由式（5-34）可见，解释变量每增加一单位，$Y$ 的机率比增加原来的 $\beta_k$ 倍。

②Probit 模型系数的经济意义

从效用角度得到模型（5-23）的过程来看，Probit 模型的回归系数可以理解为选择效用的边际增量。

## 5.3　三大检验

在计量经济学中，常应用到沃尔德检验，似然比检验和拉格朗日乘子检验。

对于线性回归模型：

$$Y_i = \beta_1 X_{i1} + \beta_2 X_{i2} + \cdots + \beta_j X_{ij} + \cdots + \beta_k X_{ik} + \varepsilon_i (i=1,\cdots,n) \qquad (5-35)$$

检验的原假设：

$$H_0: \beta_j = \tilde{\beta}_j (j=1,\cdots,k) \qquad (5-36)$$

其中，$\tilde{\beta}_j$ 已知，共有 $K$ 个约束。

### 5.3.1 沃尔德检验（Wald Test）

沃尔德检验的基本原理是测量无约束估计量 $\hat{\beta}_j$ 与假设值 $\tilde{\beta}_j$ 的距离，如果原假设成立，$\hat{\beta}_j$ 与 $\tilde{\beta}_j$ 的距离应该比较小。

$$WD = (\hat{\beta}_j - \tilde{\beta}_j)'[Var(\hat{\beta}_j - \tilde{\beta}_j)]^{-1}(\hat{\beta}_j - \tilde{\beta}_j) \qquad (5-37)$$

由于 $\tilde{\beta}_j$ 已知，故 $Var(\hat{\beta}_j - \tilde{\beta}_j) = Var\hat{\beta}_j$，同时，可以证明在约束条件成立时，$WD$ 统计量服从渐近 $\chi^2(k)$ 分布，其中 $k$ 为约束条件的个数，由此可以检验原假设是否正确。

由沃尔德检验的基本原理可知，沃尔德检验只需要估计 $\beta$ 的无约束估计量 $\hat{\beta}$ 及其方差即可进行检验。

### 5.3.2 似然比检验（Likelihood Ratio Test，LR）

似然比检验（LR）的基本思路是如果约束条件成立，则无约束模型与有约束模型的极大似然函数值应该接近，进一步讲，如果 $H_0$ 正确，则 $[\ln(\hat{\beta}_j) - \ln(\tilde{\beta}_j)]$ 不应该很大。

LR 统计量为：

$$LR \equiv 2[\ln(\hat{\beta}_j) - \ln(\tilde{\beta}_j)] \xrightarrow{d} \chi^2(k) \qquad (5-38)$$

其中，$k$ 为约束条件个数，用样本计算 LR 统计量的值，进而可以进行检验。LR 检验同时考察无约束估计量 $\ln(\hat{\beta})$ 与有约束估计量 $\ln(\tilde{\beta})$。

### 5.3.3 拉格朗日乘子检验（Lagrange Multiplier Test，LM）

拉格朗日乘子检验针对有约束条件的对数似然函数最大化问题进行分析与检验，拉格朗日乘子检验主要是对下式进行分析。

$$\begin{cases} \max_{\beta} \ln L(\beta) \\ s.\,t.\,\beta = \tilde{\beta} \end{cases} \quad (5-39)$$

对于式（5-39）的求解问题，引入拉格朗日乘子函数：

$$\max_{\tilde{\beta},\lambda} \ln L(\beta) - \lambda'(\beta - \tilde{\beta}) \quad (5-40)$$

$\lambda$ 为拉格朗日乘子向量，根据最优化求解原理可知：

$$\hat{\lambda} = \frac{\partial \ln L(\beta)}{\partial \tilde{\beta}} \quad (5-41)$$

如果原假设 $H_0$ 成立，则表明加上约束条件不会使原似然函数的最大值变化太多，即有约束的对数似然函数对参数的偏导数应与无约束的对数似然函数的偏导数很接近，而后者为0，$\hat{\lambda}$ 与0的距离应该很小。由此使用二次型测度其距离，进而构建 LM 统计量，即：$LM \equiv \hat{\lambda}'[Var(\hat{\lambda})]^{-1}\lambda'$，其中 $Var(\hat{\lambda})$ 为 $\hat{\lambda}$ 的协方差矩阵。在大样本下，LM 统计量也服从渐近 $\chi^2(k)$ 分布[1]。

## 5.4 定性被解释变量模型的 Stata 实现

通过构建定性被解释变量模型分析产业政策对上市公司资本合作的影响效果，即：

$$set = a_0 + a_1 ip_i + \varepsilon_i$$

其中，set 是外部资本与上市公司的合作意向指标，即公司设立并购基金可能性的虚拟变量，其定义为公司在"五年规划"激励范围内设立并购基金时取1，否则取0。将 ip 定义为公司是否受产业政策支持的虚拟变量，当公司所在行业年度属于"五年规划"激励范围时取1，否则取0。作为演示实例，使用2017年产业政策和上市公司资本合作方面的数据。

若使用 Logit 模型分析产业政策对上市公司资本合作的影响效果，对应的 Stata 命令为：Logit set ip, nolog r，其中，选择项 nolog 表示不显示使用极大似然法估计参数时的迭代过程，r 表示使用稳健标准误法获得的参数估计量标准误，回归结果见图 5-3。在运行 logit 模型获得回归结果后，可以通过运行 Stata 命令：margins, dydx（*），获得 Logit 模型对应的平均边际效应，结果见图 5-4；可以通过运行 Stata 命令：estat clas，获得 Logit 模型对应的准确预测比率，结果见图 5-5。

---

[1] 陈强. 高级计量经济学及 Stata 应用（第2版）[M]. 北京：高等教育出版社，2014.

```
Logistic regression                                Number of obs =  3,273
                                                   Wald chi2(1)  =   3.45
                                                   Prob > chi2   = 0.0631
Log pseudolikelihood = -2238.7451                  Pseudo R2     = 0.0008
```

|     set | Coefficient | Robust std. err. | z | P>\|z\| | [95% conf. interval] | |
|---:|---:|---:|---:|---:|---:|---:|
| ip    |  .1323388 | .0712141 |  1.86 | 0.063 | -.0072383 | .2719159 |
| _cons | -.3383879 | .0536181 | -6.31 | 0.000 | -.4434775 | -.2332983 |

**图 5-3  产业政策影响上市公司资本合作的 Logit 模型回归结果**

```
Average marginal effects                           Number of obs = 3,273
Model VCE: Robust

Expression: Pr(set), predict()
dy/dx wrt:  ip
```

|    | dy/dx | Delta-method std. err. | z | P>\|z\| | [95% conf. interval] | |
|---:|---:|---:|---:|---:|---:|---:|
| ip | .032482 | .017443 | 1.86 | 0.063 | -.0017056 | .0666695 |

**图 5-4  产业政策影响上市公司资本合作的 Logit 模型平均边际效应**

```
Logistic model for set

                      ------ True ------
Classified  |      D         ~D    |     Total

    +       |      0          0    |         0
    -       |   1422       1851    |      3273

Total       |   1422       1851    |      3273

Classified + if predicted Pr(D) >= .5
True D defined as set != 0

Sensitivity                     Pr( +| D)      0.00%
Specificity                     Pr( -|~D)    100.00%
Positive predictive value       Pr( D| +)        .%
Negative predictive value       Pr(~D| -)     56.55%

False + rate for true ~D        Pr( +|~D)      0.00%
False - rate for true D         Pr( -| D)    100.00%
False + rate for classified +   Pr(~D| +)        .%
False - rate for classified -   Pr( D| -)     43.45%

Correctly classified                          56.55%
```

**图 5-5  产业政策影响上市公司资本合作的 Logit 模型准确预测比率**

若使用 Probit 模型分析产业政策对上市公司资本合作的影响效果，对应的 Stata 命令为：Probit set ip，nolog r，其中，选择项 nolog 也表示不显示使用极大似然法估计参数时的迭代过程，r 也表示使用稳健标准误法获得的参数估计量标准误，回归结果见图 5-6。在运行 Probit 模型获得回归结果后，可以通过运行 Stata 命令：margins，dydx（*），获得 Probit 模型对应的平均边际效应，结果见图 5-7；可以通过运行 Stata 命令：estat clas，获得 Probit 模型对应的准确预测比率，结果见图 5-8。

```
Probit regression                              Number of obs =   3,273
                                               Wald chi2(1)  =    3.46
                                               Prob > chi2   =  0.0630
Log pseudolikelihood = -2238.7451              Pseudo R2     =  0.0008
```

|  set  | Coefficient | Robust std. err. | z | P>\|z\| | [95% conf. interval] | |
|---|---|---|---|---|---|---|
| ip    |  .0825973 | .0444292 |  1.86 | 0.063 | -.0044824 | .169677   |
| _cons | -.2116216 | .0333959 | -6.34 | 0.000 | -.2770763 | -.1461669 |

图 5-6　产业政策影响上市公司资本合作的 Probit 模型回归结果

```
Average marginal effects                       Number of obs = 3,273
Model VCE: Robust

Expression: Pr(set), predict()
dy/dx wrt:  ip
```

|    | dy/dx | Delta-method std. err. | z | P>\|z\| | [95% conf. interval] | |
|---|---|---|---|---|---|---|
| ip | .0324787 | .0174417 | 1.86 | 0.063 | -.0017064 | .0666638 |

图 5-7　产业政策影响上市公司资本合作的 Probit 模型平均边际效应

从使用 Logit 模型和 Probit 模型分析产业政策影响上市公司资本合作的回归结果来看，两模型在 $R^2$、平均边际效应和准确预测比率等方面基本相同。

```
Probit model for set

              ———— True ————
Classified  |    D    |   ~D   |  Total
    +       |    0    |    0   |    0
    -       |  1422   |  1851  |  3273

  Total     |  1422   |  1851  |  3273

Classified + if predicted Pr(D) >= .5
True D defined as set != 0

Sensitivity                  Pr( +| D)     0.00%
Specificity                  Pr( -|~D)   100.00%
Positive predictive value    Pr( D| +)        .%
Negative predictive value    Pr(~D| -)    56.55%

False + rate for true ~D     Pr( +|~D)     0.00%
False - rate for true D      Pr( -| D)   100.00%
False + rate for classified + Pr(~D| +)       .%
False - rate for classified - Pr( D| -)   43.45%

Correctly classified                       56.55%
```

**图 5-8 产业政策影响上市公司资本合作的 Probit 模型准确预测比率**

# 参考文献

[1] 陈强. 高级计量经济学及 Stata 应用（第 2 版）[M]. 北京：高等教育出版社，2014.

[2] 伍德里奇. 计量经济学导论：现代观点（第六版）[M]. 北京：中国人民大学出版社，2018.

[3] 张卫东，喻开志，李伊，张华节. 中级计量经济学——方法与应用 [M]. 成都：西南财经大学出版社，2021.

[4] 李子奈，潘文卿. 计量经济学（第五版）[M]. 北京：高等教育出版社，2020.

[5] Hausman J, D McFadden. Specification Tests for the Multinomial Logit Model [J]. Econometrica，1984（52）：1219-1240.

# 第 6 章
# 平稳时间序列模型

**本章导读**

按照平稳性来进行分类，时间序列可以分为平稳时间序列和非平稳时间序列，对于这两类时间序列，常采取不同的建模思路。

本章主要介绍平稳时间序列模型，为了能够理解平稳时间序列模型，首先对时间序列及其平稳性的知识进行介绍，然后介绍 ARMA 模型的形式、建模思路、估计与检验方法，以及应用等，本章内容框架如图6-1所示。

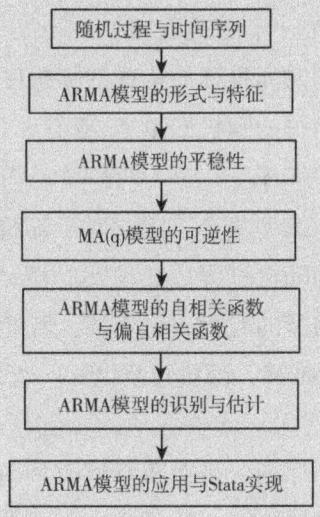

图6-1 第6章内容框架图

## 6.1 时间序列与时间序列模型

### 6.1.1 随机过程与时间序列

(1) 随机过程

现实生活中充满着带有随机特征的现象，例如，未来某一天一个区域流感病例的数量，未来某一年一个区域的经济情况（GDP、失业率、通货膨胀率、净出口额等）都是具有"无限可能"的随机现象。对于这些随机现象，人们使用随机变量来进行刻画和分析，以期望通过分析其变化过程的特点，找到其发展的规律，从而达到"分析过去、预测未来"的目的。这就需要考察随机现象随着时间的推移所表现的动态变化过程。例如，未来某一年某区域的 GDP，从当前的角度来看，这是一个随机变量（GDP 总量存在众多可能值），事实上，过去某一年某区域的 GDP 也可以看作是一个随机变量，只不过，人们手中只有这个实现值，从过去的过去来看，这个实现值只是该年众多可能 GDP 数值的一个实现（假如时间能够倒流，该年该区域的 GDP 可能是另一个结果）。若考察其随时间 $t$ 变化的特征（例如，$GDP_t$，$GDP_{t+1}$，$\cdots$，$GDP_{t+k}$，每个年份的 GDP 都是一个随机变量），那么 $\{GDP_t\}$ 就是一个随机过程，这个随机过程实际上是一族随时间推移而构成的随机序列。

综上所述，随机过程是指每一随机变量 $X_t$ 随着 $t$（$t \in T$）的变化或推移，而得到的一族随机变量 $\{X_t, X_{t+1}, \cdots, X_{t+k}\}$（$t \in T, t+k \in T$）或者 $\{X_t\}$。由于集合 $T$ 中的元素可以为离散型集合或连续型集合，因此对于随机过程 $\{X_t\}$ 可以是离散型的随机过程，也可能是连续型的随机过程。在现实经济分析中，时间通常看作是离散型的变化过程，如每天某交易所的股指、每年某区域的 GDP 总量，都是离散型的随机过程，由此，随着时间 $t$ 的推移，随机过程 $\{x_t\}$ 也是离散随机变量。

(2) 时间序列

时间序列也称为随机时间序列，是指随着离散型时间指标的推移所形成的随机过程 $\{y_t\}$。理论上，在任一时间点 $t$（$t \in T$）上，所要分析的指标都有众多可能的取值，这些众多可能的取值就形成了相应的分布。与此同时，在一系列时间点上的每个时点所对应的随机变量就形成一族随机时间序列 $\{y_t\}$。

在现实中，由于时间的不可逆性，每个时间点的随机变量仅得到一个实现值，这一个值是无法或者不能精确地分析这个时间点上随机变量的分布特征或者数字特征（例如，期望、方差），那么该如何分析呢？就涉及时间序列的平稳性分析或者时间序列的某数字特征的遍历性分析，进而选择相应的策略进行分析。例如，如果某个时间序列在每个时间点上，随机变量的期望和方差都是相同的，这时候虽然在每个时间点上仅仅有一个实现值，但是在 $t$ 个时间点上就有 $t$ 个实现值，用 $t$ 个实现值来分析每个时间点上具有相同的期望和方差，要比用 1 个值去分析某一时间点上随机变量的期望和方差的精确度高出很多。

### 6.1.2 时间序列平稳性的内涵

在对时间序列进行建模分析的过程中，对于平稳时间序列和非平稳时间序列常常采取不同的建模方法和分析思路，因此，分析时间序列首先就需要考察该序列是平稳的、还是非平稳的。

顾名思义，平稳时间序列是指随着时间的推移，时间序列的变化趋势是平行稳定的，其统计规律亦保持稳定，对应时间序列生成过程的规律和特征保持稳定，否则，时间序列为非平稳时间序列。平稳的时间序列就可以通过分析其过去的生成过程或规律性，预测与分析其未来发展趋势与规律，利用计量模型对其进行分析时，经典线性模型的估计、检验方法才能适用，否则将出现"伪回归"的情况，"伪回归"的问题出现在非平稳时间序列建模之中，将在第 7 章中介绍。时间序列的平稳性又可以分为严平稳和宽平稳。

（1）严平稳

通俗来讲，严平稳是一种要求非常严格的平稳，其严格性体现在随机过程 $\{y_t\}$ 中各个时间点上随机变量的联合分布函数与时间的位移无关，粗略地看，严平稳时间序列的所有统计性质不随时间的推移发生变化，可以表示为：

$$F_{t_1,t_2,\cdots,t_m}(y_1,y_2,\cdots,y_m) = F_{t_1+s,t_2+s,\cdots,t_m+s}(y_1,y_2,\cdots,y_m) \tag{6-1}$$

直观上来看，如果一随机过程为严平稳，那么这个严平稳时间序列内的 $n$ 个随机变量的联合分布与其均平行推移了 $S$ 时期后所形成新的 $n$ 个随机变量的联合分布相同，与这两组时间序列的间隔时期 $S$ 无关。这一要求非常严格，因为如果一时间序列存在期望、方差和自协方差，那么在这一要求下，在这一时间序列内各时间点上随机变量的期望、方差和自协方差均相等。

（2）宽平稳

宽平稳又称弱平稳，是指如果时间序列 $\{y_t\}$ 存在期望、方差和自协方差函数，则期望、方差相同，自协方差函数仅是时间间隔的函数，即平稳时间序列需要满足以下三个条件。

$$E(y_t) = E(y_{t+s}) = \mu (\text{一阶原点矩}) \tag{6-2}$$

$$Var(y_t) = Var(y_{t+s}) = \sigma^2 \text{（二阶中心矩）} \tag{6-3}$$

$$Cov(y_t, y_{t+k}) = Cov(y_{t+s}, y_{t+s+k}) = \gamma_k \text{（二阶混合中心矩）} \tag{6-4}$$

上述三个表达式对于任意 $t$、$k$ 和 $s$ 均成立，$\mu$、$\sigma^2$ 和 $\gamma_k$ 均为常数，从中可以发现，宽平稳实际上是一阶矩和二阶距不随时间变化的常数，即平稳的时间序列具有相同的期望和方差，自协方差 $\gamma_k$ 仅仅与时间间隔 $k$ 有关，与时间的起始点无关，需要注意的是，当 $k$ 等于 0 时，$Cov(y_t, y_t) = Var(y_t) = \gamma_0$。

根据普通相关系数的定义可以分析其自相关系数，自相关系数表示为：

$$\rho_k = \frac{\gamma_k}{\gamma_0} = \frac{\gamma_k}{\sigma^2} \tag{6-5}$$

从自相关系数可以看出，平稳时间序列内两个时点上随机变量的自相关系数仅仅与这两个时间点的间隔 $k$ 有关。

时间序列的自协方差与自相关系数在普通协方差和普通相关系数的基础上均加上"自"，原因在于自协方差与自相关系数都是针对同一时间序列 $\{y_t\}$ 下，不同时点上随机变量 ($y_i$, $y_j$) 的协方差和相关系数，都是属于同一时间序列，只不过是不同时间点而已，不同于普通协方差和相关系数是分析两个不同变量（如随机变量 $y_i$, $x_j$）的协方差和相关系数。

从宽平稳时间序列的定义中可以发现，宽平稳的时间序列具有规律性可寻，这样就可以通过分析过去时间序列数据所呈现的规律性，来预测未来时间序列变化的规律性，这样的时间序列才具有研究价值和意义。值得注意的是，有一类时间序列虽然是平稳的，但属于纯随机变化发展的，无规律可言，很难发现其规律性，这就是白噪声序列，但白噪声序列在时间序列建模，乃至整个回归模型中都具有重要的意义。

(3) 白噪声序列

若随机过程 $\{\varepsilon_t\}$ 满足零期望、同方差和无自相关，则这类序列就是白噪声序列，即满足：

$$E(\varepsilon_t) = 0 \text{（一阶原点矩）} \tag{6-6}$$

$$Var(\varepsilon_t) = \sigma^2 \text{（二阶中心矩）} \tag{6-7}$$

$$Cov(\varepsilon_t, \varepsilon_{t+k}) = E(\varepsilon_t \varepsilon_{t+k}) = 0 \text{（二阶混合中心矩）} \tag{6-8}$$

上述三个关系式对于任意 $t$ 和 $k$ 均成立。如果 $\varepsilon_t$ 服从正态分布，则 $\{\varepsilon_t\}$ 又称为高斯白噪声序列。满足白噪声序列的三个条件必然满足平稳时间序列所要求的三个条件，由此可见，白噪声序列必然是平稳的。从白噪声序列定义的第三个条件可知，白噪声序列内各随机变量间毫无相关性，各时点随机变量的变化是纯随机的，找不到不同时间之间的规律性，这样的时间序列也无法通过分析该序列的过去来找出该序列的内在生成过程或规律性。那么为什么这类序列在时间序列建模中又占据重要位置呢？

原因在于，理想的建模状态是能够穷尽其规律性，剩下的残余部分是无规律可寻的纯随机过程。这样的话，剔除规律性后，影响所关注随机变量状况的就只有白噪声序列，因此这类白噪声序列的分布和统计特征会影响着所关注变量的分布与统计特征。

### 6.1.3 时间序列的建模过程

在现实经济运行过程中，一些时间序列变量随着时间的推移，存在周期性或者趋势性，一般来说，趋势性或周期性可以利用时间的线性函数或者三角函数进行分析，如果去掉了趋势性或者周期性，剩下的部分是平稳的，那么就可能找到这些剩下平稳序列的规律性，因此，原时间序列就可以通过随时间变化的趋势性或周期性，以及平稳时间序列的相关规律进行分析。而剔除了趋势性、周期性与平稳时间序列相关规律性后，剩下的就为纯随机过程，这个纯随机过程也就没有进一步分析意义。通俗来讲，分析一个时间序列，就是想方设法将其各种规律性"吃干榨尽"，最后仅剩下纯随机过程，也就无法找到其规律性，为此，对于时间序列建模一般首先应分析其平稳性，如果是平稳的时间序列，根据自相关函数是时间间隔函数的特征，则可以找到随机序列的内在规律性。如果原时间序列是非平稳，分析是否存在趋势平稳、周期平稳等平稳状态，如果存在，就是趋势平稳或者周期平稳，总体来看，时间序列的建模过程可以从图6-2得以说明。

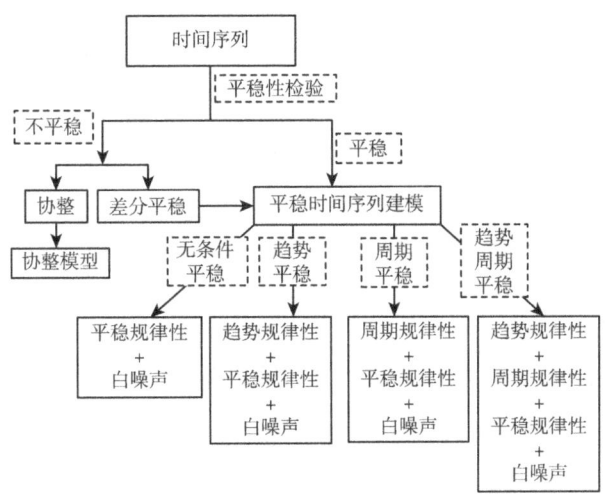

**图6-2 时间序列的建模过程**

自回归移动平均（ARMA）模型是平稳时间序列模型中的经典模型，为此，本章主要介绍该类模型，对于ARMA模型首先要分析模型形式与特征，考察平稳性和可逆性的条件，以及自相关函数和偏自相关函数的特征；其次，根据自相关函数、偏自相关函数拖尾和截尾特征来判断模型中滞后的阶数，进而建立模型，即 Box - Jenkins 建模方法；最后是模型的检验与应用。

### 6.1.4 滞后算子与差分算子

在时间序列中，常常研究时间序列的当前项与其滞后项的关系与规律性，同时也常常涉及分析时间序列差分项的平稳性及对差分项建模。为了方便分析和解释，常常引入滞后算子和差分算子的概念和运算规则。

（1）滞后算子

在时间序列 $\{y_t\}$ 的分析过程中，常常涉及滞后项 $y_{t-k}$ 的问题，为此，在分析时间序列时常引入一个称为滞后算子 L 的延迟运算。根据滞后算子运算的定义，有如下关系：

$$Ly_t = y_{t-1} \tag{6-9}$$

$$L^k y_t = y_{t-k} \tag{6-10}$$

其中，$k$ 为整数，滞后算子只是一种延迟运算，不具有实际数值的意义。根据滞后算子的定义，可知滞后算子运算具有：$Lc = c$（$c$ 为常数），$(L^k + L^s) y_t = L^k y_t + L^s y_t = y_{t-k} + y_{t-s}$（$k$，$s$ 为常数），$L^k L^s y_t = L^k y_{t-s} = y_{t-k-s} = L^{k+s} y_t$ 等特性。

（2）差分算子

在时间序列 $\{y_t\}$ 分析中，常常涉及差分运算，为此，时间序列分析中引入一个称为差分算子 $\Delta$ 的差分运算。差分运算可以表示为：

$$\Delta y_t = y_t - y_{t-1} = (1 - L) y_t \tag{6-11}$$

其中，差分算子 $\Delta$ 也只是一种差分运算，也不具有实际数值的意义，时间序列经过一次差分运算称为一阶差分。对差分后的序列 $\{\Delta y_t\}$ 再次进行的差分称为二阶差分，记为 $\Delta^2 y_t$，二阶差分运算可以表示为：

$$\begin{aligned} \Delta^2 y_t &= \Delta \Delta y_t = \Delta(y_t - y_{t-1}) = \Delta y_t - \Delta y_{t-1} \\ &= (y_t - y_{t-1}) - (y_{t-1} - y_{t-2}) \\ &= y_t - 2y_{t-1} + y_{t-2} \\ &= (1 - 2L + L^2) y_t \end{aligned} \tag{6-12}$$

与二阶差分类似，可以定义 K 阶差分，即：$\Delta^k y_t = \underbrace{\Delta \cdots \Delta}_{k} y_t = \underbrace{\Delta \cdots \Delta}_{k-1} (y_t - y_{t-1})$。

此外，还可以通过引入"步差分"来考察距离 K 期的两随机变量的差值，K 步差分表示为 $\Delta_k y_t = y_t - y_{t-k}$。

## 6.2 ARMA 模型的形式与特征

作为平稳时间序列的经典模型，自回归移动平均模型（Auto - Regressive Moving

Average，记为 ARMA）是利用时间序列自身的滞后序列、白噪声及其滞后序列来刻画、分析时间序列变化、发展规律的一种模型。

### 6.2.1 ARMA(p,q) 模型

一般而言，平稳时间序列 $\{y_t\}$ 的自回归移动平均模型可以表示为：

$$y_t = \gamma + \alpha_1 y_{t-1} + \alpha_2 y_{t-2} + \cdots + \alpha_p y_{t-p} + \varepsilon_t - \beta_1 \varepsilon_{t-1} - \beta_2 \varepsilon_{t-2} - \cdots - \beta_q \varepsilon_{t-q} \quad (6-13)$$

其中，$\gamma, \alpha_1, \alpha_2, \cdots, \alpha_p, \beta_1, \beta_2, \cdots, \beta_q$ 均为常数，$\{\varepsilon_t\}$ 为白噪声序列。由于 $y_t$ 是其滞后 $p$ 阶、$\varepsilon_t$ 及其滞后 $q$ 阶的线性组合，该模型也被记作 ARMA(p,q) 模型。

### 6.2.2 AR(p) 模型

在平稳时间序列 $\{y_t\}$ 的 ARMA 模型中，当不存在白噪声序列 $\{\varepsilon_t\}$ 的滞后项时，则 ARMA 模型退化为自回归（Auto-Regressive，记为 AR）模型，可表示为：

$$y_t = \alpha_0 + \alpha_1 y_{t-1} + \alpha_2 y_{t-2} + \cdots + \alpha_p y_{t-p} + \varepsilon_t \quad (6-14)$$

所谓自回归是使用随机变量 $y_t$ 自己的过去期（第 $t-1, t-2, \cdots, t-p$ 期）来解释自己的当前期（第 $t$ 期），即使用 $y_t$ 的 $p$ 阶滞后项 $y_{t-1}, y_{t-2}, \cdots, y_{t-p}$ 对 $y_t$ 做回归，因此常称为 $p$ 阶自回归，记作 AR(p) 模型或者 AR(p) 过程。

### 6.2.3 MA(q) 模型

在 ARMA(p,q) 模型中，当不存在时间序列 $\{y_t\}$ 的滞后项时，则 ARMA 模型退化为移动平均（Moving Average，MA）模型，可表示为：

$$y_t = \beta_0 + \varepsilon_t - \beta_1 \varepsilon_{t-1} - \beta_2 \varepsilon_{t-2} - \cdots - \beta_q \varepsilon_{t-q} \quad (6-15)$$

所谓移动平均是使用白噪声及其移动滞后项（随着时间 $t$ 的推移）的加权平均来解释 $y_t$，即使用 $\varepsilon_t$ 及其 $q$ 阶滞后项 $\varepsilon_{t-1}, \varepsilon_{t-2}, \cdots, \varepsilon_{t-q}$ 对 $y_t$ 做回归，因此常称为 $q$ 阶移动平均模型，记作 MA(q) 模型或者 MA(q) 过程。

## 6.3 AR 模型、MA 模型与 ARMA 模型的关系

AR(p) 模型和 MA(q) 模型可以认为是 ARMA(p,q) 模型的特例，AR(p) 模型常数项 $\alpha_0$ 和 MA(q) 模型常数项 $\beta_0$ 可以看作是 ARMA(p,q) 模型常数项 $\gamma$ 的组

成部分。需要注意的是，在 $AR(p)$ 模型，$MA(q)$ 模型与 $ARMA(p,q)$ 模型中都含有随机扰动项 $\varepsilon_t$，这是因为在 $y_t$ 的模型中，存在没有穷尽 $y_t$ 生成规律的随机变量，即随机扰动项。

将滞后算子引入 AR 模型、MA 模型与 ARMA 模型之中，可以将这三种模型表示成带有滞后算子的形式。

令 $A(L) = 1 - \alpha_1 L - \alpha_2 L^2 - \cdots - \alpha_p L^p$，$B(L) = 1 - \beta_1 L - \beta_2 L^2 - \cdots - \beta_q L^q$，其中 $A(1) = 1 - \alpha_1 - \alpha_2 - \cdots - \alpha_p$，$B(1) = 1 - \beta_1 - \beta_2 - \cdots - \beta_q$。那么：

ARMA(p,q) 模型的滞后算子表示形式为：$A(L)y_t = \gamma + B(L)\varepsilon_t$。

AR(p) 模型的滞后算子表示形式为：$A(L)y_t = \alpha_0 + \varepsilon_t$。

MA(q) 模型的滞后算子表示形式为：$y_t = \beta_0 + B(L)\varepsilon_t$。

将 ARMA(p,q) 模型的滞后算子表示形式和 AR(p) 模型的滞后算子表示形式的两边同时除以 $A(L)$，可以将这两个模型转化为 MA 过程。根据格林（Green）函数可知，可以将平稳的 ARMA(p,q) 和 AR(p) 过程转化为无穷阶的 MA 过程，即 MA($\infty$)，通过这种转化，可以将过去的随机扰动传递到当前的时间序列之中，也就是所说的传递形式。

$$A(L)y_t = \gamma + B(L)\varepsilon_t \rightarrow y_t = A(1)^{-1}\gamma + A(L)^{-1}B(L)\varepsilon_t$$

$$= A(1)^{-1}\gamma + \sum_{i=0}^{\infty}\psi_i \varepsilon_{t-i} \quad (6-16)$$

$$A(L)y_t = \alpha_0 + \varepsilon_t \rightarrow y_t = A(1)^{-1}\alpha_0 + A(L)^{-1}\varepsilon_t$$

$$= A(1)^{-1}\alpha_0 + \sum_{i=0}^{\infty}\psi'_i \varepsilon_{t-i} \quad (6-17)$$

同理，可以将平稳的 ARMA(p,q) 和 MA(q) 过程转化为无穷阶的 AR 过程。通过这种转化，可以将白噪声的滞后项对当前期 $y_t$ 的影响逆转为 $y_t$ 的无限阶滞后项 $y_i(i = t-1, t-2, t-3, \cdots)$ 对 $y_t$ 的影响，也就是通常所说的逆转形式。

$$A(L)y_t = \gamma + B(L)\varepsilon_t \Rightarrow \varepsilon_t = B(L)^{-1}A(L)y_t - B(1)^{-1}\gamma$$

$$= \sum_{i=0}^{\infty}\varphi_i y_{t-i} - B(1)^{-1}\gamma \quad (6-18)$$

$$y_t = \beta_0 + B(L)\varepsilon_t \Rightarrow \varepsilon_t = B(L)^{-1}y_t - B(1)^{-1}\beta_0$$

$$= \sum_{i=0}^{\infty}\varphi'_i y_{t-i} - B(1)^{-1}\beta_0 \quad (6-19)$$

## 6.4　ARMA 模型的平稳性

使用 ARMA(p,q) 模型对时间序列 $\{y_t\}$ 进行建模的前提是 $\{y_t\}$ 是平稳序列，因为平稳的时间序列在各时间点上的随机变量具有内在规律性，基于此才能建模分析。要使 $\{y_t\}$ 满足平稳性，对应的 MA(q)、AR(p) 和 ARMA(p,q) 过程也要平稳。

### 6.4.1 MA(q) 模型的平稳性

（1）MA(1) 模型的平稳性

MA(1) 模型可以表示为：

$$y_t = \beta_0 + \varepsilon_t - \beta_1 \varepsilon_{t-1} \tag{6-20}$$

其中，$\{\varepsilon_t\}$ 是白噪声过程，期望为 0，方差为 $\sigma_\varepsilon$，自协方差 $Cov(\varepsilon_t, \varepsilon_s) = 0$ $(t \neq s)$，$\beta_0$ 和 $\beta_1$ 为常数，考察 $y_t$ 平稳性就涉及分析其期望、方差和自协方差的特征。

期望：

$$E(y_t) = E(\beta_0 + \varepsilon_t - \beta_1 \varepsilon_{t-1}) = \beta_0 \tag{6-21}$$

方差：

$$Var(y_t) = E[y_t - E(y_t)]^2 = E[y_t - \beta_0]^2 = E[\varepsilon_t - \beta_1 \varepsilon_{t-1}]^2 = (1+\beta_1^2)\sigma^2 \tag{6-22}$$

自协方差为：
$$\begin{aligned}
\gamma_s &= Cov(y_t, y_{t-s}) \\
&= E[y_t - E(y_t)][y_{t-s} - E(y_{t-s})] \\
&= E[(y_t - \beta_0)(y_{t-s} - \beta_0)] \\
&= E(\varepsilon_t - \beta_1 \varepsilon_{t-1})(\varepsilon_{t-s} - \beta_1 \varepsilon_{t-s-1}) \\
&= \begin{cases} -\beta_1 \sigma^2 & (s=1) \\ 0 & (s>1) \end{cases}
\end{aligned} \tag{6-23}$$

分析上述的期望、方差和协方差表达式，可以看出，MA(1) 过程满足平稳性的条件，是平稳的。

自相关系数为：$\rho_s = \dfrac{Cov(y_t, y_{t-s})}{(1+\beta_1^2)\sigma^2} = \begin{cases} \dfrac{-\beta_1 \sigma^2}{(1+\beta_1^2)\sigma^2} = \dfrac{-\beta_1}{(1+\beta_1^2)} & (s=1) \\ 0 & (s>1) \end{cases}$

$$\tag{6-24}$$

分析自相关系数可以看出，在 MA(1) 过程中，高阶 ($s>1$) 自相关系数为 0，表现出截尾特征。

（2）MA(q) 模型的平稳性

MA(q) 模型可以表示为：

$$y_t = \beta_0 + \varepsilon_t - \beta_1 \varepsilon_{t-1} - \beta_2 \varepsilon_{t-2} - \cdots - \beta_q \varepsilon_{t-q} \tag{6-25}$$

其中，$\{\varepsilon_t\}$ 是白噪声过程，期望为 0，方差为 $\sigma_\varepsilon$，自协方差 $Cov(\varepsilon_t, \varepsilon_s) = 0$，$(t \neq s)$，$\beta_0$ 和 $\beta_1, \cdots, \beta_q$ 为常数，考察其平稳性就涉及分析其期望、方差和自

协方差的特征。

期望：
$$E(y_t) = E(\beta_0 + \varepsilon_t - \beta_1\varepsilon_{t-1} - \beta_2\varepsilon_{t-2} - \cdots - \beta_q\varepsilon_{t-q}) = \beta_0 \quad (6-26)$$

方差：
$$\begin{aligned} Var(y_t) &= E[y_t - E(y_t)]^2 = E[y_t - \beta_0]^2 \\ &= E[\varepsilon_t - \beta_1\varepsilon_{t-1} - \beta_2\varepsilon_{t-2} - \cdots - \beta_q\varepsilon_{t-q}]^2 \\ &= (1 + \beta_1^2 + \beta_2^2 + \cdots + \beta_q^2)\sigma^2 \end{aligned} \quad (6-27)$$

自协方差为：
$$\begin{aligned} Cov(y_t, y_{t-s}) &= E[y_t - E(y_t)][y_{t-s} - E(y_{t-s})] \\ &= E[(y_t - \beta_0)(y_{t-s} - \beta_0)] \\ &= E[(\varepsilon_t - \beta_1\varepsilon_{t-1} - \beta_2\varepsilon_{t-2} - \cdots - \beta_q\varepsilon_{t-q}) \\ &\quad (\varepsilon_{t-s} - \beta_1\varepsilon_{t-s-1} - \beta_2\varepsilon_{t-s-2} - \cdots - \beta_q\varepsilon_{t-s-q})] \\ &= \begin{cases} -\beta_s E(\varepsilon_{t-s}^2) + \beta_1\beta_{s+1}E(\varepsilon_{t-s-1}^2) + \cdots + \beta_{q-s}\beta_q E(\varepsilon_{t-s-q}^2) & (1 \leq s \leq q) \\ 0 & (s > q) \end{cases} \\ &= \begin{cases} (-\beta_s + \beta_1\beta_{s+1} + \cdots + \beta_{q-s}\beta_q)\sigma^2 & (1 \leq s \leq q) \\ 0 & (s > q) \end{cases} \end{aligned} \quad (6-28)$$

分析上述的期望、方差和协方差表达式，可以看出，有限阶的 MA（q）过程满足平稳性的条件，是平稳的。

自相关系数为：
$$\begin{aligned} \rho_s &= \frac{Cov(y_t, y_{t-s})}{(1 + \beta_1^2 + \beta_2^2 + \cdots + \beta_q^2)\sigma^2} \\ &= \begin{cases} \dfrac{-\beta_s + \beta_1\beta_{s+1} + \cdots + \beta_{q-s}\beta_q}{1 + \beta_1^2 + \beta_2^2 + \cdots + \beta_q^2} & (1 \leq s \leq q) \\ 0 & (s > q) \end{cases} \end{aligned} \quad (6-29)$$

分析自相关系数可以看出，在 MA(q) 过程中，间隔期大于 q 的自相关系数为 0，表现出截尾特征，这种截尾性反映，如果某个时间序列由一个移动平均过程来刻画，当该时间序列的样本自相关系数从间隔期（q+1）开始出现截尾特征，即自相关系数为 0，那么可以推测原序列中白噪声序列的滞后阶数为 q，由此帮助确定滞后阶数。

### 6.4.2 AR(p) 模型的平稳性

(1) AR (1) 模型的平稳性

AR (1) 模型可以表示为：

$$y_t = \alpha_0 + \alpha_1 y_{t-1} + \varepsilon_t \tag{6-30}$$

其中，$\{\varepsilon_t\}$ 是白噪声过程，期望为 0，方差为 $\sigma_\varepsilon$，自协方差 $Cov(\varepsilon_t, \varepsilon_s) = 0$ ($t \neq s$)，$\alpha_0$ 和 $\alpha_1$ 为常数，考察其平稳性就涉及分析其期望、方差和自协方差的特征。

对式 (6-30) 两边取期望可得 $E(y_t) = E(\alpha_0 + \alpha_1 y_{t-1} + \varepsilon_t) = \alpha_0 + \alpha_1 E(y_{t-1})$，如果 $y_t$ 模型是平稳的，则有 $E(y_t) = E(y_{t-1}) = \mu$，可知 $E(y_t) = \mu = \dfrac{\alpha_0}{1-\alpha_1}$。

将 $\mu = \dfrac{\alpha_0}{1-\alpha_1}$ 代入模型 (6-30) 中，然后整理可得：

$$y_t - \mu = \alpha_1(y_{t-1} - \mu) + \varepsilon_t \tag{6-31}$$

对上式两边平方后再取期望可得：

$$Var(y_t) = E(y_t - \mu)^2 = \alpha_1^2 E(y_{t-1} - \mu)^2 + 2\alpha_1 E[(y_{t-1} - \mu)\varepsilon_t] + E(\varepsilon_t^2) \tag{6-32}$$

由 $\{\varepsilon_t\}$ 是白噪声过程可知 $y_{t-1}$ 仅与 $\varepsilon_{t-1}$ 相关，而与 $\varepsilon_t$ 无关，则 $E(y_{t-1}\varepsilon_t) = 0$。如果该模型是平稳的，则有 $Var(y_t) = Var(y_{t-1}) = \gamma_0$，则有：

$$\gamma_0 = \alpha_1^2 \gamma_0 + \sigma^2 \tag{6-33}$$

进而可得 $\gamma_0 = \dfrac{\sigma^2}{1-\alpha_1^2}$，由于方差是一个非负的常数，即 $1 - \alpha_1^2 > 0$ 或者 $|\alpha_1| < 1$。而 AR(1) 的特征方程为：

$\Phi(L) = 1 - \alpha_1 L = 0$，其根为：$L = \dfrac{1}{\alpha_1}$。

由于 $|\alpha_1| < 1$，则特征根 $L = \dfrac{1}{\alpha_1} > 1$ 或 $L = \dfrac{1}{\alpha_1} < -1$。

为了得到 AR(1) 过程的 s 阶自协方差，在模型 (6-31) 两边同时乘以 $y_{t-s} - \mu$ 后，然后取期望可得：

$$\begin{aligned}\gamma_s &= E[(y_t - \mu)(y_{t-s} - \mu)] \\ &= \alpha_1 E[(y_{t-1} - \mu)(y_{t-s} - \mu)] + E[(y_{t-s} - \mu)\varepsilon_t] \\ &= \alpha_1 \gamma_{s-1}\end{aligned} \tag{6-34}$$

进一步，由式 (6-34) 可得 $\gamma_s = \alpha_1^s \gamma_0$。

自相关系数为 $\rho_s = \dfrac{\gamma_s}{\gamma_0} = \alpha_1^s$。

综上分析，AR(1) 平稳的条件是 $|\alpha_1| < 1$

对模型 $y_t = \alpha_0 + \alpha_1 y_{t-1} + \varepsilon_t$ 来说，如果 $\alpha_1 > 1$，则出现间隔期越远的滞后随机变量，其对第 $t$ 期的影响越大，如 $\alpha_1 = 1.2$，$y_t = \alpha_0 + 1.2 y_{t-1} + \varepsilon_t$，如果用滞后 3 期 $y_{t-3}$ 来表示 $y_t$，则有 $y_t = \alpha_0^* + 1.728 y_{t-3} + \varepsilon_t^*$，比较可以发现 $y_{t-3}$ 前的系数 1.728 大于 $y_{t-1}$ 前的系数。如果存在这种情况，则说明距离 $y_t$ 越久远对其影响越大，同时出现爆炸性膨胀式影响，显然与常理不相符合，一般说来，随着时间的推移，过去事件

的影响将会逐渐淡化。如果 $\alpha_1 = 1$，则 AR（1）过程是一个单位根据过程，其平稳性将在后文中讨论。

从另一个角度来看，一阶自回归 $y_t = \alpha_0 + \alpha_1 y_{t-1} + \varepsilon_t$ 可以表示为：

$$(1 - \alpha_1 L) y_t = \alpha_0 + \varepsilon_t \tag{6-35}$$

$$\begin{aligned} y_t &= \frac{\alpha_0}{(1-\alpha_1)} + \frac{\varepsilon_t}{(1-\alpha_1 L)} \\ &= \frac{\alpha_0}{(1-\alpha_1)} + [1 + \alpha_1 L + (\alpha_1 L)^2 + (\alpha_1 L)^3 + \cdots] \varepsilon_t \\ &= \frac{\alpha_0}{(1-\alpha_1)} + \Big(\sum_{i=0}^{\infty} \alpha_1^i L^i \Big) \varepsilon_t \end{aligned} \tag{6-36}$$

如果 $y_t$ 是平稳过程，则要求等比数列之和 $\sum_{i=0}^{\infty} \alpha_1^i L^i$ 收敛，那么必然要求其公比 $|\alpha_1| < 1$，否则其和不可能收敛。

（2）AR(p) 模型的平稳性

AR(p) 模型可以表示为：

$$y_t = \alpha_0 + \alpha_1 y_{t-1} + \alpha_2 y_{t-2} + \cdots + \alpha_p y_{t-p} + \varepsilon_t \tag{6-37}$$

其中，$\{\varepsilon_t\}$ 是白噪声过程，期望为 0，方差为 $\sigma_\varepsilon$，自协方差 $Cov(\varepsilon_t, \varepsilon_s) \neq 0$（$t \neq s$），$\alpha_i (i = 1, 2, \cdots, p)$ 为常数。由 AR(p) 模型的表示形式可知，$y_t$ 的平稳性取决于其滞后项构成的线性组合，即 $y_t = \alpha_1 y_{t-1} + \alpha_2 y_{t-2} + \cdots + \alpha_p y_{t-p}$，此组合也是模型（6-37）对应的齐次线性差分方程，由此可以利用齐次线性差分方程的求解办法，来分析 $y_t$ 的平稳性。

对于 P 阶齐次线性差分方程，有如同 $y_t = \lambda^{-t}(k, \lambda \neq 0)$ 形式的解，将其代入 $y_t = \alpha_1 y_{t-1} + \alpha_2 y_{t-2} + \cdots + \alpha_p y_{t-p}$ 之中，可得：

$$\lambda^{-t} = \alpha_1 \lambda^{-(t-1)} + \alpha_2 \lambda^{-(t-2)} + \cdots + \alpha_p \lambda^{-(t-p)} \tag{6-38}$$

两边同时除以 $k\lambda^{-t}$ 后，整理可得 $1 - \alpha_1 \lambda^1 - \alpha_1 \lambda^1 - \cdots - \alpha_p \lambda^p = 0$，该方程被称为关于 $\lambda$ 的一元 P 次特征方程，即差分方程 $y_t = \alpha_1 y_{t-1} + \cdots + \alpha_p y_{t-p}$ 的特征方程。在复数域内，该特征方程有 P 个特征根，即 $\lambda_1, \lambda_2, \cdots, \lambda_p$。与之相对应，差分方差 $y_t = \alpha_1 y_{t-1} + \alpha_2 y_{t-2} + \cdots + \alpha_p y_{t-p}$ 有 P 个根，即 $\lambda_1^{-t}, \lambda_2^{-t}, \cdots, \lambda_p^{-t}$，其通解为：

$$y_t = \delta_0 + \delta_1 \lambda_1^{-t} + \delta_2 \lambda_2^{-t} + \cdots + \delta_p \lambda_p^{-t} \tag{6-39}$$

其中，$\delta_0, \delta_1, \delta_2, \cdots, \delta_p$ 为待定参数，要使 $y_t$ 收敛，必然要求 $\lambda_1^{-t}, \lambda_2^{-t}, \cdots, \lambda_p^{-t}$ 都收敛到 0，这就要求在复数域内，特征根 $\lambda_1, \lambda_2, \cdots, \lambda_p$ 的模在单位圆之外，而对应的 $\lambda_1^{-t}, \lambda_2^{-t}, \cdots, \lambda_p^{-t}$ 均小于 1。

（3）ARMA(p,q) 模型的平稳性

可以认为 ARMA(p,q) 模型是由 AR(p) 和 MA(q) 模型组合而成的，由 MA

(q) 模型的平稳性可知，若 q 有限时，MA(q) 模型是平稳的，由此，ARMA(p,q) 模型的平稳性就取决于 AR(p) 的平稳性。

另一方面，可以将 ARMA(p,q) 转化为传递形式，来进行分析 ARMA(p,q) 模型的平稳性

$$y_t = \gamma + \alpha_1 y_{t-1} + \alpha_2 y_{t-2} + \cdots + \alpha_p y_{t-p} + \varepsilon_t - \beta_1 \varepsilon_{t-1} - \beta_2 \varepsilon_{t-2} - \cdots - \beta_q \varepsilon_{t-q} \tag{6-40}$$

其中，$A(L) = 1 - \alpha_1 L - \alpha_2 L^2 - \cdots - \alpha_p L^p, B(L) = 1 - \beta_1 L - \beta_2 L^2 - \cdots - \beta_q L^q$, $A(1) = 1 - \alpha_1 - \alpha_2 - \cdots - \alpha_p, B(1) = 1 - \beta_1 - \beta_2 - \cdots - \beta_q$，则 ARMA(p,q) 模型的滞后算子表示形式为 $A(L) y_t = \gamma + B(L) \varepsilon_t$。

若 $A(L) = 1 - \alpha_1 L - \alpha_2 L^2 - \cdots - \alpha_p L^p = 0$ 的根全部落在单位圆外，则表明 $A(L)$ 是可逆的，对应的 $AR(P)$ 过程也是平稳序列，$A(L)$ 可以写成无限阶滞后算子的形式，与之相对应，ARMA(p, q) 可以转化为 $MA(\infty)$，由 $MA(\infty)$ 可逆的条件可知 ARMA(p, q) 模型的平稳性条件。

$$A(L) y_t = \gamma + B(L) \varepsilon_t \Rightarrow y_t = A(1)^{-1} \gamma + A(L)^{-1} B(L) \varepsilon_t = A(1)^{-1} \gamma + \sum_{i=0}^{\infty} \psi_i \varepsilon_{t-i} \tag{6-41}$$

对于模型 (6-41)，若 $\sum_{i=0}^{\infty} |\psi_i| < \infty$，即 $\sum_{i=0}^{\infty} |\psi_i|$ 有限，此时 $\sum_{i=0}^{\infty} \psi_i \varepsilon_{t-i}$ 是平稳的，对应的 ARMA(p,q) 也是平稳的。

## 6.5 MA(q) 模型可逆性

从 6.4 节的分析可以看出，在满足一定条件时，AR(p)、MA(q) 和 ARMA(p,q) 过程是一个平稳的过程，根据格林函数可知，平稳的 AR(p) 和 ARMA(p,q) 过程可以转化成无限阶的 $MA(\infty)$ 过程，即将 AR(p) 和 ARMA(p,q) 过程表示成传递形式。如果将 MA(q) 过程转化为逆转形式，又需要具备何种条件？

对于 MA(q) 模型：

$$y_t = \beta_0 + \varepsilon_t - \beta_1 \varepsilon_{t-1} - \beta_2 \varepsilon_{t-2} - \cdots - \beta_q \varepsilon_{t-q} = \beta_0 + B(L) \varepsilon_t \tag{6-42}$$

其中，$B(L) = 1 - \beta_1 L - \beta_2 L^2 - \cdots - \beta_q L^q$, $B(1) = 1 - \beta_1 - \beta_2 - \cdots - \beta_q$，$\varepsilon_t$ 为白噪声。若 $B(z) = 1 - \beta_1 z - \beta_2 z^2 - \cdots - \beta_q z^q = 0$ 的根都落在单位圆外，则表明滞后多项式 $B(L)$ 是可逆的，此时，MA(q) 是平稳的，可使用滞后多项式 $B(L)$ 的逆运算，将 MA(q) 转化为 $AR(\infty)$ 的形式，即：

$$y_t = \alpha_0 + B(L) \varepsilon_t$$
$$\Rightarrow \varepsilon_t = B(L)^{-1} y_t - B(1)^{-1} \alpha_0$$

$$\Rightarrow \varepsilon_t = B(L)^{-1}(y_t - \alpha_0)$$
$$\Rightarrow \varepsilon_t = (1 + \eta_1 L + \eta_2 L^2 + \eta_3 L^3 + \cdots)(y_t - \alpha_0) \tag{6-43}$$

其中，$(1 + \eta_1 L + \eta_2 L^2 + \eta_3 L^3 + \cdots) = B(L)^{-1}$。

## 6.6 ARMA 模型的自相关函数与偏自相关函数

确定 ARMA（p，q）模型中滞后阶数 $p$ 和 $q$ 是识别模型的关键，如果 $p$ 和 $q$ 确定了，模型的形式也就确定下来。对于 $p$ 和 $q$ 的确定，常根据 ARMA（p，q）过程所表现的特征来确定，尤其是根据其自相关函数和偏自相关函数来确定。

### 6.6.1 ARMA 模型的自相关函数（ACF）

（1）AR(p) 模型的自相关函数

对于时间序列 $\{y_t\}$ 构建 AR(p) 模型：

$$y_t = \alpha_0 + \alpha_1 y_{t-1} + \alpha_2 y_{t-2} + \cdots + \alpha_p y_{t-p} + \varepsilon_t \tag{6-44}$$

序列 $\{y_t\}$ 平稳的条件为其对应的齐次线性差分方程的特征方程 $1 - \alpha_1 \lambda^1 - \alpha_2 \lambda^2 - \cdots - \alpha_p \lambda^p = 0$ 的根都在单位圆外。假设时间序列 $\{y_t\}$ 是平稳的，对式(6-44)两边取期望，整理可得：

$$\mu = \frac{\alpha_0}{1 - \alpha_1 - \alpha_2 - \cdots - \alpha_p} \Rightarrow \alpha_0 = (1 - \alpha_1 - \alpha_2 - \cdots - \alpha_p)\mu \tag{6-45}$$

将 $\alpha_0$ 的表达式代入模型（6-44）中，则有：

$$y_t - \mu = \alpha_1(y_{t-1} - \mu) + \alpha_2(y_{t-2} - \mu) + \cdots + \alpha_p(y_{t-p} - \mu) + \varepsilon_t \tag{6-46}$$

在式（6-47）的两边同时乘以 $y_{t-k} - \mu$，并取期望可得自协方差 $\gamma_k$：

$$\begin{aligned}\gamma_k &= E[(y_t - \mu)(y_{t-k} - \mu)] \\ &= \alpha_1 E[(y_{t-1} - \mu)(y_{t-k} - \mu)] + \alpha_2 E[(y_{t-2} - \mu)(y_{t-k} - \mu)] + \cdots \\ &\quad + \alpha_p E[(y_{t-p} - \mu)(y_{t-k} - \mu)] + E[\varepsilon_t(y_{t-k} - \mu)]\end{aligned} \tag{6-47}$$

由于 $y_t$ 与 $\varepsilon_t$ 相关，$y_{t-k}(k=1,2,\cdots)$ 与 $\varepsilon_t$ 无关，同时 $\gamma_{-k} = \gamma_k$，则有：

$$\gamma_k = \begin{cases} \alpha_1 \gamma_{k-1} + \alpha_2 \gamma_{k-2} + \cdots + \alpha_p \gamma_{k-p} & k = 1, 2, \cdots \\ \alpha_1 \gamma_1 + \alpha_2 \gamma_2 + \cdots + \alpha_p \gamma_p + \sigma^2 & k = 0 \end{cases} \tag{6-48}$$

在式（6-49）两边同时除以 $\gamma_0$ 可得自相关函数，也称为尤拉—沃克（Yule-Walker）方程：

$$\rho_k = \alpha_1 \rho_{k-1} + \alpha_2 \rho_{k-2} + \cdots + \alpha_p \rho_{k-p} \quad k = 1, 2, \cdots \tag{6-49}$$

式 (6-48) 和式 (6-49) 中可知，理论上 $k=1$，2，…可以取到无穷多个值，同时，从常理来看，随着间隔期数 $k$ 的扩大，两个随机变量之间的相关性逐渐减弱，由此看来，自相关函数是拖尾的，即随着间隔期数 $k$ 的扩大，$\rho_k$ 逐渐缩小。这也反映 AR(p) 过程的自相关函数具有拖尾性。

另一方面，平稳的 AR(p) 过程具有拖尾性，也可以将 AR(p) 转换为传递形式来进行说明。

$$A(L)y_t = \alpha_0 + \varepsilon_t \rightarrow y_t = A(1)^{-1}\alpha_0 + A(L)^{-1}\varepsilon_t = A(1)^{-1}\alpha_0 + \sum_{i=0}^{\infty}\psi'_i \varepsilon_{t-i} \quad (6-50)$$

其中 $E(y_t) = A(1)^{-1}\alpha_0$，则有 $y_t - \mu = \sum_{i=0}^{\infty}\psi'_i \varepsilon_{t-i}$，由此可见，任何时期的 $y_t$ 都可以表示为无穷阶的 $MA(\infty)$ 过程，这意味着产生任意两个 $y_t$ 和 $y_{t-k}$ 的白噪声都有一些重叠的部分，两个重叠白噪声之积的期望为其方差 $\sigma_\varepsilon^2$，但随着间隔期的扩大，重叠期数有所减少，这就使 $\rho_k$ 不为 0，但会随着间隔期 k 的扩大而缩小，这也说明 AR(p) 过程的自相关函数具有拖尾性。

(2) MA(q) 模型的自相关函数

MA(q) 模型可以表示为：

$$y_t = \beta_0 + \varepsilon_t - \beta_1 \varepsilon_{t-1} - \beta_2 \varepsilon_{t-2} - \cdots - \beta_q \varepsilon_{t-q} \quad (6-51)$$

其中，$\{\varepsilon_t\}$ 是白噪声过程，期望为 0，方差为 $\sigma_\varepsilon$，自协方差 $= Cov(\varepsilon_t, \varepsilon_s) = 0$ ($t \neq s$)，$\beta_i$ ($i=0, 1, 2, \cdots, p$) 为常数，若 $\{y_t\}$ 为平稳时间序列，则自协方差为：

$$\begin{aligned}
\gamma_s &= Cov(y_t, y_{t-s}) \\
&= E\{[y_t - E(y_t)][y_{t-s} - E(y_{t-s})]\} \\
&= E(y_t - \beta_0)(y_{t-s} - \beta_0) \\
&= E(\varepsilon_t - \beta_1 \varepsilon_{t-1} - \beta_2 \varepsilon_{t-2} - \cdots - \beta_q \varepsilon_{t-q}) \\
&\quad (\varepsilon_{t-s} - \beta_1 \varepsilon_{t-s-1} - \beta_2 \varepsilon_{t-s-2} - \cdots - \beta_q \varepsilon_{t-s-q}) \\
&= \begin{cases} -\beta_s E(\varepsilon_{t-s}^2) + \beta_1 \beta_{s+1} E(\varepsilon_{t-s-1}^2) + \cdots + \beta_{q-s}\beta_q E(\varepsilon_{t-q}^2) & (1 \leq s \leq q) \\ 0 & (s > q) \end{cases} \\
&= \begin{cases} (-\beta_s + \beta_1 \beta_{s+1} + \cdots + \beta_{q-s}\beta_q)\sigma^2 & (1 \leq s \leq q) \\ 0 & (s > q) \end{cases}
\end{aligned} \quad (6-52)$$

从式 (6-52) 可以看出，当 $1 \leq s \leq q$ 时，$y_t$ 和 $y_{t-s}$ 之间具有重叠的白噪声，重叠部分白噪声之积的期望为其方差 $\sigma^2$，故当 $1 \leq s \leq q$ 时，$Cov(y_t, y_{t-s}) \neq 0$。当 $s > q$ 时，产生 $y_t$ 和 $y_{t-s}$ 的白噪声之间不具有重叠，由于白噪声是相互独立的，因此，当 $s > q$ 时，$Cov(y_t, y_{t-s}) = 0$，表现出截尾的特征。

在自协方差表达式的两边同时除以 $\gamma_0$，可得自相关函数。

$$\rho_s = \frac{Cov(y_t, y_{t-s})}{(1+\beta_1^2+\beta_2^2+\cdots+\beta_q^2)\sigma^2}$$

$$= \begin{cases} \dfrac{-\beta_s+\beta_1\beta_{s+1}+\cdots+\beta_{q-s}\beta_q}{1+\beta_1^2+\beta_2^2+\cdots+\beta_q^2} & (1 \leqslant s \leqslant q) \\ 0 & (s>q) \end{cases} \quad (6-53)$$

分析 MA(q) 过程自相关系数的特征可知，在 MA(q) 过程中，间隔期 $s$ 大于 q 时，自相关系数为 0，表现出截尾特征。这种截尾性反映，如果某个时间序列由一个移动平均过程来刻画，当该时间序列的样本自相关函数从间隔期（q+1）开始出现截尾特征，即自相关函数为 0，那么可以推测，原序列中白噪声的滞后阶数为 q，由此可以帮助确定滞后阶数。

### 6.6.2 ARMA 模型的偏自相关函数（PACF）

利用自相关系数 $\rho_s$ 可以分析间隔 $s$ 期两时间点随机变量（如 $y_t$ 和 $y_{t-s}$）的相关性，但是这两者之间的相关关系包括由于它们之间的中间变量（比如，$y_{t-1}, y_{t-2}, \cdots, y_{t-s-1}$）的传导所引起的间接相关性，例如：

$$y_{t-s} \to y_{t-s-1} \to y_{t-s-2} \to \cdots \to y_{t-1} \to y_t \quad (6-54)$$

那么剔除中间变量的相关关系后，$y_t$ 和 $y_{t-s}$ 之间净相关关系如何，这就需要引入偏自相关函数来进行分析。

偏自相关系数就是剔除中间时期随机变量（$y_{t-s-1}, y_{t-s-2}, \cdots, y_{t-1}$）对 $y_t$ 的间接影响，分析 $y_t$ 受 $y_{t-s}$ 的净影响。类似于多元线性回归模型的偏回归系数，偏自相关系数可以将模型转化为自回归过程后，使用 $y_{t-s}$ 前的系数来进行度量，也就是在其他滞后项不变的情况下，$y_{t-s}$ 对 $y_t$ 的影响，在 AR(p) 模型中，常常使用 $y_{t-s}$ 前的系数度量。

(1) AR(p) 模型的偏自相关函数

对于 AR(p) 模型 $y_t = \alpha_0 + \alpha_1 y_{t-1} + \alpha_2 y_{t-2} + \cdots + \alpha_s y_{t-s} + \cdots + \alpha_p y_{t-p} + \varepsilon_t$，其偏自相关系数为 $\alpha_s$ 刻画了在保持中间变量 $y_{t-1}, y_{t-2}, \cdots, y_{t-(s-1)}$ 不变的情况下，$y_{t-s}$ 对 $y_t$ 纯的相关关系。因此，当 $s<p$ 时，在 AR(p) 模型中，存在 $y_{t-s}$ 项，其前面系数不为 0，即偏自相关系数不为 0。当 $s>p$ 时，在 AR(p) 模型中，超出了真实模型中应有的滞后阶数 p，故不存在 $y_{t-s}$ 项，其前面系数为 0。这反映了 AR(p) 模型的偏自相关函数的 $p$ 阶截尾性。

(2) MA(q) 模型的偏自相关函数

对于 MA(q) 模型 $y_t = \beta_0 + \varepsilon_t - \beta_1\varepsilon_{t-1} - \beta_2\varepsilon_{t-2} - \cdots - \beta_q\varepsilon_{t-q}$，在其平稳的条件下，可以将 $MA(p)$ 转化为 $AR(\infty)$，即：

$$y_t = \beta_0 + \varepsilon_t - \beta_1\varepsilon_{t-1} - \beta_2\varepsilon_{t-2} - \cdots - \beta_q\varepsilon_{t-q} \rightarrow y_t = \psi_0 + \psi_1 y_{t-1} + \psi_2 y_{t-2} + \cdots \quad (6-55)$$

由此可见，不管 $s$ 与 $p$ 的关系如何，$AR(\infty)$ 总会存在 $y_{t-s}$ 项，其前面的系数就是偏自相关系数，也是总存在的，只不过随着间隔期的扩大，$y_{t-s}$ 对 $y_t$ 的影响是逐渐衰减的，就意味着偏自相关系数是逐渐衰减的，这也反映了 MA(q) 模型的偏自相关函数的拖尾性。

## 6.7 ARMA 模型的识别与估计

根据 Box 和 Jenkins[①] 对于平稳时间序列的建模思路，主要包括模型识别、参数估计与假设检验。需要强调的是，这里的建模是针对平稳时间序列建模，因此，在获得时间序列的样本数据后，需要根据样本数据判断对应的时间序列的平稳性。对于如何判断时间序列数据的平稳性，以及非平稳时间序列的建模问题将在第 7 章介绍讨论，本章仅仅就平稳时间序列的建模过程进行介绍。

### 6.7.1 模型的识别

对于 AR(p)、MA(q) 和 ARMA(p,q) 模型的识别，主要是确定模型中的滞后阶数（p 和 q）问题。对于 p 和 q 具体数值的确定，一方面是通过分析时间序列样本数据的自相关系数和偏自相关系数所展现的特征来进行确定；另一方面是利用信息准则（AIC 或 BIC 信息准则）来加以判断。

根据 6.6 节对 ARMA 模型自相关函数和偏自相关函数的讨论，可以发现，对应平稳的 AR(p)、MA(q) 和 ARMA (p, q) 模型在自相关函数和偏自相关函数方面存在的特征如表 6-1 所示。

表 6-1　　ARMA 模型的 ACF 和 PACF 的特点

| 模型 | AR (p) | MA (q) | ARMA (p, q) |
| --- | --- | --- | --- |
| 自相关函数（ACF） | 拖尾 | q 阶截尾 | 拖尾 |
| 偏自相关函数（PACF） | p 阶截尾 | 拖尾 | 拖尾 |

从表 6-1 可以看出，AR(p)、MA(q) 和 *ARMA* (p, q) 模型的自相关函数（ACF）、偏自相关函数（PACF）与其滞后阶数有着密切的关系，因此，可以利用

---

[①] Box G E P, Jenkins G M. Time Series Analysis, Forecasting, and Control [M]. San Francisco, California: Holden Day, 1976.

理论上的特征关系，判断模型滞后阶数的问题，进而建立合适的模型。如果自相关和偏自相关函数均拖尾，这就需要考虑 p 与 q 均不等于 0 时的 ARMA(p,q) 模型，这时候可以考虑逐步增加 p 与 q 的值，然后根据信息准则（AIC 或 BIC 信息准则）来确定具体的 p 与 q 的值。或者按照经验分析，Box 和 Jenkins[①] 认为一般 p 与 q 的值不超过 2，在此基础上，设定一组较大的 p 与 q，然后使用由小到大的序贯 t 检验，来确定具体的 p 与 q 值。

在 $AR(p)$、$MA(q)$ 和 $ARMA(p,q)$ 模型中，一旦 p 与 q 值的具体值确定下来后，那么模型的具体形式也就确定下来，接下来就是对模型的估计问题。

### 6.7.2 模型的估计

在模型进行识别后，平稳 ARMA 过程可以通过 OLS 或极大似然法进行估计。

例如，对于 AR(p) 模型 $y_t = \alpha_0 + \alpha_1 y_{t-1} + \alpha_2 y_{t-2} + \cdots + \alpha_s y_{t-s} + \cdots + \alpha_p y_{t-p} + \varepsilon_t$ 来说，$\varepsilon_t$ 为白噪声且 $\varepsilon_t \sim N(0,\sigma^2)$，由于解释变量 $y_{t-1}$，$y_{t-2}$，$\cdots$，$y_{t-p}$ 与 $\varepsilon_t$ 不相关，使用 OLS 估计该模型，参数估计量是无偏的。

另一方面，由于 $\varepsilon_t \sim N(0,\sigma^2)$，给定样本观测值，可以得到相应的对数似然函数，这时可以使用极大似然估计法（MLE）进行估计。

不管是使用 OLS 进行估计，还是使用 MLE 进行估计，一般的计量经济学软件都有相应的程序和命令能够快速估计出相应的参数。

### 6.7.3 模型的检验

ARMA 模型的检验主要包括参数显著性、平稳性、可逆性和纯随机性等四个方面。

平稳时间序列模型参数的显著性检验与截面数据计量模型参数显著性的检验方法类似，可以使用 $t$ 检验进行判断。

从 ARMA 模型平稳性和可逆性的分析中可知，模型的平稳性和可逆性要求 AR(p) 和 MA(q) 的系数多项式的根都在单位圆外或者相应特征方程的根都在单位圆内，以此可以对 ARMA 模型平稳性和可逆性进行检验。

理论上来看，如果能够完全从 $y_t$ 或 $\varepsilon_t$ 的滞后项中提取 $y_t$ 相关信息来建立 ARMA 模型，那么残余值就表现出不相关的特征，即纯随机过程或白噪声过程，否则，说明在建模过程中，未能够完全提取出反映 $y_t$ 确定规律性的滞后项信息，残留下来

---

[①] George Box. Gwilym M. Jenkins, Gregory Reinsel, 1994. Time Series Analysis, Forecasting, and Control (3rd edition)[M]．北京：人民邮电出版社，2005.

的不是白噪声过程。由此，可以通过回归之后所得到的残差是否具有纯随机性来检验模型是否充分提取了 $y_t$ 中有用的信息。

## 6.8 ARMA 模型的 Stata 实现

### 6.8.1 AR（p）模型的 Stata 实现

从《中国统计年鉴》中获取 1980~2021 年中国人均 GDP 的数据（PGDP），在对其取对数后（lnPGDP）构建 AR（p）模型。AR（p）模型建模的前提是该序列为平稳时间序列，为此，对序列 lnPGDP 进行单位根检验，Stata 命令：

dfuller lnPGDP, trend

```
Dickey-Fuller test for unit root          Number of obs    =    41
Variable: lnPGDP                          Number of lags   =     0

H0: Random walk with or without drift

                              Dickey-Fuller
                  Test     ——— critical value ———
                statistic     1%        5%       10%
    Z(t)         0.019      -4.233    -3.536    -3.202

MacKinnon approximate p-value for Z(t) = 0.9944.
```

**图 6-3　lnPGDP 的 DF 检验结果**

从图 6-3 可以看出，序列 lnPGDP 的 DF 统计量 $z(t)$ 为 0.019 > -3.202，由于 DF 检验为左边单侧检验，表明在 10% 的水平上不能拒绝"存在单位根"的原假设，序列 lnPGDP 为非平稳序列。

由于序列 lnPGDP 是非平稳的，进一步分析其一阶差分后（dlnPGDP）的平稳性。从图 6-4 中 dlnPGDP 单位根检验可以看出，该序列 DF 检验在 10% 显著性水平上的临界值为 -3.204，由于其 DF 统计量 $z(t)$ 为 -3.296 < -3.204，由于 DF 检验为左边单侧检验，故可在 10% 的显著性水平上拒绝"存在单位根"的原假设，反映 dlnPGDP 是平稳序列，由此可以对 dlnPGDP 构建 AR（p）模型。进一步，对序列 dlnPGDP 进行自相关与偏自相关检验。在 AR（p）过程中，自相关具有"拖尾"特征，偏自相关具有"截尾"特征。使用 Stata 中的命令 ac 与 pac 分析序列 dlnPGDP 的各阶自相关系数，命令可以选择带有滞后项"Lags（ ）"，或者不作选择（即，默认情况），默认情况下的最高阶数为 min［floor（n/2）-2, 40］，其中 floor（n/2）表示不超过 n/2 的最大整数，由于本例中的样本容量为 41，floor（41/2）=20， min [floor (n/2) - 2, 40] = 18。

dfuller dlnPGDP, trend

```
Dickey-Fuller test for unit root          Number of obs   = 40
Variable: dlnPGDP                         Number of lags  =  0

H0: Random walk with or without drift

                                 Dickey-Fuller
                  Test          critical value
                statistic    1%       5%       10%
         ─────────────────────────────────────────
         Z(t)    -3.296     -4.242   -3.540   -3.204

MacKinnon approximate p-value for Z(t) = 0.0670.
```

图 6-4　dlnPGDP 的 DF 检验结果

仅从自相关图与偏自相关图，可初步判断 dlnPGDP 具有拖尾特征。偏自相关图中，滞后 4 阶偏自相关系数显著且滞后 5 阶偏自相关系数不显著，因此从偏自相关图可得，应选择滞后 4 阶的 AR 模型。

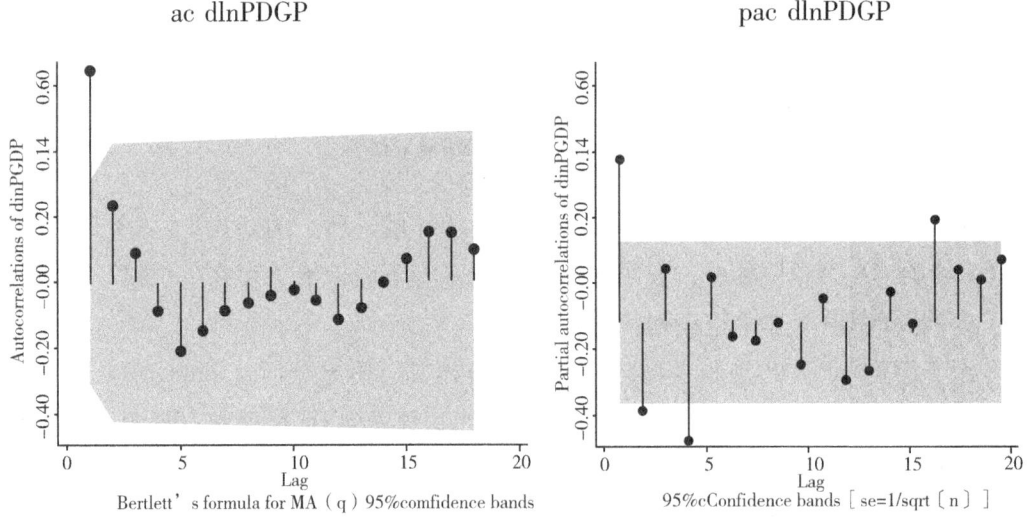

图 6-5　序列 dlnPDGP 自相关图　　　图 6-6　序列 dlnPDGP 偏自相关图

为了进一步确定 dlnPGDP 的 AR (p) 过程的滞后阶数，结合自相关图和偏自相关图，进一步使用 AIC 和 BIC 信息准则来进行判断，首先是使用 Stata 命令：arima dlnPGDP, ar (1/3); arima dlnPGDP, ar (1/4); arima dlnPGDP, ar (1/5)，得到 dlnPGDP 的 AR (3)、AR (4) 和 AR (5) 过程的回归结果，将回归结果保存，并使用 Stata 命令 aic、bic，获得汇总的回归结果，如图 6-6 所示，从中发现，滞后 5

阶时的 AR（5）模型，L.5 的系数在 5% 的水平上不显著，偏自相关系数出现截尾特征，因此选择滞后 4 阶的 AR 模型更合适。从 AIC 与 BIC 的结果来看，AR（4）模型的 AIC 与 BIC 值为 -138.8 与 -128.5 均相较于 AR（3）、AR（5）模型的值较小，根据信息准则，滞后 4 阶最优，应选择 AR（4）模型。

|  | (1) dlnPGDP | (2) dlnPGDP | (3) dlnPGDP |
| --- | --- | --- | --- |
| dlnPGDP |  |  |  |
| _cons | 0.125*** | 0.127*** | 0.127*** |
|  | (0.0182) | (0.0122) | (0.0157) |
| ARMA |  |  |  |
| L.ar | 0.927*** | 1.035*** | 1.112*** |
|  | (0.1545) | (0.1808) | (0.1818) |
| L2.ar | -0.507* | -0.751* | -0.868** |
|  | (0.2572) | (0.3277) | (0.3325) |
| L3.ar | 0.195 | 0.628* | 0.758* |
|  | (0.1825) | (0.3008) | (0.3223) |
| L4.ar |  | -0.451* | -0.627* |
|  |  | (0.2055) | (0.2435) |
| L5.ar |  |  | 0.169 |
|  |  |  | (0.1717) |
| sigma |  |  |  |
| _cons | 0.0420*** | 0.0376*** | 0.0371*** |
|  | (0.0064) | (0.0050) | (0.0058) |
| N | 41 | 41 | 41 |
| adj. R-sq |  |  |  |
| AIC | -132.7 | -138.8 | -137.8 |
| BIC | -124.1 | -128.5 | -125.8 |

Standard errors in parentheses
* $p<0.05$, ** $p<0.01$, *** $p<0.001$

图 6-7 dlnPGD 的 AR（3）、AR（4）和 AR（5）过程的回归结果

## 6.8.2 MA（q）模型的 Stata 实现

基于蒙特卡洛模拟，获得高斯白噪声 $\varepsilon$（方差 $\sigma^2 = 1$）的 302 个样本数据，并设定一个二阶移动平均 MA（2）的过程，即：

$$y_t = 1.2 + 0.8\varepsilon_{t-1} + 0.6\varepsilon_{t-2} + \varepsilon_t$$

由上述模型可以获得容量为 300 的样本数据。在 Stata 软件中输入命令：tsline y，xlabel（1（20）300），其中，"tsline"表示画时间趋势图，纵轴为"$y$"，横轴为"$t$"，"xlabel（1（20）300）"表示横轴时间 $t$ 从 1 – 300 期间，每 20 期做一个标注。

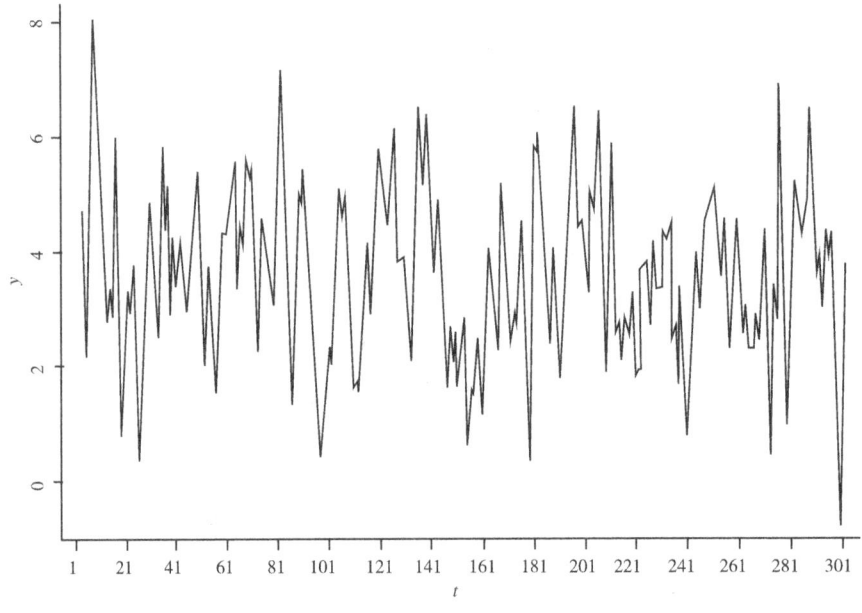

图 6 – 8　$y_t = 1.2 + 0.8\varepsilon_{t-1} + 0.6\varepsilon_{t-2} + \varepsilon_t$ 的时间趋势图

使用 Stata 命令"ac y"可以画出 $y$ 的自相关图，命令可以带有选择项"Lags（　）"，或者不选择（即默认），默认情况下的最高阶数为 min［floor（n/2）– 2，40］，其中 floor（n/2）表示不超过 n/2 的最大整数，由于本例中"$y$"的样本容量为 300，floor（300/2）= 150，min［floor（n/2）– 2，40］= 40。与此对应，使用 Stata 命令"pac y"可以画出 $y$ 的偏自相关图，对应的自相关图和偏自相关图如图 6 – 9 和图 6 – 10 所示。

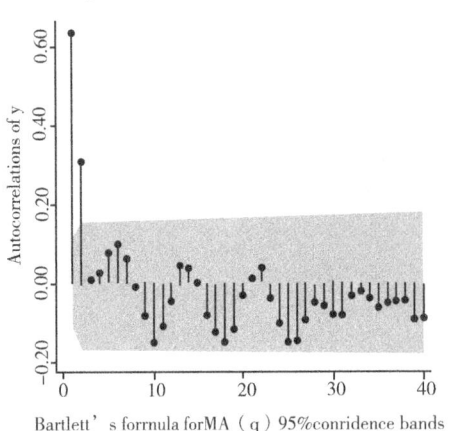 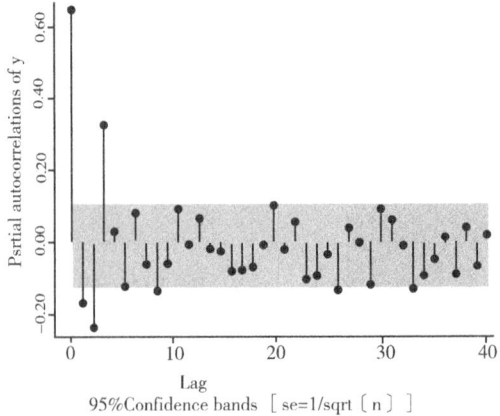

图 6 – 9　MA（2）过程的自相关图　　　　图 6 – 10　MA（2）过程的偏自相关图

在 $y_t$ 的自相关图和偏自相关图中，阴影部分表示置信区域，如果落在阴影部分内部，则反映该阶自相关系数不显著，即接受该阶相关系数为 0 的假设。如果落在阴影部分外部，则反映该阶自相关系数显著，即接受该阶相关系数显著不为 0。$y_t$ 的自相关图显示其 2 阶自相关系数显著，3 阶后出现截尾特征，而 $y_t$ 的偏自相关系数在其滞后 30 阶以后仍然出现显著的情况，即表现出拖尾的特征。这是由于 $y_t$ 的数据是由 $y_t = 1.2 + 0.8\varepsilon_{t-1} + 0.6\varepsilon_{t-2} + \varepsilon_t$ 生成，即 MA（2）过程生成的样本数据，理论上 $y_t$ 的自相关系数在滞后 2 阶时显著不等于 0，滞后 3 阶时等于 0，表现出截尾特征，而偏自相关系数则表现出拖尾特征。

### 6.8.3 ARMA（p，q）模型的 Stata 实现

设定一个 ARMA（2，2）过程，即：
$$y_t = 1.2 + 0.7y_{t-1} + 0.5y_{t-2} + 0.8\varepsilon_{t-1} + 0.6\varepsilon_{t-2} + \varepsilon_t$$

其中，$\varepsilon_t$ 为高斯白噪声，利用正态分布的随机数产生器获得容量为 300 的样本数据。

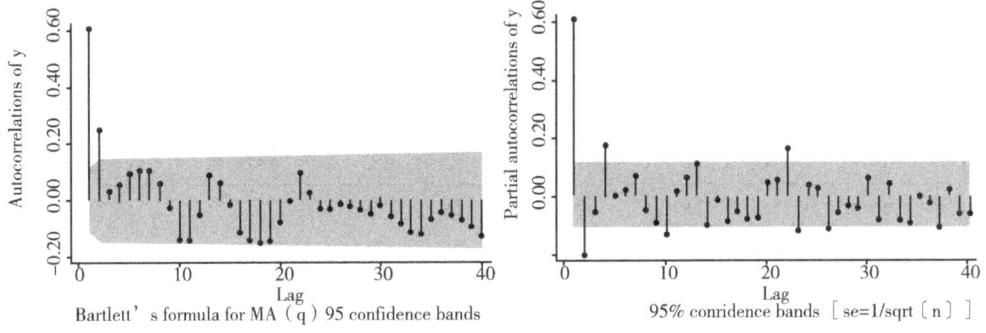

图 6-11 ARMA（2，2）过程的自相关图　　图 6-12 ARMA（2，2）过程的偏自相关图

在 $y_t$ 的自相关图和偏自相关图中，阴影部分表示置信区域，如果落在阴影部分内部，则反映该阶自相关系数不显著，即接受该阶相关系数为 0 的假设。如果落在阴影部分外部，则反映该阶自相关系数显著，即接受该阶相关系数显著不为 0。$y_t$ 的自相关图显示拖尾特征，$y_t$ 的偏自相关系数也表现出拖尾的特征。这是由于 $y_t$ 的数据是由 $y_t = 1.2 + 0.7y_{t-1} + 0.5y_{t-2} + 0.8\varepsilon_{t-1} + 0.6\varepsilon_{t-2} + \varepsilon_t$ 生成，即对应的时间序列是一个 ARMA（p，q）过程。

根据自相关系数和偏自相关系数的特征，尝试构建不同滞后阶数 ARMA（p，q）过程，结合 AIC 和 BIC 信息准则，确定 p 和 q 的具体值。依次使用，arima y, arima（1，0，1）、arima y, arima（2，0，1）、arima y, arima（2，0，2）、arima y, arima（3，0，2）和 arima y, arima（3，0，3），并保存结果，使用 estat ic，获

得相应的滞后阶下的 AIC 和 BIC 值，回归结果见图 6-3。

|  | (1) y | (2) y | (3) y | (4) y | (5) y |
|---|---|---|---|---|---|
| y |  |  |  |  |  |
| t | -0.000783 (0.0021) | -0.000709 (0.0018) | -0.000704 (0.0019) | -0.000713 (0.0019) | -0.000837 (0.0021) |
| _cons | 32.58*** (0.3644) | 32.58*** (0.3260) | 32.57*** (0.3333) | 32.57*** (0.3389) | 32.59*** (0.3813) |
| ARMA |  |  |  |  |  |
| L.ar | 0.472*** (0.0810) | 0.824** (0.2712) | 0.0933 (0.2404) | 0.108 (0.2397) | 0.889 (0.5405) |
| L2.ar |  | -0.260 (0.1728) | -0.0504 (0.1587) | -0.109 (0.2611) | -0.309 (0.3320) |
| L3.ar |  |  |  | 0.0451 (0.1635) | 0.163 (0.1580) |
| L.ma | 0.228** (0.0875) | -0.0973 (0.2789) | 0.641** (0.2365) | 0.626** (0.2345) | -0.156 (0.5375) |
| L2.ma |  |  | 0.383*** (0.0880) | 0.430* (0.2037) | 0.0541 (0.4316) |
| L3.ma |  |  |  |  | -0.273 (0.2012) |
| sigma |  |  |  |  |  |
| _cons | 1.362*** (0.0556) | 1.354*** (0.0558) | 1.334*** (0.0553) | 1.334*** (0.0553) | 1.332*** (0.0551) |
| N | 300 | 300 | 300 | 300 | 300 |
| adj. R-sq |  |  |  |  |  |
| AIC | 1047.1 | 1045.6 | 1039.1 | 1041.0 | 1042.1 |
| BIC | 1065.6 | 1067.8 | 1065.0 | 1070.6 | 1075.4 |

Standard errors in parentheses
* p<0.05, ** p<0.01, *** p<0.001

图 6-13 ARMA（p, q）模型的回归结果

根据图 6-13，可以看出 ARMA（2, 2）所对应的 AIC 和 BIC 值最小，从信息准则来判断，应选择 ARMA（2, 2）。

## 参考文献

[1] 詹姆斯·D. 汉密尔顿. 时间序列分析 [M]. 北京：中国人民大学出版社，2015.

[2] 王燕. 应用时间序列分析（第6版）[M]. 北京：中国人民大学出版社，2022.

[3] 黄红梅. 应用时间序列分析 [M]. 北京：清华大学出版社，2016.

[4] Box G E P, Jenkins G M. Time Series Analysis, Forecasting, and Control [M]. San Francisco, Clifornia: Holden Day, 1976.

[5] Box G E P, Pierce D A. Distribution of Autocorrelation in Autoregressive Moving Average Time Serices Models [J]. Journal of the American Statistical Association, 1970, 65 (332): 1509-1526.

# 第 7 章
# 非平稳时间序列模型

### 本章导读

  对于时间序列来说,各时期上的经济变量是服从一定概率分布的随机变量,但现实中由于时间的不可逆性,对于每个时间点上的随机变量仅仅拥有一个实现值(即样本数据),这就无法使用该单个样本数据精确分析这个随机变量的性质。对于平稳时间序列而言,可以利用其一阶矩、二阶矩遍历性来进行分析,这为分析时间序列的规律性打开了窗口。平稳时间序列要求每个时间点上的随机变量的期望和方差为常数,自协方差是时期间隔的函数,这些都表明时间序列的一阶矩(期望为一阶原点矩)、二阶矩(方差为二阶中心矩,自协方差为二阶混合中心矩)都与时间点的位置无关,尤其是自协方差反映了平稳时间序列在不同时间点之间存在相关规律性,通过分析过去时间点各变量之间的相关性,建立 AR(p) 模型、MA(q) 模型和 ARMA(p,q) 模型找出过去信息的规律性,进而外推到未来,预测分析未来对应时间序列特征。

  然而现实经济分析中,常常遇到一些时间序列的某些数字特征与时间点有关,会随着时间的变化而变化,即不满足平稳时间序列的三个特征。这种时间序列就是非平稳时间序列。由此可见,非平稳时间序列的一阶矩、二阶矩会随时间点的变化而变化,虽然间隔时间可能相同,但在不同时间点之间的随机变量所呈现的规律性可能不同。如果直接使用这类数据建模可能会出现问题。同时,对于一个时间序列样本数据,该如何判定这个样本数据所对应的时间序列是平稳时间序列?如果是不平稳的时间序列,利用这类时间序列数据建模,该采取何种策略?如果能够直接对这类数据建模的话,其前提条件是什么?为此,本章首先介绍非平稳时间序列直接进行建模可能存在的问题——"伪回归"。其次,介绍时间序列样本数据平稳性的判断方法——单位根检验。最后,介绍非平稳时间序列建模的两种策略,一种是将非平稳时间序列转化为平稳时间序列,进而建模;另一种是对通过协整检验的时间序列进行直接建模,也可以消除"伪回归"的"嫌疑",本章内容框架如图7-1所示。

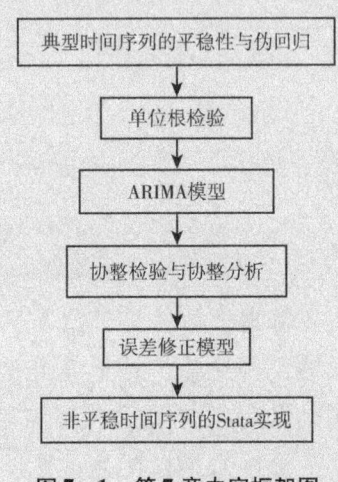

图7-1 第7章内容框架图

## 7.1 非平稳时间序列与"伪回归"

### 7.1.1 典型时间序列的平稳性

(1) AR(1) 过程的平稳性

从前面的分析中可知,无常数项 AR(1) 过程 $y_t = \alpha_1 y_{t-1} + \varepsilon_t$ 在 $|\alpha_1| < 1$ 的情况下是平稳的序列。其期望为 0,方差 $Var(y_t) = \dfrac{\sigma^2}{1-\alpha_1^2}$,协方差 $\gamma_s = \alpha_1^s \gamma_0$,由此可见,随着 $s$ 的扩大,间隔期数越大,$y_{t-s}$ 与 $y_t$ 的相关性越弱。

同时,使用迭代法可以将 $y_t = \alpha_1 y_{t-1} + \varepsilon_t$ 转化为:

$$\begin{aligned}
y_t &= \alpha_1(\alpha_1 y_{t-2} + \varepsilon_{t-1}) + \varepsilon_t = \alpha_1^2 y_{t-2} + \alpha_1 \varepsilon_{t-1} + \varepsilon_t \\
&= \alpha_1^3 y_{t-3} + \alpha_1^2 \varepsilon_{t-2} + \alpha_1 \varepsilon_{t-1} + \varepsilon_t \\
&= \alpha_1^4 y_{t-4} + \alpha_1^3 \varepsilon_{t-3} + \alpha_1^2 \varepsilon_{t-2} + \alpha_1 \varepsilon_{t-1} + \varepsilon_t \\
&= \alpha_1^t y_0 + \sum_{i=1}^{t} \alpha_1^{t-i} \varepsilon_i
\end{aligned} \tag{7-1}$$

可以看出，随着 t 的扩大，$y_0$、$\varepsilon_i$ 对 $y_t$ 的影响越来越弱，并呈现指数衰减特征。

(2) 随机游走过程及其差分平稳

当模型 $y_t = \alpha_1 y_{t-1} + \varepsilon_t$ 中的 $\alpha_1 = 1$ 时，该模型又称为随机游走过程，即：

$$y_t = y_{t-1} + \varepsilon_t \tag{7-2}$$

假设模型（7-2）是平稳的，对两边分别取期望和方差可得：

期望 $E(y_t) = E(y_{t-1}) + E(\varepsilon_t) \Rightarrow \mu_y = \mu_y + 0$，表明期望 $\mu_y$ 取任何值都可使此方程成立。

方差 $Var(y_t) = Var(y_{t-1}) + Var(\varepsilon_t) \Rightarrow \sigma_y^2 = \sigma_y^2 + \sigma_\varepsilon^2$，这表明要使此方程成立，必然要求 $\sigma_\varepsilon^2 = 0$，这与事实不符。

为了求随机游走过程的协方差，需要在模型（7-2）两边减去 $\mu_y$，再乘以 $y_{t-s} - \mu_y$，然后取期望可得协方差：

$$\begin{aligned}\gamma_s &= E[(y_t - \mu_y)(y_{t-s} - \mu_y)] \\ &= E[(y_{t-1} - \mu_y)(y_{t-s} - \mu_y)] + E[\varepsilon_t(y_{t-s} - \mu_y)] \\ &= \gamma_{s-1} = \gamma_0 \end{aligned} \tag{7-3}$$

由于 $\gamma_s = \gamma_{s-1}$，则 $\gamma_{s-1} = \gamma_{s-2} = \cdots = \gamma_0$，自相关系数为 $\rho_s = \dfrac{\gamma_{s-1}}{\gamma_0} = \dfrac{\gamma_0}{\gamma_0} = 1$，从方差的推导可以看出，出现了矛盾，所有随机游走过程是非平稳的。同时可以从自协方差的表达式看出，不管间隔期为多少，所有的自协方差和自相关系数均相等，这也与事实不符，说明原时间序列非平稳。

此外，使用迭代法可以将 $y_t = y_{t-1} + \varepsilon_t$ 转化为：

$$\begin{aligned}y_t &= (y_{t-2} + \varepsilon_{t-1}) + \varepsilon_t = y_{t-2} + \varepsilon_{t-1} + \varepsilon_t \\ &= y_{t-3} + \varepsilon_{t-2} + \varepsilon_{t-1} + \varepsilon_t = y_{t-4} + \varepsilon_{t-3} + \varepsilon_{t-2} + \varepsilon_{t-1} + \varepsilon_t \\ &= \cdots = y_0 + \sum_{i=1}^{t} \varepsilon_i \end{aligned} \tag{7-4}$$

由上式可以看出，随着 t 的扩大，$y_0$ 和 $\varepsilon_i$ 前的系数均为 1，则 $y_0$、$\varepsilon_i$ 对 $y_t$ 表现出不变的影响，体现为随机趋势。

虽然随机游走过程是非平稳的，但在其两边同时减去 $y_{t-1}$ 后，得到的一阶差分序列 $\Delta y_t = \varepsilon_t$ 是平稳的，为此，这样的时间序列也被称为"差分平稳"序列，对应的特征根为单位 1，也称为单位根过程。

(3) 带漂移项的随机游走过程及其差分平稳

一般地，如果时间序列的生成过程是在随机游走过程的基础上加上常数项 $\alpha$（$\alpha \neq 0$，也称为漂移项），此模型又称为带漂移的随机游走过程。可以表示为：$y_t = \alpha + y_{t-1} + \varepsilon_t$，使用迭代法可以将 $y_t = \alpha + y_{t-1} + \varepsilon_t$ 转化为：

$$y_t = \alpha + (\alpha + y_{t-2} + \varepsilon_{t-1}) + \varepsilon_t = 2\alpha + y_{t-2} + \varepsilon_{t-1} + \varepsilon_t$$

$$= 2\alpha + (\alpha + y_{t-3} + \varepsilon_{t-2}) + \varepsilon_{t-1} + \varepsilon_t = 3\alpha + y_{t-3} + \varepsilon_{t-2} + \varepsilon_{t-1} + \varepsilon_t$$
$$= \cdots = t\alpha + y_0 + \sum_{i=1}^{t} \varepsilon_i \tag{7-5}$$

从式（7-5）可以看出，$t\alpha$ 随着时间 $t$ 的增加而增加，也称为时间趋势项，这就决定了 $y_t$ 不可能是平稳的。同时，所有过去的白噪声序列 $\varepsilon_i$（$i=1,2,\cdots,t$）对 $y_t$ 影响都相同且不会随时间的推移而发生衰减。

虽然带漂移的随机游走过程本身是非平稳的，但是在其两边同时减去 $y_{t-1}$ 后，得到的一阶差分序列 $\Delta y_t = \alpha + \varepsilon_t$ 是平稳的。

（4）去趋势的平稳过程

如果一个时间序列的生成过程仅含有常数项、时间趋势项和白噪声，即：

$$y_t = \alpha + \beta \cdot t + \varepsilon_t \tag{7-6}$$

其中，$\alpha$ 与 $\beta$ 均不为 0，从模型（7-6）可以看出，$\beta>0$ 时，$\beta \cdot t$ 随着时间 $t$ 的增加而增加，也称为时间趋势项，这就决定了 $y_t$ 本身不可能是平稳的。可以证明的是，在其两边同时去趋势后，即 $y_t^* = y_t - \beta \cdot t = \alpha + \varepsilon_t$，则序列 $\{y_t^*\}$ 是平稳的，此时也称为趋势平稳。

如果一个时间序列的生成过程含有时间趋势项且含有被解释变量的滞后项，如果该滞后项前的参数绝对值小于 1，则在去趋势后可以成为平稳的时间序列，表达式为：

$$y_t = \alpha + \beta \cdot t + \delta y_{t-1} + \varepsilon_t \tag{7-7}$$

其中，$\alpha$ 与 $\beta$ 均不为 0，且 $|\delta|<1$，从式（7-7）可以看出，$\beta>0$ 时，$\beta \cdot t$ 随着时间 $t$ 的增加而增加，也称为时间趋势项，这就决定了 $y_t$ 本身不可能是平稳的。可以证明的是，在其两边同时去趋势后，得到的序列是平稳的 AR（1）过程。这样的序列也称为去趋势平稳。

（5）去趋势项且做差分的平稳过程

如果一个时间序列的生成过程是含有时间趋势项且带漂移项的随机游走过程，模型表达式为：

$$y_t = \alpha + \beta t + y_{t-1} + \varepsilon_t \tag{7-8}$$

其中，$\alpha$ 与 $\beta$ 均不为 0，从式（7-8）可以看出，$\beta>0$ 时，$\beta \cdot t$ 随着时间 $t$ 的增加而增加，也称为时间趋势项，同时带有单位根过程，这就决定了 $y_t$ 本身是非平稳的。可以证明的是，在进行差分且去趋势后就成为平稳的时间序列。

### 7.1.2 "伪回归"问题

顾名思义，"伪回归"就是虚假的回归。例如，对于两个相互独立的单位根过程 $\{y_t\}$ 和 $\{x_t\}$，建立这两个变量的关系模型 $y_t = \alpha + \beta x_t + \varepsilon_t$（$\varepsilon_t$ 为白噪声），原

本由于 $x_t$ 和 $y_t$ 相互独立，$x_t$ 前的系数应该不显著，但如果出现 $\beta$ 显著不为零，此时就出现的"伪回归"。例如，婴儿长高的时间序列与路边树苗长高的时间序列是两个独立的随机变量，如果对两者做回归，可能会出现回归系数显著不为 0 的情况，这就是一个典型的"伪回归"，出现该"伪回归"的可能原因是两者都是时间趋势的函数，从而表现出相同的长高趋势。

需要说明的是，对于上述出现的"伪回归"情况仅仅是一种可能，如果两个非平稳的时间序列在经济理论上存在长期的内在均衡关系，同时通过协整检验，这样"伪回归"可能会避免。

综上所述，在利用时间序列建立回归模型分析经济变量之间的依赖规律或关系时，要对时间序列样本数据进行平稳性检验，常用的就是单位根检验，此外重要的是模型要建立在所纳入的变量间具有经济理论关系或事实关联的基础之上。

## 7.2 单位根检验

从时间序列数据的平稳性定义可知，一个平稳时间序列应该满足的特征为：一是期望为常数，也就是数据集聚在期望上下，当某个时间点，随机变量偏离期望后，有回归到期望的趋势；二是方差为常数，在散点图上表现为数据波动维持在一个带宽之内；三是自相关函数仅与时间间隔有关，同时随着时间间隔的扩大，自相关系数表现递减趋势，否则，即为非平稳时间序列。虽然时间序列的平稳性定义为判断其是否平稳提供了参照特征，但是在实践中，对每个时间点上的随机变量来说，仅能够获得一个实现值，利用这个实现值来分析时间序列是否满足平稳性的三个基本条件是异常困难的。而单位根检验通过分析时间样本数据的特征来判断对应时间序列的平稳性，该方法提供了一种时间序列平稳性的统计检验思路。

一般来说，时间序列存在时间上的"淡化"效应，即随着间隔期的延长，一个随机经济变量的过去状态对当前状态的影响是逐渐衰减弱化。对于 AR(1) 过程（$y_t = \alpha + \beta y_{t-1} + \varepsilon_t$ 模型）来说，一阶滞后项前的系数 $\beta$ 不大可能出现大于 1 或者小于 $-1$ 的情况，否则将使过去自身状况对当期的影响随着间隔期数的扩大而出现爆炸式影响，这与一般的常理不符。对 AR(1) 过程 $y_t = \alpha + \beta y_{t-1} + \varepsilon_t$ 来说，就剩下 $|\beta| \leq 1$ 的情况，根据前面的介绍可知，当 $|\beta| < 1$ 时，AR(1) 过程是平稳的，那么就只剩下 $|\beta| = 1$ 的情况，这时对于 $y_t = \alpha + \beta y_{t-1} + \varepsilon_t$ 来说，其特征根为单位 1，因此在计量经济学中也称为单位根过程。从前文的单位根过程的平稳性讨论来看，单位根过程是非平稳序列，因此，时间序列的平稳性检验就转化为单位根检验。

虽然单位根检验的方法很多，但常用且基础的主要包括 DF 检验和 ADF 检验。

## 7.2.1　DF 检验

统计学家 Dickey 和 Fuller 最早提出了单位根检验，并使用其来检验时间序列的平稳性，故称为 DF 检验（Dickey - Fuller），基于当时人们对时间序列的认识，主要检验三种时间序列的平稳性。

①不带漂移项的自回归模型：

$$y_t = \rho y_{t-1} + \varepsilon_t \tag{7-9}$$

②带漂移项的自回归模型：

$$y_t = \alpha + \rho y_{t-1} + \varepsilon_t \tag{7-10}$$

③带漂移项和时间趋势项的自回归模型：

$$y_t = \alpha + \beta \cdot t + \rho y_{t-1} + \varepsilon_t \tag{7-11}$$

在上述三类模型中，$\alpha$、$\beta$ 是常数项，$\beta \cdot t$ 为时间趋势项，$\varepsilon_t$ 为高斯白噪声。根据前文的分析，当 $|\rho| < 1$ 时，$y_t$ 是平稳时间序列。当 $|\rho| > 1$ 时，$y_t$ 将受其滞后项爆炸式膨胀影响，与时间影响的衰减性不相符合。当 $|\rho| = 1$ 时，$y_t$ 是一阶自回归非平稳序列（带或者不带漂移项的自回归模型）或者一阶自回归趋势非平稳序列（带时间趋势项的自回归模型）。需要说明的是，由于惯性的作用，过去一期经济变量对其当期的影响通常为正，且至多与当期经济变量对其当期的影响相同，即 $\rho$ 至多为 1，由此，判断 $y_t$ 是否平稳，就归结为检验 $\rho$ 是否小于 1。基于此，DF 检验的原假设和备择假设为：

$$\begin{cases} H_0: \rho = 1 \\ H_1: \rho < 1 \end{cases} \tag{7-12}$$

在模型（7-9）、模型（7-10）和模型（7-11）的两边同时减去 $y_{t-1}$，可得：

$$\Delta y_t = \delta y_{t-1} + \varepsilon_t \tag{7-13}$$

$$\Delta y_t = \alpha + \delta y_{t-1} + \varepsilon_t \tag{7-14}$$

$$\Delta y_t = \alpha + \beta t + \delta y_{t-1} + \varepsilon_t \tag{7-15}$$

其中，$\delta = \rho - 1$，由此 DF 检验的原假设和备择假设转化为：

$$\begin{cases} H_0: \delta = 0 \\ H_1: \delta < 0 \end{cases} \tag{7-16}$$

对模型（7-13）、模型（7-14）和模型（7-15）进行 OLS 估计得到 $\hat{\delta}$，类似于线性回归模型单个系数显著性 $t$ 检验，构建 $\hat{\delta}$ 的 $\tau$ 统计量 $\tau = \dfrac{\hat{\delta}}{\text{se}(\hat{\delta})}$，但这里的 $t$

统计量不同于传统的 $t$ 统计量，Dickey – Fuller 研究发现，存在单位根过程时，原模型系数估计统计量不再服从正态分布，因此，$\tau$ 检验也不再服从正态分布或者 $t$ 分布，但是其临界值可以通过蒙特卡洛模拟获得，DF 检验为左侧单边检验，拒绝域位于临界值的左边，由此，$\tau$ 统计量的数值越小，越倾向于拒绝原假设。

### 7.2.2 ADF 检验

DF 检验仅仅用于检验时间序列的生成过程为不带漂移项的一阶自回归过程、带漂移项的一阶自回归过程，以及带漂移项与时间趋势项的一阶自回归过程的平稳性。然而现实中可能出现时间序列过程为 p 阶滞后项与常数项、时间趋势项的线性组合形式构建的模型，在这种情况下，显然不能够直接使用 DF 检验此类序列的平稳性。但人们在 DF 检验的基础上，提出了增广 DF 检验（Augmented Dickey – Fuller），记为 ADF 检验。

假设时间序列 $y_t$ 的生成过程所对应的模型为：

$$y_t = \alpha_1 y_{t-1} + \alpha_2 y_{t-2} + \cdots + \alpha_p y_{t-p} + \varepsilon_t \tag{7-17}$$

其中，$\varepsilon_t$ 为白噪声过程，为了构建 ADF 检验统计量，对式（7-17）进行适当变换。首先，在等式两边同时减去 $y_{t-1}$，可得：

$$y_t - y_{t-1} = (\alpha_1 - 1) y_{t-1} + \alpha_2 y_{t-2} + \cdots + \alpha_{p-1} y_{t-(p-1)} + \alpha_p y_{t-p} + \varepsilon_t \tag{7-18}$$

其次，在等式右边通过添项和减项的方法对模型（7-18）进行变换，即加一项 $\alpha_p y_{t-(p-1)}$，同时减一项 $\alpha_p y_{t-(p-1)}$，可得：

$$\begin{aligned}
\Delta y_t &= (\alpha_1 - 1) y_{t-1} + \alpha_2 y_{t-2} + \cdots + \alpha_{p-1} y_{t-(p-1)} + \alpha_p y_{t-p} + \alpha_p y_{t-(p-1)} - \alpha_p y_{t-(p-1)} + \varepsilon_t \\
&= (\alpha_1 - 1) y_{t-1} + \alpha_2 y_{t-2} + \cdots + (\alpha_{p-1} + \alpha_p) y_{t-(p-1)} - \alpha_p (y_{t-(p-1)} - y_{t-p}) + \varepsilon_t \\
&= (\alpha_1 - 1) y_{t-1} + \alpha_2 y_{t-2} + \cdots + (\alpha_{p-1} + \alpha_p) y_{t-(p-1)} - \alpha_p \Delta y_{t-(p-1)} + \varepsilon_t
\end{aligned} \tag{7-19}$$

同理，在式（7-19）右边加一项 $(\alpha_{p-1} + \alpha_p) y_{t-(p-2)}$，同时减一项 $(\alpha_{p-1} + \alpha_p) y_{t-(p-2)}$，由此可得：

$$\begin{aligned}
\Delta y_t &= (\alpha_1 - 1) y_{t-1} + \alpha_2 y_{t-2} + \cdots + (\alpha_{p-1} + \alpha_p) y_{t-(p-1)} + (\alpha_{p-1} + \alpha_p) y_{t-(p-2)} \\
&\quad - (\alpha_{p-1} + \alpha_p) y_{t-(p-2)} - \alpha_p \Delta y_{t-(p-1)} + \varepsilon_t \\
&= (\alpha_1 - 1) y_{t-1} + \alpha_2 y_{t-2} + \cdots + (\alpha_{p-1} + \alpha_p) y_{t-(p-2)} \\
&\quad - (\alpha_{p-1} + \alpha_p) [y_{t-(p-2)} - y_{t-(p-1)}] - \alpha_p \Delta y_{t-(p-1)} + \varepsilon_t \\
&= (\alpha_1 - 1) y_{t-1} + \alpha_2 y_{t-2} + \cdots + (\alpha_{p-1} + \alpha_p) y_{t-(p-2)} \\
&\quad - (\alpha_{p-1} + \alpha_p) \Delta y_{t-(p-2)} - \alpha_p \Delta y_{t-(p-1)} + \varepsilon_t
\end{aligned} \tag{7-20}$$

重复上述的操作，最后可得：

$$\Delta y_t = (\alpha_1 + \alpha_2 + \cdots + \alpha_p - 1) y_{t-1} - (\alpha_2 + \alpha_3 + \cdots + \alpha_p) \Delta y_{t-1} - \cdots$$

$$-(\alpha_{p-1}+\alpha_p)\Delta y_{t-(p-2)} - \alpha_p \Delta y_{t-(p-1)} + \varepsilon_t \qquad (7-21)$$

令 $\rho = \alpha_1 + \alpha_2 + \cdots + \alpha_p - 1$，$\beta_j = \alpha_{j+1} + \alpha_{j+2} + \cdots + \alpha_p$，$j = 1, 2, \cdots, p-1$
进而可得：

$$\Delta y_t = \rho y_{t-1} - \beta_1 \Delta y_{t-1} - \cdots - \beta_{(p-2)} \Delta y_{t-(p-2)} - \beta_{p-1} \Delta y_{t-(p-1)} + \varepsilon_t \qquad (7-22)$$

同理，包括漂移项、时间趋势性的模型也经过上述变换，则可以表示为：

$$\Delta y_t = \beta_0 + \rho y_{t-1} - \beta_1 \Delta y_{t-1} - \cdots - \beta_{(p-2)} \Delta y_{t-(p-2)} - \beta_{p-1} \Delta y_{t-(p-1)} + \varepsilon_t \qquad (7-23)$$

$$\Delta y_t = \beta_0 + \gamma t + \rho y_{t-1} - \beta_1 \Delta y_{t-1} - \cdots - \beta_{(p-2)} \Delta y_{t-(p-2)} - \beta_{p-1} \Delta y_{t-(p-1)} + \varepsilon_t \qquad (7-24)$$

若序列 $y_t$ 的生成过程对应的特征方程 $\lambda^p - \alpha_1 \lambda^{p-1} - \alpha_2 \lambda^{p-2} - \cdots \alpha_p = 0$ 存在一个单位根，假设该单位根 $\lambda$ 为 1，则有 $\alpha_1 + \cdots + \alpha_p = 1$，即 $\rho = 0$，此时，序列 $y_t$ 为非平稳序列；否则 $\alpha_1 + \alpha_2 + \cdots + \alpha_p < 1$，即 $\rho < 0$，此时序列 $y_t$ 为平稳序列。由此检验模型（7-17）平稳性转化成对参数 $\rho$ 是否为 0 的检验。原假设为序列非平稳，备择假设为序列平稳，即：

$$\begin{cases} H_0 : \rho = 0 \\ H_1 : \rho < 0 \end{cases} \qquad (7-25)$$

此时，对应的 ADF 检验统计量为：

$$\tau = \frac{\hat{\rho}}{Se(\hat{\rho})} \qquad (7-26)$$

其中，$\hat{\rho}$ 是模型（7-22）中 $\rho$ 的估计，$Se(\hat{\rho})$ 为其估计标准差。类似于 DF 检验，通过蒙特卡罗模拟，可以得到 ADF 检验 $\tau$ 统计量的临界值表，ADF 检验也为左侧检验，拒绝域在分布的最左边。

ADF 检验模型中所包含的被解释变量的滞后项是 $P$ 阶（$P \geq 1$）的情形，而 DF 检验模型中所包含的被解释变量的滞后项是 1 阶（$P = 1$）的情形，由此可见，DF 检验是 ADF 检验的一个特例。

## 7.3  ARIMA 过程

如果时间序列 $\{y_t\}$ 是非平稳序列，该序列经过 $d$ 阶差分成为平稳的时间序列 $\{\Delta^d y_t\}$，用该序列构建的 ARMA(p,q) 模型，被称 $\{y_t\}$ 为 ARIMA(p,d,q) 过程。例如，非平稳序列 $\{y_t\}$ 经过一阶差分（$d=1$）后，成为平稳序列 $\{\Delta y_t\}$，用该序列构建 ARMA(p,q) 模型，即为 ARIMA(p,1,q)。不难理解，ARMA(p,q) 模型可以看成 $d=0$ 时，ARIMA(p,d,q) 的特例。因此，即使序列 $\{y_t\}$ 是非平稳的，经过差分后，也可以转化为平稳时间序列，在此基础上，可以构建传统的 ARMA 模型,对于此类模型的识别、估计和检验,可以使用类似于第 6 章中介绍的 ARMA 模型。

## 7.4 协整理论与检验

按照传统平稳时间序列建模理论,为了避免出现"伪回归"的问题,需要使用平稳时间序列进行建模,或者将非平稳序列通过差分转化为平稳时间序列后,再应用传统平稳时间序列建模理论建模。但是如果一个序列进行差分后再进行建模,遇到一个如何解释差分项的问题,差分项的经济意义和原变量的经济意义有所不同,也失去对分析问题具有重要意义的长期信息。如何才能使用"原汁原味"的原始时间序列样本数据来进行建模,同时又避免"伪回归"的问题。Engle 和 Granger(1987)提出的协整理论为解决此类问题提供了很好的参考。根据协整理论,如果非平稳时间序列之间具有协整关系,利用这种具有协整关系的时间序列建模就可以避免"伪回归"问题,由此可见,协整理论为直接使用非平稳序列构建正确合理的模型提供了理论基础。

在分析协整理论时,常常涉及单整的概念,如果时间序列经过一阶差分后成为平稳时间序列,则称为"一阶单整",记为 $I(1)$,通俗地讲,"单整"就是"单个序列"的平行整齐问题分析。如果时间序列通过 d 阶差分后成为平稳序列,则称为"d 阶单整",记为 $I(d)$。对于本身就是平稳的时间序列而言,不需要做任何阶的差分就是平稳时间序列,因此,平稳序列也为"零阶单整",记为 $I(0)$。直观上来看,所谓单整就是针对单一时间序列而言,自身通过何种程度的差分转化为平稳时间序列的问题。如果自身就是平稳,就是 $I(0)$;如果自身经过 d 阶差分运算后成为平稳时间序列,就是 $I(d)$。

### 7.4.1 协整理论

两个或两个以上时间序列的线性组合(或在协同状态下)的平稳性如何呢?一般来说有两种可能:一是非平稳的情况,通常以该种情况出现,例如,若 $x_t \sim I(d)$,$y_t \sim I(d)$,则 $z_t = \beta_1 x_t + \beta_2 y_t \sim I(d)$,这表明序列 $x_t$ 和 $y_t$ 线性组合所形成的序列 $z_t$ 需要经过 d 阶差分,才能成为平稳时间序列。此时若直接建立 $y_t$ 对 $x_t$ 的回归模型,可能会产生"伪回归"问题。二是平稳的情况,这是协整理论重点考察的情形,也是本节主要介绍的内容。

Engle 和 Granger(1987)将协整(co-integration)的定义为:

对于随机向量 $y_t = (y_{1t}, y_{2t}, \cdots, y_{nt})'$，$y_{it} \sim I(d)$ $(i=1,2,\cdots,n)$，若存在不为 0 的向量 $\beta = (\beta_1, \beta_2, \cdots, \beta_n)$，使 $\beta y_t = \beta_1 y_{1t} + \beta_2 y_{2t} + \cdots + \beta_n y_{nt} \sim I(d-b)$，其中 $b > 0$，则称向量 $y_t = (y_{1t}, y_{2t}, \cdots, y_{nt})'$ 存在 $(d, b)$ 阶协整关系，记作 $y_t \sim CI(d, b)$，向量 $\beta$ 称为协整向量，$\beta$ 的元素称为协整参数。

直观上来看，类似于单整序列的内涵，协整就是两个或两个以上单整序列能否在协同状态下的平稳性问题分析。协整意味着单整序列之间在特定内在均衡机制作用下维持着长期稳定的均衡关系。从短期来看，尽管时间序列会出现小幅度短暂偏离均衡关系的情况，但内在均衡机制会不断消除这种偏差，将具有协整关系的非平稳时间序列拉回到长期均衡状态，进而从长期来看，总体上维持着长期均衡关系，即协整关系。

需要指出的是，协整仅仅考察单个序列不平整（即不平稳），而多个不平稳的时间序列之间具有长期均衡关系，使这几个序列之间能够协同平整，即协整。由此可见，平稳序列之间无须探讨协整关系，多个非平稳的单整序列之间才具有探讨协整关系的必要。

需要注意的是，协整关系不仅存在于单整阶数相同的时间序列之间，也可能存在于不同单整阶数的序列之间。如果仅仅讨论两个单整时间序列之间协整关系，协整的前提是这两个序列的单整阶数相同，否则，这两个序列之间一定不存在协整关系。如果探讨三个或者三个以上单整序列之间的协整问题，单整阶数可以不相同，但它们之间仍有可能存在协整关系。例如，对于三个序列来说，$x_t \sim I(d)$，$y_t \sim I(d)$，$z_t \sim I(c)$，且 $d > c$，$x_t$ 和 $y_t$ 之间存在协整关系 $w_t = \beta_1 x_t + \beta_2 y_t \sim I(c)$，且 $c$ 阶单整序列 $w_t$ 与 $c$ 阶单整序列 $z_t$ 之间也存在协整关系 $v_t = \beta_3 w_t + \beta_4 z_t \sim I(c-b)$，其中 $b > 0$。由此可见，虽然 $x_t \sim I(d)$，$y_t \sim I(d)$，$z_t \sim I(c)$ 的单整阶数不相同，但是三者之间仍存在协整关系，即多重协整。多重协整关系要求检验每一重的协整关系都确实存在，否则，将仅仅存在通过协整检验的部分协整关系。这说明在单整序列之间的协整分析中，协整检验至关重要，这里主要介绍基本的 Engle – Granger 协整检验法（简记 E – G 协整检验法）。

### 7.4.2 协整检验

在协整定义中并没有要求单整序列 $y_{it} \sim I(d)(i=1,2,\cdots,n)$ 的线性组合 $\beta_1 y_{1t} + \beta_2 y_{2t} + \cdots + \beta_n y_{nt} \sim I(d-b)$（$\beta_1, \beta_2, \cdots, \beta_n$ 为常数，$d > b > 0$）一定是平稳的，只是该线性组合的单整阶数由 $d$ 降为 $d-b$。不过在经济问题中的时间序列多为一阶单整，基本上经过一次差分就可以转化为平稳序列，即 $d=1$，由此，多数经济时间序列的协整关系基本上是 $CI(1,1)$ 情形，即一阶单整经济时间序列的线性组合是 $I(0)$。基于此，Engle 和 Granger（1987）提出的 Engle – Granger 检验方法是通过检验单整序列的线性组合是否平稳来验证其协整性。对于 $CI(1,1)$ 协整检验，EG 检验法的步骤为：

首先，通过单位根检验来确认时间序列的单整阶数。如果序列均为 $I(0)$，则可以根据平稳序列建模理论直接进行建模，无须做协整检验与分析。如果序列都是 $I(1)$，若考虑不用差分后的序列建模，则进行协整检验的下一步。

其次，建立回归模型以估计长期均衡关系。EG 协整检验仅仅是为了检验单整序列之间是否具有长期均衡关系，而没有指定哪一个单整序列是被解释变量或解释变量。由此，在建立回归模型时可以考虑将所研究的所有单整序列变量作为被解释变量，剩余的单整序列作为解释变量逐个建模，以充分分析单整序列之间的长期均衡关系。例如，检验一阶单整序列 $\{x_t\}$、$\{y_t\}$ 和 $\{z_t\}$ 之间的协整关系，需要构建三个反映单整序列间长期均衡关系的回归方程：

$$x_t = \alpha_1 + \beta_1 y_t + \gamma_1 z_t + \varepsilon_{1t} \tag{7-27}$$

$$y_t = \alpha_2 + \beta_2 x_t + \gamma_2 z_t + \varepsilon_{2t} \tag{7-28}$$

$$z_t = \alpha_3 + \beta_3 x_t + \gamma_3 y_t + \varepsilon_{3t} \tag{7-29}$$

其中，$\alpha_i$、$\beta_i$ 和 $\gamma_i$ $(i=1,2,3)$ 是常数，$\varepsilon_{it}$ $(i=1,2,3)$ 是待分析平稳性的残差项，同时，模型的设定形式也可以根据单项序列的特征来适当编写，例如，如果单项序列包括时间趋势项和常数项（或者不包括时间趋势项和常数项），这时需要在构建协整回归方程中加入时间趋势项和常数项（或者不加入时间趋势项和常数项）。

最后，检验残差项的平稳性，以判断单整序列之间是否协整。如果模型（7-27）、模型（7-28）和模型（7-29）中的残差序列 $\varepsilon_{it}$ $(i=1,2,3)$ 全部平稳，则说明单整序列 $\{x_t\}$、$\{y_t\}$ 和 $\{z_t\}$ 之间协同平稳，即存在协整关系。模型的残差 $\varepsilon_{it}$ $(i=1,2,3)$ 反映了相对于长期均衡（$x_t = \alpha_1 + \beta_1 y_t + \gamma_1 z_t$，$y_t = \alpha_2 + \beta_2 x_t + \gamma_2 z_t$ 和 $z_t = \alpha_3 + \beta_3 x_t + \gamma_3 y_t$）的偏离程度，称为均衡误差（equilibrium error），这种均衡误差相对于长期均衡关系来说是一种短期暂时偏离，在长期均衡机制作用下，这种偏离倾向于回归到长期均衡发展趋势。

如果残差序列 $\varepsilon_{it}$ $(i=1,2,3)$ 全部不平稳，则说明单整序列 $\{x_t\}$、$\{y_t\}$ 和 $\{z_t\}$ 之间不存在协整关系。如果残差序列 $\varepsilon_{it}$ $(i=1,2,3)$ 不全部平稳，则可能仅存在部分序列协整，也可能由于回归方程设定有误或者其他原因，这时候需要查明原因、修正协整回归模型，或者变换协整检验方法。

需要注意的是，虽然残差序列的平稳性可以采取单位根检验的方法进行检验，但残差序列是在残差平方和最小的基础上获得，这将使残差序列的方差变小，即波动性变小，进而导致残差序列平稳的可能性变大，因此相较于普通单位根检验的临界值，残差序列单位根检验的临界值倾向于更小。为此，Engle 和 Granger 蒙特卡洛（Monte Carlo）模拟，给出了特定样本容量下残差序列单位根检验的临界值，即 EG

协整检验临界值。

此外，利用 EG 协整检验法一方面能够判断残差序列是否平稳，进而判断回归方程中的单整变量是否具有长期均衡关系（即协整关系）；另一方面还能够判断模型设定是否正确，其原因在于，如果残差序列是一个非平稳序列，则说明因变量除了能用解释变量解释的部分之外，其余部分的变化仍然不规则，也就是说，回归方程的因变量和解释变量之间不存在稳定均衡关系，这样的模型有可能拟合优度、显著性水平等指标都很好，但是不能够用来预测未来的信息，因此称为"伪回归"。如果残差序列是平稳的，则回归方程的设定是合理的，说明回归方程的因变量和解释变量之间存在稳定的均衡关系。

需要指出的是，由于可能存在的自相关性会使估计量的标准差估计存在偏差，进而导致使用 OLS 估计法得到协整系数估计量的方差也存在偏差，由此使用传统单个系数的 $t$ 检验来判断协整系数的显著性变得不准确。为此，Phillips 和 Hansen 提出完全修正最小二乘（Fully Modified OLS，记为 FMOLS）估计法，采用函数变换的方法来修正协整方程估计量的方法，进而得到具有更小方差的参数估计量，这样得到的协整方程估计量比 OLS 法所估计得到的协整方程具有更好的性质。[①]

## 7.5　误差修正模型

如果两个或多个非平稳（或 p 阶单整）序列之间存在长期均衡关系，达到协同平稳，就能够通过协整模型刻画它们之间的长期均衡关系，这时对非平稳序列直接建立模型，由于它们之间存在长期的协整关系，也能够排除伪回归的情况。如果要阐释这些具有协整关系的非平稳序列的短期波动关系，就要涉及误差修正模型（Error Correction Model，记为 ECM 模型），该模型由 Davidson，Herdry，Srba 和 Yeo 于 1978 年提出，作为协整模型的补充，ECM 模型建立在协整模型基础上进行分析。

为了便于理解 ECM 模型，以两个具有协整关系的非平稳序列 $\{y_t\}$ 和 $\{x_t\}$ 为例分析 ECM 模型。假设非平稳序列 $\{y_t\}$ 和 $\{x_t\}$ 之间的协整关系模型为：

$$y_t = \alpha x_t + \varepsilon_t \tag{7-30}$$

由协整原理可知，$\varepsilon_t = y_t - \alpha x_t$ 是平稳的，即为 $I(0)$。

在模型（7-30）的两边同时减去 $y_{t-1}$ 后，将 $y_{t-1} = \alpha x_{t-1} + \varepsilon_{t-1}$ 代入相减后的模型，整理可得：

$$\Delta y_t = \alpha \Delta x_t - \varepsilon_{t-1} + \varepsilon_t \tag{7-31}$$

---

[①] 黄红梅. 应用时间序列分析 [M]. 北京：清华大学出版社，2016.

将 $\hat{\varepsilon}_{t-1} = y_{t-1} - \hat{\alpha} x_{t-1}$（$\hat{\alpha}$ 为 $\alpha$ 的 OLS 估计）作为误差修正 $ECM_{t-1}$ 替代式(7-31)中的 $\varepsilon_{t-1}$，可得：

$$\Delta y_t = \alpha \Delta x_t - ECM_{t-1} + \varepsilon_t \tag{7-32}$$

从式（7-32）可知，当期被解释变量的波动 $\Delta y_t$ 除了受到当期解释变量的波动 $\Delta x_t$ 和当期白噪声 $\varepsilon_t$ 的影响外，还受到上一期误差修正 $ECM_{t-1}$ 的影响。为了更进一步反映 $ECM_{t-1}$ 对 $\Delta y_t$ 的影响，可以构建 ECM 模型。

$$\Delta y_t = \beta_1 \Delta x_t + \beta_2 ECM_{t-1} + \varepsilon_t \tag{7-33}$$

其中，$\beta_2$ 为误差修正系数，由模型（7-32）可知 $\beta_2 < 0$，这表明 $ECM_{t-1}$ 对 $\Delta y_t$ 发挥着逆向调节作用，当 $ECM_{t-1}$ 大于 0（即 $y_{t-1} > \hat{\alpha} x_{t-1}$）时，有 $\beta_2 ECM_{t-1} < 0$，通过这种逆向调节，使本期 $\Delta y_t$ 缩小。反之，当 $ECM_{t-1}$ 小于 0（即 $y_{t-1} < \hat{\alpha} x_{t-1}$）时，有 $\beta_2 ECM_{t-1} > 0$，通过这种逆向调节，使本期 $\Delta y_t$ 有所增加。这意味着，在短期内，当前一期 $y_{t-1}$ 与 $\hat{\alpha} x_{t-1}$ 发生偏离时（高于或低于），在误差修正 $ECM_{t-1}$ 的逆向调节下，下期的波动 $\Delta y_t$ 出现缩小或扩大的趋势，在这种逆向调节机制作用下（类似于宏观经济学中"相机抉择"），$y_t$ 与 $x_t$ 具有长期均衡关系，即协整。

## 7.6 单位根与协整检验的 Stata 实现

从宏观经济理论可知，人均 GDP 与居民人均消费支出具有长期均衡关系，为此，以 1980~2021 年中国人均 GDP 与居民人均消费支出为例，对二者进行协整分析。为了降低异方差性，对中国人均 GDP 与居民人均消费支出均取对数后，再对其进行协整分析。对于两个序列间的协整分析，首先需要知道这两个序列的单整阶数是否相同，为此，需要分析序列 lnPGDP 和 lncost 单整阶数。

为检验人均 GDP（lnPGDP）与居民人均消费支出（lncost）序列是否含有单位根，应将数据设为时间序列数据（tset year），并观察这两个序列的时间趋势图。

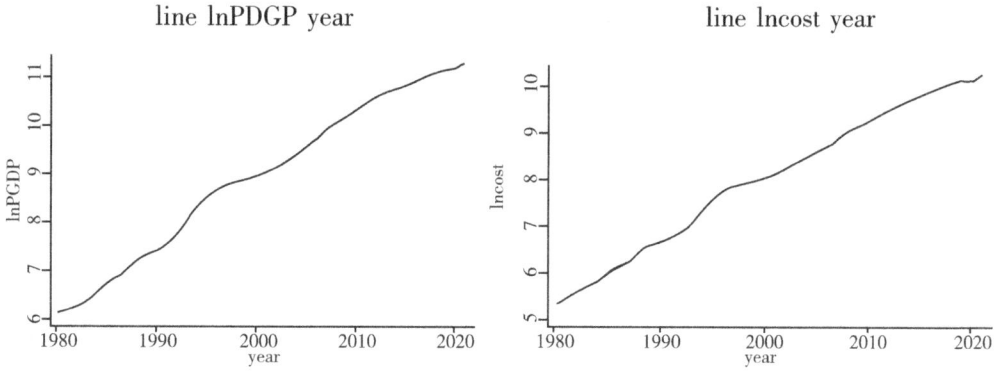

图 7-2　lnPGDP 的时间趋势图　　　　图 7-3　lncost 的时间趋势图

从图 7-2 和图 7-3 可以看出序列 lnPGDP 和 lncost 均存在明显的上升趋势，可能存在单位根过程，需要进一步对中国人均 GDP（lnPGDP）与居民人均消费支出（lncost）序列进行 DF 检验。检验中用到带常数项与时间趋势项的模型。

```
. dfuller lnPGDP, trend

Dickey-Fuller test for unit root          Number of obs   =    41
Variable: lnPGDP                          Number of lags  =     0

H0: Random walk with or without drift

                                 Dickey-Fuller
                  Test        ─── critical value ───
                  statistic     1%        5%        10%
        ─────────────────────────────────────────────────
        Z(t)       0.019      -4.233    -3.536    -3.202

MacKinnon approximate p-value for Z(t) = 0.9944.
```

图 7-4　lnPGDP 的 DF 检验

```
. dfuller lncost, trend

Dickey-Fuller test for unit root          Number of obs   =    41
Variable: lncost                          Number of lags  =     0

H0: Random walk with or without drift

                                 Dickey-Fuller
                  Test        ─── critical value ───
                  statistic     1%        5%        10%
        ─────────────────────────────────────────────────
        Z(t)      -0.373      -4.233    -3.536    -3.202

MacKinnon approximate p-value for Z(t) = 0.9877.
```

图 7-5　lncost 的 DF 检验

从图 7-4 可知，对于序列 lnPGDP 来说，DF 检验的 5% 临界值为 -3.536，序列 lnPGDP 对应 DF 检验 τ 统计量的 Z(t) = 0.019，由于 0.019 > -3.536，且 DF 检验为左边单侧检验，故不能在 5% 的显著性水平上拒绝"存在单位根"的原假设，此外，从 Z（t）的 Mackinnon 近似 P 值为 0.9944，也可知不能在 5% 的显著性水平上拒绝"存在单位根"的原假设，序列 lnPGDP 为非平稳序列。同理，从图 7-5 可知，通过 DF 检验表明居民人均消费支出序列（lncost）也存在单位根，为非平稳序列。

为了进一步分析序列 lnPGDP 和 lncostr 的平稳性，需要考虑对中国人均 GDP（lnPGDP）与居民人均消费支出（lncost）序列数据进行更高阶的 ADF 检验。利用 Schwert（1989）所定义的最大滞后阶数：$P_{max} = [12 \cdot (T/100)^{1/4}]$，其中 T 为样本容量，获得最大滞后阶数，即：di 12 * (42/100) ^ (1/4)，可得最大滞后阶数 P=9，并进行 ADF 检验。

从图 7-6 和图 7-7 中的信息可以发现，人均 GDP 序列 ADF 检验中，时间趋势项（_trend）以及最后一阶滞后项（L8D.）在 5% 的水平上均不显著。故依次令滞后阶数 P=8,…,5，进行 ADF 检验，其最后一阶滞后项均不显著。令滞后阶数 P=4 时，其时间趋势项（_trend）以及最后一阶滞后项显著，此时，ADF 统计量 $z(t)$ 为 -2.039 > -3.548，由于 ADF 检验为左边单侧检验，故仍不能在 5% 的水平上拒绝"存在单位根"的原假设。

同理，从图 7-8 和 7-9 的结果中可知，通过 ADF 检验也表明序列 lncost 仍存在单位根，为非平稳序列。

```
. dfuller lnPGDP, lags(8) trend reg
Augmented Dickey-Fuller test for unit root
Variable: lnPGDP                        Number of obs   = 33
                                        Number of lags  =  8
H0: Random walk with or without drift
```

|  | Test statistic | Dickey-Fuller critical value | | |
|---|---|---|---|---|
|  |  | 1% | 5% | 10% |
| Z(t) | -1.069 | -4.306 | -3.568 | -3.221 |

MacKinnon approximate p-value for Z(t) = 0.9341.

Regression table

| D.lnPGDP | Coefficient | Std. err. | t | P>\|t\| | [95% conf. interval] | |
|---|---|---|---|---|---|---|
| lnPGDP | | | | | | |
| L1. | -.0913362 | .085451 | -1.07 | 0.297 | -.2685508 | .0858784 |
| LD. | 1.112967 | .2461729 | 4.52 | 0.000 | .6024359 | 1.623499 |
| L2D. | -.8198597 | .3693703 | -2.22 | 0.037 | -1.585887 | -.0538325 |
| L3D. | .7489608 | .4119596 | 1.82 | 0.083 | -.1053911 | 1.603313 |
| L4D. | -.5566253 | .424181 | -1.31 | 0.203 | -1.436323 | .3230722 |
| L5D. | .1463833 | .4157201 | 0.35 | 0.728 | -.7157675 | 1.008534 |
| L6D. | .0594009 | .385291 | 0.15 | 0.879 | -.7396437 | .8584456 |
| L7D. | -.0758902 | .312795 | -0.24 | 0.811 | -.7245874 | .572807 |
| L8D. | .0527255 | .2227321 | 0.24 | 0.815 | -.4091926 | .5146436 |
| _trend | .0109557 | .0117982 | 0.93 | 0.363 | -.0135122 | .0354236 |
| _cons | .6302739 | .4598701 | 1.37 | 0.184 | -.3234384 | 1.583986 |

图 7-6　lnPGDP 滞后 8 阶的 ADF 检验结果

```
. dfuller lnPGDP, lags(3) trend reg
Augmented Dickey-Fuller test for unit root
Variable: lnPGDP                              Number of obs   =  38
                                              Number of lags  =   3

H0: Random walk with or without drift

                             Dickey-Fuller
                 Test       critical value
              statistic    1%       5%       10%
     Z(t)      -2.039    -4.260   -3.548   -3.209

MacKinnon approximate p-value for Z(t) = 0.5801.

Regression table
   D.lnPGDP  | Coefficient  Std. err.      t     P>|t|   [95% conf. interval]
    lnPGDP   |
       L1.   |  -.1088568   .0533884    -2.04    0.050   -.2176055   -.0001081
       LD.   |   .883409    .1745922     5.06    0.000    .5277763    1.239042
       L2D.  |  -.4774484   .2147118    -2.22    0.033   -.9148021   -.0400947
       L3D.  |   .310747    .1813626     1.71    0.096   -.0586767    .6801706
             |
      _trend |   .0135562   .0073106     1.85    0.073   -.0013351    .0284475
       _cons |   .7217776   .3078222     2.34    0.025    .0947644    1.348791
```

图 7-7  lnPGDP 滞后 3 阶的 ADF 检验结果

```
. dfuller lncost, lags(8) trend reg
Augmented Dickey-Fuller test for unit root
Variable: lncost                              Number of obs   =  33
                                              Number of lags  =   8

H0: Random walk with or without drift

                             Dickey-Fuller
                 Test       critical value
              statistic    1%       5%       10%
     Z(t)      -0.526    -4.306   -3.568   -3.221

MacKinnon approximate p-value for Z(t) = 0.9824.

Regression table
   D.lncost  | Coefficient  Std. err.      t     P>|t|   [95% conf. interval]
    lncost   |
       L1.   |  -.0601949   .1144705    -0.53    0.604   -.2975922    .1772024
       LD.   |   .5632733   .2415959     2.33    0.029    .062234     1.064313
       L2D.  |  -.0471421   .2899944    -0.16    0.872   -.6485537    .5542694
       L3D.  |  -.0657185   .3074984    -0.21    0.833   -.7034311    .5719942
       L4D.  |  -.4803182   .2953634    -1.63    0.118   -1.092864    .132228
       L5D.  |   .1807554   .2864869     0.63    0.535   -.4133822    .774893
       L6D.  |   .091415    .2905334     0.31    0.756   -.5111143    .6939443
       L7D.  |  -.1328252   .2826582    -0.47    0.643   -.7190225    .453372
       L8D.  |  -.1217412   .2411899    -0.50    0.619   -.6219384    .378456
             |
      _trend |   .0053696   .0140191     0.38    0.705   -.0237042    .0344434
       _cons |   .4878165   .5541305     0.88    0.388   -.6613798    1.637013
```

图 7-8  lncost 滞后 8 阶的 ADF 检验结果

```
. dfuller lncost, lags(1) trend reg

Augmented Dickey-Fuller test for unit root

Variable: lncost                                Number of obs  = 40
                                                Number of lags =  1

H0: Random walk with or without drift

                              Dickey-Fuller
                   Test     ─── critical value ───
                 statistic    1%        5%        10%
         Z(t)    -1.893     -4.242    -3.540    -3.204

MacKinnon approximate p-value for Z(t) = 0.6582.

Regression table
─────────────────────────────────────────────────────────────────
  D.lncost  │ Coefficient  Std. err.    t    P>|t|   [95% conf. interval]
────────────┼────────────────────────────────────────────────────
    lncost  │
       L1.  │  -.1130429   .059713    -1.89  0.066   -.2341465   .0080607
       LD.  │   .5859933   .1542825    3.80  0.001    .2730939   .8988927
            │
    _trend  │   .0129238   .0072775    1.78  0.084   -.0018355   .0276832
     _cons  │   .6688151   .3134823    2.13  0.040    .0330434  1.304587
```

图 7 - 9   lncost 滞后 1 阶的 ADF 检验结果

接下来，对一阶差分后的序列 lnPGDP 与序列 lncost 进行 DF 检验，为此，需要定义一阶差分后的序列 lnPGDP 与序列 lncost，对应的 Stata 命令为：gen dlnPGDP = d. lnPGDP 和 gen dlncost = d. lncost。对序列 dlnPGDP 与序列 dlncost 序列进行 DF 检验：

```
. dfuller dlnPGDP, trend

Dickey-Fuller test for unit root                Number of obs  = 40
Variable: dlnPGDP                               Number of lags =  0

H0: Random walk with or without drift

                              Dickey-Fuller
                   Test     ─── critical value ───
                 statistic    1%        5%        10%
         Z(t)    -3.296     -4.242    -3.540    -3.204

MacKinnon approximate p-value for Z(t) = 0.0670.
```

图 7 - 10   dlnPGDP 的 DF 检验结果

```
. dfuller dlncost, trend

Dickey-Fuller test for unit root          Number of obs  =  40
Variable: dlncost                         Number of lags =   0

H0: Random walk with or without drift

                                Dickey-Fuller
                Test            critical value
                statistic    1%        5%       10%
    Z(t)        -3.590      -4.242    -3.540   -3.204

MacKinnon approximate p-value for Z(t) = 0.0307.
```

图 7 – 11  dlncost 的 DF 检验结果

从图 7 – 10 可知，对于序列 dlnPGDP 来说，DF 检验的 10% 临界值为 – 3.204，dlnPGDP 对应 DF 检验的 $Z(t)$ 统计值为 – 3.296，由于 – 3.296 < – 3.204，且 DF 检验为左侧单边检验，故可在 10% 的显著性水平上拒绝"存在单位根"的原假设，同时，由 $Z(t)$ 的 Mackinnon 近似 P 值为 0.067，也倾向于认为序列 dlnPGDP 是平稳序列，进而可知序列 lnPGDP 是一阶单整过程。同理，从图 7 – 11 的检验结果可知，dlncost 在 5% 的显著性水平上拒绝"存在单位根"的原假设，进而可知 lncost 是一阶单整过程。

最后，对中国人均 GDP（lnPGDP）与居民人均消费支出（lncost）进行协整分析。由于人均 GDP（lnPGDP）与居民人均消费支出（lncost）序列均为一阶单整过程，所以可以对人均 GDP（lnPGDP）与居民人均消费支出（lncost）进行协整分析，对其进行 EG 检验，使用 EG 检验进行协整分析主要涉及两个方面。

一方面，对原具有同阶单整的序列（lnPGDP 和 lncost）进行回归（Stata 命令为 reg lnPGDP lncost），回归结果见图 7 – 12，并计算其残差序列（Stata 命令为 predict u, residual）。

```
. reg lnPGDP lncost

    Source |     SS         df      MS          Number of obs  =      42
-----------+----------------------------        F(1, 40)       = 60201.06
     Model | 110.255277      1  110.255277      Prob > F       =   0.0000
  Residual | .073258029     40  .001831451      R-squared      =   0.9993
-----------+----------------------------        Adj R-squared  =   0.9993
     Total | 110.328535     41  2.69093988      Root MSE       =    .0428

    lnPGDP | Coefficient  Std. err.      t    P>|t|    [95% conf. interval]
-----------+----------------------------------------------------------------
    lncost |  1.118331    .0045579   245.36   0.000    1.109119    1.127543
     _cons |  .0501174    .0368102     1.36   0.181   -.0242788    .1245136
```

图 7 – 12  lnPGDP 对 lncost 的回归结果

另一方面，使用单位根检验，判断残差序列是否为平稳序列。

dfuller u, trend lags（1）

```
Augmented Dickey-Fuller test for unit root

Variable: u                                    Number of obs  = 40
                                               Number of lags =  1

H0: Random walk with or without drift

                                      Dickey-Fuller
                        Test  ——————— critical value ———————
                     statistic        1%          5%          10%

Z(t)                  -3.554         -4.242      -3.540      -3.204

MacKinnon approximate p-value for Z(t) = 0.0339.
```

图 7-13 lnPGDP 对 lncost 回归的残差平稳性检验结果

从图 7-13 可知，由于残差序列 ADF 检验的 5% 临界值为 -3.540，并且残差序列 ADF 统计量对应的 $z(t)$ 值为 -3.554 < -3.540，由于 ADF 检验为左边单侧检验，故可在 5% 的水平上拒绝"存在单位根"的原假设，此外，从残差序列的 Mackinnon 近似 $P$ 值为 0.0339，也可以判定，在 5% 的置著性水平上拒绝存在单位根的原假设，即，倾向于认为残差序列为平稳序列，由此表明中国人均 GDP（lnPGDP）与居民人均消费支出（lncost）存在协整关系。

## 参考文献

[1] 詹姆斯·D·汉密尔顿. 时间序列分析 [M]. 北京：中国人民大学出版社，2015.

[2] 陈强. 高级计量经济学及 Stata 应用（第 2 版）[M]. 北京：高等教育出版社，2014.

[3] 王燕. 应用时间序列分析（第 6 版）[M]. 北京：中国人民大学出版社，2022.

[4] 黄红梅. 应用时间序列分析 [M]. 北京：清华大学出版社，2016.

[5] Dickey D A, Fuller W A. Distribution of the Estimates for Autoregressive Time Series with a Unit Root [J]. Journal of American Statistical Association, 1979, 74 (366): 427-431.

[6] Dickey D A, Fuller W A. Likelihood Ratio Statistics for Autoregressive Time Series with a Unit Root [J]. Econometrica, 1981, 49 (4): 1059-1072.

[7] Phillips P, Perron P. Testing for a Unit Root in Time Series Regression [J]. Biometrica, 1988, 75 (32): 335-346.

[8] Said S E, Dickey D A. Testing for Unit Roots in Autoregressive - Moving Average Models of Unknown Order [J]. Biometrica, 1984, 71 (3): 599-607.

[9] Engle R F, Granger C W J. Co - Integration and Error Correction: Representation, Estimation, and Testing [J]. Ecnometrica, 1987, 55 (2): 252-276.

[10] Granger C W J, Newhold P. Spurious Regressions in Econometrics [J]: Journal of Econometrics,

1974, 2 (2): 111-120.

[11] Engsted T, Gonzalo J, Haldrup N. Testing for Multicontegration [J]. Economics Letters, 1997, 56 (3): 259-266.

# 第 8 章
# 面板数据模型

### 本章导读

面板数据模型是现代计量经济学的核心内容，按照数据的类型，面板数据模型分为短面板数据模型和长面板数据模型两种。在进行面板数据模型分析过程中，内生性问题不容忽视，内生性直接影响到估计结果的可靠性，一般采用工具变量法来解决。对于动态面板数据模型所出现的内生性问题，也可以使用 GMM 来处理。因此，本章在分别介绍短面板数据模型和长面板数据模型的基础上，进一步介绍了模型的内生性问题及工具变量法，本章内容的结构框架如图 8-1 所示。

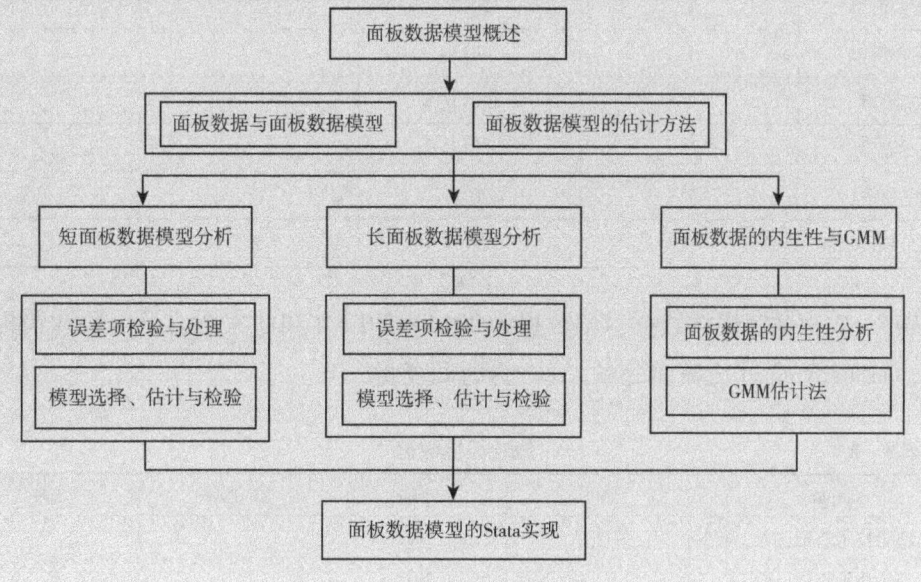

图 8-1　第 8 章内容框架图

## 8.1 面板数据模型概述

### 8.1.1 面板数据与面板数据模型的类型

(1) 面板数据的类型

面板数据是指在一定时期内追踪观测同一组个体的特征变量，收集到具有时间和截面两个维度特征的数据。这组数据既有截面个体的维度，又有时间维度，具有截面和时间两个维度的特征。面板数据可以分为宏观面板数据和微观面板数据，宏观面板数据通常以地区和行业为截面个体，微观面板数据通常以个人、家庭和企业为截面个体。

表8-1为宏观面板数据。该数据包括中国2011~2013年286个城市数字经济和创新能力水平，其中，city 或 id 为截面变量，year 为时间变量。

表8-1　　　　　　　　　　宏观面板数据

| city | id | year | 数字经济水平 | 创新能力 |
|---|---|---|---|---|
| 七台河市 | 1 | 2011 | | |
| 七台河市 | 1 | 2012 | | |
| 七台河市 | 1 | 2013 | | |
| 三亚市 | 2 | 2011 | | |
| 三亚市 | 2 | 2012 | | |
| 三亚市 | 2 | 2013 | | |
| … | … | … | | |

表8-2为微观面板数据。该数据为2011~2013年200家企业员工数和销售额，其中，company 或 id 为截面变量，year 为时间变量。

表8-2　　　　　　　　　　微观面板数据

| company | id | year | employee | sales |
|---|---|---|---|---|
| 华为技术有限公司 | 1 | 2011 | | |
| 华为技术有限公司 | 1 | 2012 | | |
| 华为技术有限公司 | 1 | 2013 | | |
| 比亚迪股份有限公司 | 2 | 2011 | | |

续表

| company | id | year | employee | sales |
|---|---|---|---|---|
| 比亚迪股份有限公司 | 2 | 2012 | | |
| 比亚迪股份有限公司 | 2 | 2013 | | |
| … | … | … | | |

面板数据还可以分为长面板和短面板、平衡面板和非平衡面板。长面板数据一般是指时间维度 $t$ 大于截面维度 $n$ 的数据，短面板数据是时间维度 $t$ 小于截面维度 $n$ 的数据。表 8-1 和表 8-2 中数据截面分别为 286 和 200，时间维度均为 3，截面数大于时间数，所以均为短面板数据。平衡面板数据是指数据中每个个体在每个时间维度中均有观测值，反之则为非平衡面板数据。

面板数据同时包含时间和截面特征，具有如下优点：一是可以处理不可观测的个体异质性导致的内生性，这种个体异质性不随时间改变，面板数据在进行组内差分时，消除了个体异质性的影响。二是包含截面和时间两个维度，拥有更多个体动态行为变化的信息。比如要考察规模和技术进步对企业生产率的影响，对于时间序列而言，能够有效考察技术进步对企业生产率的影响，但是无法考察不同规模对企业生产率的影响；对于截面数据而言，能够有效考察不同规模对企业生产率的影响，但是无法考察技术进步对企业生产率的影响。三是相对于时间序列和截面序列，面板数据的样本量更大，能够有效提高估计精准度。

（2）面板数据模型的类型

面板数据模型主要分为固定效应模型、随机效应模型和混合回归模型。固定效应模型和随机效应模型包含不可观测的个体效应，混合回归模型是指不存在不可观测个体效应的模型。

如果个体效应与解释变量相关，则采用固定效应模型（Fixed Effects Model，记为 FE）。固定效应模型又可以分为三类：个体固定效应、时间固定效应和双向固定效应。

个体固定效应模型可以设定为：

$$y_{it} = \beta x_{it} + u_i + \varepsilon_{it} \tag{8-1}$$

其中，$y_{it}$ 为被解释变量，$i$ 表示截面，$t$ 表示时间，$x_{it}$ 表示解释变量，$\varepsilon_{it}$ 表示随机扰动项，$u_i$ 表示不随时间变化的不可观测的个体效应。

时间固定效应模型可以设定为：

$$y_{it} = \beta x_{it} + \lambda_t + \varepsilon_{it} \tag{8-2}$$

其中，$\lambda_t$ 表示不可观测的时间效应，如果发生政策或经济冲击，在同一时间所有个体都受到同一政策或经济的冲击。

双向固定效应模型可以设定为：

$$y_{it} = \beta x_{it} + u_i + \lambda_t + \varepsilon_{it} \tag{8-3}$$

该模型不仅控制了不随时间变化的个体效应 $u_i$，还控制了随时间变化不随个体变化的时间效应 $\lambda_t$。

如果 $u_i$ 与任一解释变量 $x_{it}$ 不相关，则采用随机效应模型（Random Effects Model，记为 RE）。

如果不存在个体效应，即 $u_i = 0$，则采用混合面板数据模型，模型设定为：

$$y_{it} = \beta x_{it} + \varepsilon_{it} \tag{8-4}$$

此外，面板数据模型还可以分为静态面板数据模型和动态面板数据模型。动态面板数据模型是指解释变量中包含被解释变量滞后期的模型，静态面板模型是指解释变量中不包含被解释变量滞后期的模型。

### 8.1.2 面板数据模型的估计

（1）固定效应模型的估计

固定效应估计方法包括固定效应变换法和最小二乘虚拟变量法（Least Square Dummy Variable，LSDV）。

固定效应变换法的估计步骤：将式（8-1）两边对时间取平均值，可得式（8-5）：

$$\bar{y}_i = \beta \bar{x}_i + \bar{u}_i + \bar{\varepsilon}_i \tag{8-5}$$

式（8-1）的左右两边分别减去式（8-5）的左右两边，可得差分形式：

$$y_{it} - \bar{y}_i = \beta(x_{it} - \bar{x}_i) + (\varepsilon_{it} - \bar{\varepsilon}_i) \tag{8-6}$$

令 $y_{it}^* = y_{it} - \bar{y}_i$，$x_{it}^* = x_{it} - \bar{x}_i$，$\varepsilon_{it}^* = \varepsilon_{it} - \bar{\varepsilon}_i$，则式（8-6）变为：

$$y_{it}^* = \beta x_{it}^* + \varepsilon_{it}^* \tag{8-7}$$

式（8-7）消除不可观测的个体效应 $u_i$，如果解释变量与误差项不相关，采用普通最小二乘法（Ordinary Least Squares，OLS）可以得到 $\beta$ 的无偏或一致估计量，称为固定效应估计量，记为 $\hat{\beta}_{FE}$，由于 $\hat{\beta}_{FE}$ 主要使用每个个体的组内离差信息，来消除不可观测的个体效应所带来的内生性问题，因而也称为组内估计量。

固定效应变换法的优点，即使个体效应与解释变量相关，也可以得到一致估计。其缺点是无法估计不随时间变化的变量的影响，如籍贯、性别等。LSDV 方法则可以解决这一问题，一方面可以通过生成年份的虚拟变量控制时间效应，另一方面通过生成个体的虚拟变量，来控制个体固定效应。

LSDV 方法就是将不可观测的个体效应作为待估参数，n 个截面就引入 n-1 个虚拟变量，计量模型设定如下：

$$y_{it} = \beta_0 + \beta_1 x_{it} + \gamma_1 D_1 + \gamma_2 D_2 + \cdots + \gamma_{n-1} D_{n-1} + \varepsilon_{it} \tag{8-8}$$

其中，如果截面单位为 31 个省区市，则回归线的斜率相同，均为 $\beta_1$，但是截距不同。第一个省份的截距为 $\beta_0$，第二个省份的截距为 $\beta_0+\gamma_1$，依此类推，第 n 个省份的截距为 $\beta_0+\gamma_{n-1}$。LSDV 不仅能够估计不可观测的每个个体的异质性，还能估计不随时间变化变量的影响。

如果只存在个体效应，则直接添加个体的虚拟变量；如果只存在时间效应，则只需要添加时间的虚拟变量；如果同时存在时间和个体效应，则需要同时添加个体虚拟变量和时间虚拟变量，在面板数据模型分析过程中，大多采用同时固定个体和时间的双固定效应。

（2）随机效应模型估计

对于随机效应模型的估计，OLS 虽然可以得到一致估计量，但不是有效估计量。由于存在个体效应，因而同一个体在不同时间上的复合误差项（$v_{it}=u_i+\varepsilon_{it}$）之间存在正的自相关（$Corr(v_{it},v_{is})=\sigma_u^2/(\sigma_u^2+\sigma_\varepsilon^2), t\neq s$）。其中，$\sigma_u^2$ 为不可观测的个体效应的方差，$\sigma_\varepsilon^2$ 为误差项的方差。

通过广义最小二乘法（Generalized Least Square，GLS）估计随机效应模型，得到随机效应估计量。其基本思路如下：

首先，对随机效应模型采用广义离差变换得到广义离差模型：

$$y_{it}-\lambda\bar{y}_i=\beta_0(1-\lambda)+\beta_1(x_{it}-\lambda\bar{x}_i)+(v_{it}-\lambda\bar{v}_i) \qquad (8-9)$$

其中，$\lambda=1-[\sigma_\varepsilon^2/(\sigma_\varepsilon^2+T\sigma_u^2)]^{1/2}$，然后用不可观测效应方差的估计量 $\hat{\sigma}_u^2$ 和误差项方差的估计量 $\hat{\sigma}_\varepsilon^2$ 替代得到 $\hat{\lambda}$。最后通过 OLS 估计模型（8-9），可以得到随机效应估计量。

当 $\hat{\lambda}=0$ 时，式（8-9）就变成混合回归模型；当 $\hat{\lambda}$ 趋近于 0 时，则随机效应模型趋近于混合回归模型，相对于误差项，个体效应不重要；当 $\hat{\lambda}=1$ 时，式（8-9）就变成固定效应模型；$\hat{\lambda}$ 趋近于 1 时，则随机效应模型趋近于固定效应模型，相对于误差项，个体效应显得重要。

## 8.2 短面板数据模型

短面板数据模型分析的步骤主要包括误差项相关问题的检验和处理，以及短面板数据模型的选择三个部分。

### 8.2.1 误差项相关问题的检验

在进行面板数据模型分析之前，首先需要对误差项相关问题进行检验，以保证统计推断的准确性，误差项的检验一般包括截面相关、异方差和自相关检验，三种检验的 Stata 命令见表 8-3。

首先，检验误差项是否存在截面相关，可以采用 xtcsd 命令进行检验，如果是平衡面板数据模型且包含时间效应，则在运行固定效应之后，采用 xtcsd，fre 进行检验，如果是非平衡面板和动态面板，则在运行固定效应之后，采用 xtcsd，pes 进行检验。

其次，检验误差项是否存在异方差，一般采用 xttest3 命令进行检验。在运行固定效应回归之后，采用 xttest3 命令检验误差项是否存在异方差，此命令对应检验的原假设为误差项不存在异方差，如果 $P$ 值小于 0.1，则在 10% 的显著性水平下拒绝原假设，表明存在异方差。

最后，检验误差项是否存在自相关，一般采用命令 xtserial 进行检验，一般检验的是一阶自相关，此命令对应检验的原假设为误差项不存在一阶自相关，如果 $P$ 值小于 0.1，则在 10% 显著性水平下拒绝原假设，表明误差项存在一阶自相关（见表 8-3）。

表 8-3　　　　　　　　　误差项的检验命令

| 误差项存在的问题 | 命令 |
| --- | --- |
| 截面相关 | xtcsd |
| 异方差 | xttest3 |
| 自相关 | xtserial |

## 8.2.2　误差项的处理

对于短面板数据模型，估计时需要考虑误差项的异方差、自相关和截面相关问题。如果误差项存在自相关、异方差和截面相关，则需要进行修正，一般的解决方式如表 8-4 所示。

（1）普通回归法。在 reg、xtreg 命令中加入选项 robust，可以获得 White 稳健标准误，解决异方差问题。在命令中加入 cluster，可以获得稳健聚类标准误，解决异方差和自相关两大问题，聚类就是由不同时期的个体所有观测值组成，同一聚类的观测值允许存在相关性。

（2）可行广义最小二乘法。在 xtgls 命令中加入选项 panels( ) 和 corr( )，处理误差项存在异方差、同期截面相关和一阶自相关问题。

（3）面板校正标准误。在 xtpcse 命令中加入选项 correlation( )，可以同时处理误差项存在异方差、同期截面相关和一阶自相关问题。

（4）Driscoll-Kraay 标准误回归。采用 xtscc 命令，同时处理误差项存在异方差、q 阶移动平均 MA(q) 自相关和截面相关问题。

表 8-4　　　　　　　　　　　短面板数据模型命令及选项

| 命令 | 选项 | 解决误差项的问题 |
| --- | --- | --- |
| reg, xtreg | robust | 异方差问题 |
| reg, xtreg | cluster( ) | 异方差和自相关问题 |
| xtgls | panels( ), corr( ) | 异方差、同期截面相关和 AR(1) 自相关问题 |
| xtpcse | correlation( ) | 异方差、同期截面相关和 AR(1) 自相关问题 |
| xtscc | | 异方差、MA(q) 自相关和截面相关问题 |

### 8.2.3　面板数据模型的选择

短面板数据模型主要包括混合回归模型、固定效应模型和随机效应模型三种。但在进行模型选择之前需要考虑模型的误差项是否存在自相关、异方差和截面相关等问题。

（1）混合回归模型与固定效应模型的比较

如果误差项不存在自相关、异方差和截面相关等问题，则可以直接使用 $F$ 检验来比较混合回归模型和固定效应模型。$F$ 检验的原假设为所有个体固定效应为 0，即 "$H_0$: all $\mu_i = 0$"。如果 $P$ 值小于 0.1，则在 10% 的显著性水平下拒绝原假设，倾向于选择固定效应模型，如果不拒绝原假设，就选择混合回归模型。

（2）混合回归模型与随机效应模型的比较

如果误差项不存在自相关、异方差和截面相关等问题，则可以采用 LM 检验来比较选择混合回归模型和随机效应模型。首先，采用随机效应进行估计，然后输入 xttest0，则可以得出检验个体效应的 LM 检验。LM 检验的原假设 $H_0$: $\sigma_u^2 = 0$，即不存在个体效应，备择假设 $H_1$: $\sigma_u^2 \neq 0$。如果 $P$ 值小于 0.1，则在 10% 的显著性水平下拒绝原假设，倾向于选择随机效应模型。

（3）固定效应模型和随机效应模型之间的比较

如果误差项不存在自相关、异方差和截面相关，一般采用 Hausman 检验来比较固定效应模型和随机效应模型。其检验思想是：如果个体效应和解释变量不相关，则使用 FE 和 RE 模型估计都可以得到一致估计量，但 RE 更有效；如果个体效应和解释变量之间相关，则 FE 可以得到一致估计量，RE 估计是有偏的。因此，如果原假设成立，则 FE 和 RE 的估计量均收敛于真实参数，两者之间没有系统性差异，选择 RE；反之则选择 FE。如果 Hausman 检验的 P 值小于 0.1，表明在 10% 的显著性水平下固定效应和随机效应之间存在系统性差异，倾向于可选择固定效应模型。

## 8.3 长面板数据模型

短面板数据模型重点关注不可观测的个体效应的处理,而长面板数据模型可以将个体效应用虚拟变量来控制,重点关注误差项的自相关、异方差和截面相关的处理。长面板数据不再区分固定效应、随机效应和混合回归模型,而是采用虚拟变量控制个体固定效应,采用时间趋势项控制时间效应。长面板数据通常采用个体虚拟变量和时间趋势项的双固定效应模型。

### 8.3.1 误差项的检验

长面板数据模型也需要关注误差项的自相关、异方差和截面相关问题的处理,即需要检验误差项是否存在组内自相关、异方差和截面相关问题。

(1) 自相关的检验

如果存在 $Cov(\varepsilon_{it}, \varepsilon_{is}) \neq 0 (t \neq s, \forall i)$,则表示误差项存在组内自相关。检验自相关的 Stata 命令是 xtserial,我们可以得到 F 检验结果,原假设为不存在组内的一阶自相关。如果检验结果显示 P 值小于 0.1,则表明在 10% 的显著性水平下,拒绝原假设,表明存在组内一阶自相关。

(2) 截面相关的检验

如果存在 $Cov(\varepsilon_{it}, \varepsilon_{jt}) \neq 0 (i \neq j, \forall t)$,则表示误差项存在截面相关。检验截面相关采用的 Stata 命令是 xttest2,该命令在运行 fe、或 xtgls、或 ivreg2 命令后才能使用。如果检验结果显示 P 值小于 0.1,表明在 10% 的显著性水平下拒绝截面不相关的原假设,误差项存在截面相关。

(3) 异方差的检验

如果 $\sigma_i^2 \neq \sigma_j^2 (i \neq j)$,其中,$\sigma_i^2 = Var(\varepsilon_{it})$,$\sigma_j^2 = Var(\varepsilon_{jt})$,则表示误差项存在组间异方差。检验异方差的 Stata 命令是 xttest3,该命令在运行 fe 或 xtgls 命令后才能使用。若检验结果显示 P 值小于 0.1,表明在 10% 的显著性水平下,拒绝不存在异方差的原假设,误差项存在异方差。

### 8.3.2 误差项的处理

处理长面板数据模型误差项问题的 Stata 命令主要有三种:xtpcse、xtgls 和 xtscc,其中 xtpcse、xtgls 需要添加选项来处理误差项,而 xtscc 不需要添加选项,就能同时处理误差项存在自相关、异方差和截面相关等问题（见表 8-5）。

第一种命令是面板误差校正法 xtpcse。如果误差项存在组内自相关，则需要在选项中添加 corr(ar1)，就可以处理自相关问题。如果存在异方差问题，则需要在选项中添加 hetonly，就可以控制异方差，而不考虑扰动项存在同期截面相关问题。如果扰动项同时存在异方差和同期截面相关问题，则不添加任何选项即可。如果不存在异方差和截面相关问题，则需要添加 independent 选项。

第二种 Stata 命令是可行广义最小二乘法 xtgls。如果不存在异方差和同期相关问题，则添加 panels(iid) 选项即可。如果存在异方差不存在同期相关问题，则添加 panels(heteroskedastic)。如果同时存在异方差和截面相关问题，则需要添加选项 panels(correlated) 进行处理。

表 8-5　　　　　长面板数据模型中误差项问题的处理命令及选项

| 命令 | 误差项问题 | 选项 |
| --- | --- | --- |
| xtpcse | 组内自相关 | corr（ar1） |
|  | 异方差，无截面相关 | hetonly |
|  | 异方差和截面相关 | 无 |
|  | 无异方差，无截面相关 | independent |
| xtgls | 组内自相关 | corr（ar1） |
|  | 异方差，无截面相关 | panels（heteroskedastic） |
|  | 异方差和截面相关 | panels（correlated） |
|  | 无异方差，无截面相关 | panels（iid） |
| xtscc | 自相关、异方差和截面相关 | 无 |

## 8.4　面板数据模型的内生性

在分析面板数据模型的过程中，除了误差项的处理外，处理模型中可能存在的内生性也至关重要，本节重点分析面板数据模型内生性的来源及处理方法。当模型存在内生性问题时，工具变量法是一种很好的处理方法，但要想找到一个理想的工具变量是十分困难的。动态面板数据模型为解决模型的内生性提供了一种新的方案，为此，本节还介绍动态面板数据模型的理论，以及差分 GMM 和系统 GMM 估计方法在估计与处理动态面板数据模型及其内生性中的应用。

### 8.4.1　静态面板数据模型的内生性分析

（1）面板数据模型内生性问题的主要来源

从面板数据模型内生性问题来源来看，主要体现在两个方面。一方面，如果解释变量与不可观测的个体效应相关，由于个体效应不可观测性，使其在模型估计中，被纳入随机扰动项中，这将使得解释变量与随机扰动项相关，由此产生内生性问题，对此，在静态面板数据模型分析过程中，可以通过采用个体固定效应模型来控制和处理。另一方面，类似于截面数据模型产生内生性问题的原因，由于遗漏变量、双向因果和测量偏误，而使得解释变量与误差项相关，进而产生内生性，对此常常使用工具变量法来进行处理。

（2）面板数据模型内生性的处理

对于面板数据模型内生性问题的处理，可以选择如同截面数据模型处理内生性的方式分析内生性问题，即通过寻找工具变量，选择两阶段最小二乘法来处理与估计模型中出现的内生性问题。

另一方面，对于面板数据模型而言，还可以利用内生解释变量"自身"处理自身的内生性问题，即使用内生解释变量的滞后项作为当期的工具变量。以金融发展对外商直接投资的影响为例，由于金融发展能够促进外商直接投资，同时外商直接投资也会反过来促进金融发展，金融发展可能存在内生性。为了缓解内生性，可以使用金融发展的滞后一期作为工具变量对当期金融发展进行替换。一般来说，当前的误差冲击会影响当前的外商直接投资，而不会影响上期的金融发展，上期的金融发展与当前的误差项之间不存在直接相关关系。同时当前的金融发展一般与上期的金融发展之间存在相关关系，所以，上一期的金融发展可以作为当前金融发展的工具变量。但利用内生变量的滞后一期做工具变量也存在一定的缺点，一是无法解决遗漏变量导致的内生性，二是无法解决测量偏误导致的内生性，三是无法判断当期金融发展是否存在内生性问题。

（3）面板数据模型工具变量法的检验

面板数据模型的工具变量法是在模型内解释变量出现内生性的情况下，通过寻找与内生解释变量相关，且与随机扰动项无关的工具变量，借以两阶段最小二乘法来处理内生性。由此可见，在使用工具变量法之前要进行解释变量的内生性检验，同时，使用工具变量过程中，需要进行相关性检验（解释变量与工具变量相关的检验），以及外生性检验（工具变量与随机扰动项无关的检验），检验的基本原理类似于前文介绍截面数据模型处理内生性时三种检验的基本理论。在此不再赘述，仅通过 Stata 实例来展示面板数据的内生性检验与工具变量法的应用。

### 8.4.2　动态面板数据模型的内生性

（1）动态面板数据模型的估计

动态面板数据模型是将被解释变量的滞后项作为解释变量引入模型，这将使得任意期的被解释变量都能够与其滞后项建立起联系，同时也可以使用迭代的方法，用被解释变量的过去来反映其当前，表现出动态特征。

动态面板数据模型的设定如下：

$$y_{it} = \theta y_{i,t-1} + x'_{it}\beta_i + \mu_i + \varepsilon_{it} \tag{8-10}$$

其中，$y_{it}$ 为被解释变量，$y_{i,t-1}$ 为被解释变量的滞后一期，$x'_{it}$ 为其它解释变量，$\mu_i$ 为不可观测的个体固定效应，$\varepsilon_{it}$ 为随机扰动项。

由于 $y_{it}$ 与 $y_{i,t-1}$ 相关，$y_{it}$ 与 $\varepsilon_{it}$ 相关，则 $y_{i,t-1}$ 与 $\varepsilon_{it}$ 相关，由此，$y_{i,t-1}$ 是一个内生变量，此时，如果采用普通最小二乘法对模型（8-10）进行估计，估计结果将是有偏或不一致的。

如果采用类似静态面板数据模型中固定效应的组内离差变换法，我们可以发现被解释变量滞后一期的组内离差为 $y^*_{i,t-1} = y_{i,t-1} - \frac{1}{T-1}(y_{i2} + \cdots + y_{iT})$，误差项的组内离差为 $\varepsilon^*_{i,t} = \varepsilon_{i,t} - \frac{1}{T-1}(\varepsilon_{i2} + \cdots + \varepsilon_{iT})$。由于 $y_{it}$ 与 $\varepsilon_{it}$ 正相关，所以，$-\frac{1}{T-1}y_{it}$ 与 $\varepsilon_{it}$ 负相关；由于 $y_{i,t-1}$ 与 $\varepsilon_{i,t-1}$ 正相关，所以，$y_{i,t-1}$ 与 $-\frac{1}{T-1}\varepsilon_{i,t-1}$ 负相关，因此，采用组内离差变换法的估计结果是有偏的。

如果采用一阶差分，变换后的结果为：

$$\Delta y_{it} = \theta \Delta y_{i,t-1} + \Delta x'_{it}\beta_i + \Delta \varepsilon_{it} \tag{8-11}$$

虽然一阶差分消除了公式（8-10）中的个体固定效应，然而，由于 $y_{i,t-1}$ 与 $\varepsilon_{i,t-1}$ 正相关，而 $\Delta y_{i,t-1} = y_{i,t-1} - y_{i,t-2}$、$\Delta \varepsilon_{i,t} = \varepsilon_{i,t} - \varepsilon_{i,t-1}$，所以 $\Delta y_{i,t-1}$ 和 $\Delta \varepsilon_{i,t}$ 是相关的，模型（8-11）仍然存在内生性。

由此可见，静态面板数据模型使用组内离差变换法（也称组内去中心化）、差分变换法均不能够消除动态面板数据模型所出现的内生性问题，为此，需要通过工具变量法来处理动态面板数据的内生性问题。Anderson 和 Hsiao（1982）提出 $y_{i,t-2}$ 作为差分变量 $\Delta y_{i,t-1} = y_{i,t-1} - y_{i,t-2}$ 的工具变量，因为 $\Delta y_{i,t-1}$ 包含 $y_{i,t-2}$，所以 $y_{i,t-2}$ 与 $\Delta y_{i,t-1}$ 高度相关。如果 $\varepsilon_{i,t}$ 不存在自相关，则 $y_{i,t-2}$ 与 $\Delta \varepsilon_{i,t}$ 不相关，所以，$y_{i,t-2}$ 符合工具变量的要求。同理，$y_{i,t-3}$、$y_{i,t-4}$ 也符合工具变量的要求，为了使用更多工具变量，充分运用样本信息，可以采用广义矩估计（GMM）来估计动态面板数据模型。

(2) GMM 估计

GMM 估计方法主要有两种：差分 GMM（Difference GMM）和系统 GMM（System GMM）。差分 GMM 就是对动态面板数据模型的水平方程进行一阶差分，用一组滞后的解释变量作内生差分变量的工具变量。系统 GMM 基于差分 GMM，不仅包括差分方程，还包括水平方程，并用一组差分变量作为水平方程的工具变量。

GMM 估计量的一致性需要满足两个条件：一是采用 Hansen 过度识别约束检验对工具变量的外生性进行分析，即检验工具变量与误差项是否相关。二是对随机误差项的二阶序列相关性进行检验，原假设一阶差分方程的随机误差项不存在二阶序列相关。当 AR (1) 的 P 值小于 0.1，AR (2) 的 P 值大于 0.1 时，表明模型误差项的差分在 10% 的显著性水平上接受"随机扰动项无自相关"的原假设。此外，当 GMM 的估计值介于固定效应估计值和 OLS 估计值之间时，则 GMM 的估计方法是可靠有效的（Bond，2002）。

## 8.5 面板数据模型的 Stata 实现

### 8.5.1 短面板数据模型的 Stata 实现

本部分以金融发展对中国省级外商直接投资（FDI）的影响为例来介绍短面板数据模型的 Stata 实现，共分为五个步骤。

（1）模型的设定

为了检验金融发展对中国省级 FDI 的影响，本书构建了双向固定面板数据模型：

$$lnfdi_{it} = \beta_0 + \beta_1 loan_{it} + \beta_2 open_{it} + \beta_3 lngdp_{it} + \beta_4 capital_{it} + \beta_5 infrastructure_{it}$$
$$+ \mu_i + \gamma_t + \varepsilon_{it} \tag{8-12}$$

其中，$lnfdi_{it}$ 为外商投资企业投资总额的对数，$loan_{it}$ 为银行全部贷款余额与省份 GDP 之比，$open_{it}$ 为进出口总额与省份 GDP 之比，$lngdp_{it}$ 为 GDP 的对数，$capital_{it}$ 为地区小学、初中、高中、专科和本科学历人数占地区人数比重与受教育年限相乘之和，$infrastructure_{it}$ 为铁路与公路里程之和与地区面积之比，$\beta_0$，$\beta_1$，$\beta_2$，$\cdots$，$\beta_5$ 为待估参数，$\mu_i$ 表示不可观测的个体效应，$\gamma_t$ 表示时间效应，$\varepsilon_{it}$ 表示随机扰动项。数据来源中国统计年鉴，可以将数据命名为"中级计量经济学\第 8 章数据\金融发展与中国省级区域 FDI. dta"，并存入 C 盘中。

首先从 do 文件运行命令导入数据，使用命令：use "C:\中级计量经济学\第 8 章数据\金融发展与中国省级区域 FDI. dta", clear 来导入数据。采用 xtdes 命令查看面板数据特征，发现这个数据共有 31 个截面，时期数为 8，是一个平衡短面板数据（见图 8-2）。Stata 命令：

use "C:\中级计量经济学\第8章数据\金融发展与中国省级区域 FDI. dta", clear

```
. xtdes
      id:  1, 2, ..., 31                                    n =         31
    year:  2010, 2011, ..., 2017                            T =          8
           Delta(year) = 1 unit
           Span(year)  = 8 periods
           (id*year uniquely identifies each observation)

Distribution of T_i:   min      5%     25%     50%     75%     95%     max
                         8       8       8       8       8       8       8

     Freq.  Percent    Cum.  |  Pattern
       31    100.00  100.00  |  11111111
       31    100.00          |  XXXXXXXX
.
end of do-file
```

图 8-2 面板数据的基本特征

在进行面板数据分析时,如果截面变量 city 为字符型数据,需要转化为数值型变量,转化命令: encode city, gen (id)。面板数据的设定命令: xtset id year, 其中,id 为截面变量,year 为时间变量(见图 8-3)。

```
xtset id year        //面板设定
      panel variable:  id (strongly balanced)
       time variable:  year, 2010 to 2017
               delta:  1 unit
```

图 8-3 面板数据的设定

(2) 描述性统计与画图

使用命令 sum 对变量进行描述性统计,例如,sum lnfdi loan lngdp open capital infrastructure,得到变量的描述性统计结果(见表 8-6)。

表 8-6 面板数据的描述性统计结果

| Variable | Obs | Mean | Std. Dev. | Min | Max |
| --- | --- | --- | --- | --- | --- |
| lnfdi | 248 | 10.82575 | 1.49955 | 6.280396 | 14.38209 |
| loan | 248 | 14.62673 | 5.171213 | 5.626585 | 32.66477 |
| lngdp | 248 | 9.579143 | 0.988763 | 6.229418 | 11.40428 |
| open | 248 | 0.27954 | 0.32559 | 0.016869 | 1.548163 |
| capital | 248 | 9.314925 | 0.959336 | 5.095954 | 12.041 |
| infrastructure | 248 | 0.906978 | 0.518737 | 0.049936 | 2.174619 |

在进行回归分析之前,我们可以画出被解释变量和核心解释变量之间的散点图及拟合曲线,直观观察两者之间的相关关系,命令为: twoway (scatter lnfdi loan) (lfit lnfdi loan),可以发现两者之间存在正相关关系(见图 8-4)。

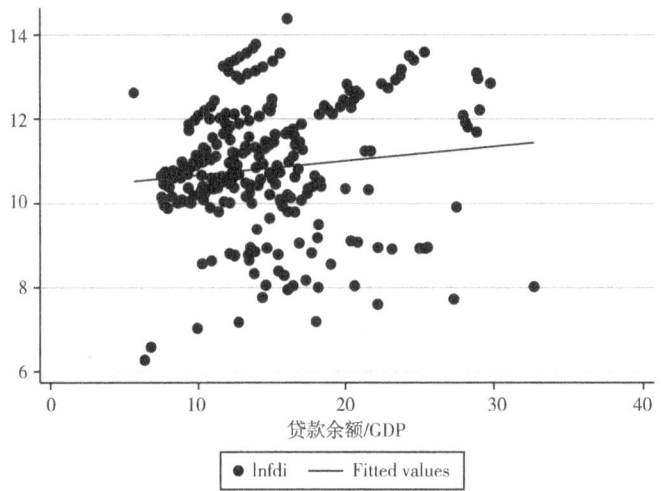

图 8-4　金融发展和外商直接投资之间的散点图和拟合曲线

由于相关关系没有控制其他变量的影响，为此，在控制其他变量的基础上，展示核心解释变量和被解释变量之间的偏相关关系，可以在回归之后采用 avplot 命令。

先进行 LSDV 估计，双向固定效应模型的 Stata 命令：reg lnfdi loan lngdp open capital infrastructure i. year i. id，然后输入 avplot loan，就可以得到 lnfdi 和 loan 之间的偏相关图。

从图 8-5 可以看出，在控制了其他变量的影响后，金融发展和外商直接投资之间仍然为正相关关系。

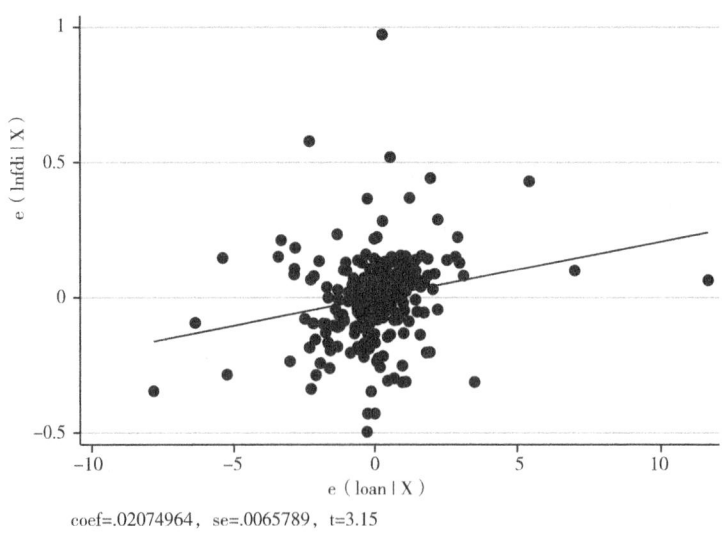

图 8-5　金融发展 loan 和外商直接投资 lnfdi 的偏相关图

（3）误差项的检验

误差项的检验一般包括同期截面相关、异方差和自相关的检验。

首先检验误差项是否存在截面相关问题，可以采用 xtcsd 命令进行检验。如果是平衡面板数据模型且包含时间固定效应，则在固定效应之后采用 xtcsd, fre 进行检验；如果是非平衡面板和动态面板，则在固定效应之后采用 xtcsd, pes 进行检验。

本数据为平衡面板数据，并且包含时间固定效应、个体固定效应，模型的 Stata 命令（见图 8-6）。

```
. xtreg lnfdi loan lngdp open capital infrastructure i.year, fe

Fixed-effects (within) regression              Number of obs      =        248
Group variable: id                             Number of groups   =         31

R-sq:                                          Obs per group:
     within  = 0.8143                                        min =          8
     between = 0.8164                                        avg =        8.0
     overall = 0.8154                                        max =          8

                                               F(12, 205)         =      74.92
corr(u_i, Xb)  = 0.2420                        Prob > F           =     0.0000
```

| lnfdi | Coef. | Std. Err. | t | P>\|t\| | [95% Conf. Interval] | |
|---|---|---|---|---|---|---|
| loan | .0207496 | .0065789 | 3.15 | 0.002 | .0077787 | .0337206 |
| lngdp | 1.050723 | .1853283 | 5.67 | 0.000 | .685329 | 1.416117 |
| open | -.2977782 | .1648248 | -1.81 | 0.072 | -.6227474 | .0271909 |
| capital | .0597564 | .0467763 | 1.28 | 0.203 | -.032468 | .1519808 |
| infrastructure | .4763843 | .3241765 | 1.47 | 0.143 | -.1627633 | 1.115532 |
| year | | | | | | |
| 2011 | -.1184877 | .0657932 | -1.80 | 0.073 | -.2482058 | .0112305 |
| 2012 | -.1640245 | .0797707 | -2.06 | 0.041 | -.3213007 | -.0067484 |
| 2013 | -.2220671 | .0969831 | -2.29 | 0.023 | -.4132794 | -.0308549 |
| 2014 | -.217476 | .1121371 | -1.94 | 0.054 | -.4385659 | .0036138 |
| 2015 | -.0754015 | .1136841 | -0.66 | 0.508 | -.2995415 | .1487385 |
| 2016 | -.0820295 | .1292691 | -0.63 | 0.526 | -.336897 | .1728379 |
| 2017 | .0965713 | .1435534 | 0.67 | 0.502 | -.186459 | .3796016 |
| _cons | -.350363 | 1.779361 | -0.20 | 0.844 | -3.858558 | 3.157831 |
| sigma_u | .65276635 | | | | | |
| sigma_e | .17488716 | | | | | |
| rho | .93302775 | (fraction of variance due to u_i) | | | | |

```
F test that all u_i=0: F(30, 205) = 50.95              Prob > F = 0.0000
```

**图 8-6　双固定效应估计结果**

从图 8-7 可以看出，Frees test 的值为 2.93，大于 1% 显著性水平下的临界值 0.6605，表明在 1% 的显著性水平下，拒绝不存在同期截面相关的原假设，模型的误差项存在同期截面相关。

```
. xtcsd, fre

 Frees' test of cross sectional independence =      2.930
|---------------------------------------------------------|
 Critical values from Frees' Q distribution
                         alpha = 0.10 :   0.3169
                         alpha = 0.05 :   0.4325
                         alpha = 0.01 :   0.6605

.
end of do-file
```

图 8-7　短面板数据误差项的截面相关检验结果

其次是异方差检验，我们在进行双固定效应模型估计后，采用 xttest3 命令进行检验。Stata 命令：

xtreg lnfdi loan lngdp open capital infrastructure i.year, fe

xttest3

```
Modified Wald test for groupwise heteroskedasticity
in fixed effect regression model

H0: sigma(i)^2 = sigma^2 for all i

chi2 (31)  =    5744.50
Prob>chi2  =     0.0000

.
end of do-file
```

图 8-8　短面板数据模型误差项的异方差检验结果

异方差检验的原假设：对于个体 i，所有方差都相同。从图 8-8 可以看出，卡方值为 5744.5，P 值为 0.000，拒绝原假设，表明模型的误差项存在异方差。

最后是自相关检验，在进行双向固定效应模型估计后，采用命令 xtserial 进行自相关检验，Stata 命令：

tab year ,gen(year)

tab id ,gen(id)

xtserial　lnfdi loan lngdp open capital infrastructure year2 - year8 id2 - id31

自相关检验的原假设：误差项不存在一阶自相关。从图 8-9 的检验结果可以看出，F 值为 13.624，P 值为 0.0009，在 1% 的显著水平下，拒绝原假设，表明模型的误差项存在自相关。

```
. xtserial  lnfdi loan lngdp open capital infrastructure year2-year8 id2-id31
Wooldridge test for autocorrelation in panel data
H0: no first order autocorrelation
    F(  1,      30) =     13.624
           Prob > F =      0.0009

.
end of do-file
```

图 8-9　短面板数据模型的自相关检验结果

（4）模型选择

短面板数据模型主要包括混合回归模型、固定效应模型和随机效应模型。模型的选择首先需要考虑误差项是否存在自相关、异方差和同期截面相关。

①混合回归模型与固定效应模型之间的选择

如果误差项不存在自相关、异方差和截面相关，则直接使用 $F$ 检验来比较混合回归模型和固定效应模型。输入命令：xtreg lnfdi loan lngdp open capital infrastructure i. year, fe 则输出结果中就包含 $F$ 检验，该检验的原假设 "$H_0$: all $\mu_i = 0$"。如果拒绝原假设，就选择固定效应模型；如果不拒绝原假设，就选择混合回归模型。

如果检验发现误差项存在自相关、异方差和同期截面相关，可以采用命令 xtscc 消除自相关、异方差和截面相关，考察个体效应。

xtscc lnfdi loan lngdp open capital infrastructure year2 - year8 id2 - id31

testparm　id*

从图 8-10 可以看出，P 值为 0.0000，表明拒绝原假设，认为存在个体效应，选择个体固定效应模型。

②混合回归模型与随机效应模型之间的选择

对于混合回归模型和随机效应模型之间的比较。首先，采用随机效应进行估计：xtreg lnfdi loan lngdp open capital infrastructure i. year, re，然后输入 xttest0。如果随机扰动项存在自相关，可以选择 xttest1，对应的 Stata 命令为：

xtreg lnfdi loan lngdp open capital infrastructure year2 - year8,re

xttest1

从图 8-11 可以看出，$P$ 值均小于 0.1，拒绝不存在个体效应的原假设，选择随机效应模型。

③固定效应模型和随机效应模型之间的选择

对于固定效应模型和随机效应模型，一般选用 Hausman 检验，然后进行判断选择。

Hausman 检验的 Stata 命令：

```
. testparm id*                      Constraint  1 dropped
                                    Constraint  2 dropped
 ( 1)  id2  = 0                     Constraint  4 dropped
 ( 2)  id3  = 0                     Constraint  5 dropped
 ( 3)  id4  = 0                     Constraint  7 dropped
 ( 4)  id5  = 0                     Constraint  8 dropped
 ( 5)  id6  = 0                     Constraint  9 dropped
 ( 6)  id7  = 0                     Constraint 10 dropped
 ( 7)  id8  = 0                     Constraint 11 dropped
 ( 8)  id9  = 0                     Constraint 12 dropped
 ( 9)  id10 = 0                     Constraint 13 dropped
 (10)  id11 = 0                     Constraint 15 dropped
 (11)  id12 = 0                     Constraint 16 dropped
 (12)  id13 = 0                     Constraint 17 dropped
 (13)  id14 = 0                     Constraint 18 dropped
 (14)  id15 = 0                     Constraint 19 dropped
 (15)  id16 = 0                     Constraint 21 dropped
 (16)  id17 = 0                     Constraint 22 dropped
 (17)  id18 = 0                     Constraint 24 dropped
 (18)  id19 = 0                     Constraint 26 dropped
 (19)  id20 = 0                     Constraint 27 dropped
 (20)  id21 = 0                     Constraint 28 dropped
 (21)  id22 = 0                     Constraint 30 dropped
 (22)  id23 = 0
 (23)  id24 = 0                      F(  7,    7) = 2434.58
 (24)  id25 = 0                           Prob > F =   0.0000
 (25)  id26 = 0
 (26)  id27 = 0
 (27)  id28 = 0
 (28)  id29 = 0                     .
 (29)  id30 = 0                     end of do-file
 (30)  id31 = 0
```

图 8-10　混合回归模型与固定效应模型比较结果

xtreg lnfdi loan lngdp open capital infrastructure i. year ,fe

est sto fe

xtreg lnfdi loan lngdp open capital infrastructure i. year ,re

est sto re

hausman fe re ,sigmamore

如果误差项存在自相关、异方差和截面相关，则需要进行修正后，再采用 Hausman 检验。

对于异方差的修正，可以采用广义离差变换来构建辅助回归来解决，Stata 命令：

quietly xtreg lnfdi loan lngdp open capital infrastructure year2 – year8 ,re

scalar theta = e( theta)

global xyforhausman lnfdi loan lngdp open capital infrastructure year2 – year8

sort id

foreach x of varlist $ xyforhausman{

by id :egen mean'x' = mean( 'x')

. xttest1

Tests for the error component model:

lnfdi[id,t] = Xb + u[id] + v[id,t]
v[id,t] = lambda v[id,(t 1)] + e[id,t]

Estimated results:

|  | Var | sd = sqrt(Var) |
|---|---|---|
| lnfdi | 2.248651 | 1.49955 |
| e | .0305855 | .17488716 |
| u | .2107414 | .45906578 |

Tests:
Random Effects, Two Sided:
ALM(Var(u)=0)   = 327.54  Pr>chi2(1) = 0.0000

Random Effects, One Sided:
ALM(Var(u)=0)   = 18.10  Pr>N(0,1) = 0.0000

Serial Correlation:
ALM(lambda=0)   = 20.44  Pr>chi2(1) = 0.0000

Joint Test:
LM(Var(u)=0,lambda=0) = 573.06  Pr>chi2(2) = 0.0000

图 8-11　混合回归模型与随机效应模型比较的结果

gen md'x' = 'x' − mean'x'
gen red'x' = 'x' − theta ∗ mean'x'}

quietly reg redlnfdi redloan redlngdp redopen redcapital redinfrastructure redyear2 - redyear8 mdloan mdlngdp mdopen mdcapital mdinfrastructure mdyear2 - mdyear8, cluster(id)

test　mdloan mdlngdp mdopen mdcapital mdinfrastructure mdyear2 mdyear3 mdyear4 mdyear5 mdyear6 mdyear7 mdyear8

从图 8-12 可以看出，$F$ 检验的 P 值为 0.0000，拒绝固定效应和随机效应无系统差异，表明应该选择固定效应模型。

如果模型的误差项存在自相关、异方差和截面相关，可以首先采用 xtscc 对自相关、异方差和同期截面相关进行修正，然后采用 Hausman 检验。Stata 命令：

quietly xtscc redlnfdi redloan redlngdp redopen redcapital redinfrastructure redyear2 - redyear8 mdloan mdlngdp mdopen mdcapital mdinfrastructure mdyear2 - mdyear8

test mdloan mdlngdp mdopen mdcapital mdinfrastructure mdyear2 mdyear3 mdyear4 mdyear5 mdyear6 mdyear7 mdyear8

从图 8-13 可以看出，P 值为 0.000，拒绝固定效应和随机效应无系统差异，表

```
. test mdloan mdlngdp mdopen mdcapital mdinfrastructure ///
> mdyear2 mdyear3 mdyear4 mdyear5 mdyear6 mdyear7 mdyear8

 ( 1)  mdloan = 0
 ( 2)  mdlngdp = 0
 ( 3)  mdopen = 0
 ( 4)  mdcapital = 0
 ( 5)  mdinfrastructure = 0
 ( 6)  o.mdyear2 = 0
 ( 7)  mdyear3 = 0
 ( 8)  mdyear4 = 0
 ( 9)  mdyear5 = 0
 (10)  o.mdyear6 = 0
 (11)  mdyear7 = 0
 (12)  mdyear8 = 0
       Constraint 6 dropped
       Constraint 10 dropped

       F( 10,   30) =   11.03
            Prob > F =   0.0000
```

图 8-12 异方差修正的 Hausman 检验结果

明应该选择固定效应模型。

```
. quietly xtscc redlnfdi redloan redlngdp redopen redcapital ///
> redinfrastructure redyear2-redyear8 mdloan mdlngdp mdopen ///
> mdcapital mdinfrastructure mdyear2-mdyear8
. test mdloan mdlngdp mdopen mdcapital mdinfrastructure ///
> mdyear2 mdyear3 mdyear4 mdyear5 mdyear6 mdyear7 mdyear8

 ( 1)  mdloan = 0
 ( 2)  mdlngdp = 0
 ( 3)  mdopen = 0
 ( 4)  mdcapital = 0
 ( 5)  mdinfrastructure = 0
 ( 6)  mdyear2 = 0
 ( 7)  mdyear3 = 0
 ( 8)  mdyear4 = 0
 ( 9)  mdyear5 = 0
 (10)  mdyear6 = 0
 (11)  mdyear7 = 0
 (12)  mdyear8 = 0
       Constraint 6 dropped
       Constraint 7 dropped
       Constraint 8 dropped
       Constraint 10 dropped
       Constraint 11 dropped

       F( 7,    7) =  3295.47
            Prob > F =   0.0000
```

图 8-13 处理自相关、异方差和截面相关的 Hausman 检验

(5) 误差项的处理

从前面的模型选择可以看出,选择固定效应模型。如果误差项存在自相关、异方差和同期截面相关,可以采用 xtscc、xtgls 和 xtpcse 命令进行回归,Stata 命令如下:

xtscc lnfdi loan lngdp open capital infrastructure year2 - year8 ,fe

est store xtscc

xtgls lnfdi loan lngdp open capital infrastructure year2 - year8 id2 - id31 ,panels( correlated) corr( ar1 )

est store xtgls

xtpcse lnfdi loan lngdp open capital infrastructure year2 - year8 id2 - id31, corr

(ar1)

  est store xtpcse

  esttab xtscc xtgls xtpcse using all.rtf, replace b(%9.3f) mtitle(xtscc xtgls xtpcse)obslast star(*0.1 **0.05 ***0.01)compress nogap k(loan lngdp open capital infrastructure)

误差项处理后面板数据模型的回归结果如表8-7所示。

表8-7       误差项处理后面板数据模型的回归结果

|  | (1) | (2) | (3) |
|---|---|---|---|
|  | xtscc | xtgls | xtpcse |
| loan | 0.021***<br>(8.04) | 0.023*<br>(1.88) | 0.021***<br>(3.62) |
| lngdp | 1.051***<br>(6.69) | 1.758***<br>(3.46) | 0.963***<br>(5.61) |
| open | -0.298**<br>(-3.02) | 1.143*<br>(1.93) | -0.231*<br>(-1.73) |
| capital | 0.060*<br>(2.21) | 0.107***<br>(3.65) | 0.047<br>(1.27) |
| infrastructure | 0.476**<br>(3.50) | 0.363<br>(0.69) | 0.368*<br>(1.77) |
| N | 248 | 248 | 248 |

注：$t$ statistics in parentheses，* 表示 $p<0.1$，** 表示 $p<0.05$，*** 表示 $p<0.01$。

从表8-7可以看出，三种处理方式的回归结果系数均显著为正，表明金融发展对中国省级外商直接投资具有显著的正向影响。

## 8.5.2 长面板数据模型的 Stata 实现

本部分以金融发展对中国西部地区外商直接投资（FDI）的影响为例分析长面板数据模型的 Stata 实现，共分为四个步骤。

（1）模型的设定

为了检验金融发展对中国西部地区 FDI 的影响，本书构建了双向固定面板数据模型：

$$lnFDI_{it} = \beta_0 + \beta_1 loan_{it} + \beta_2 open_{it} + \beta_3 lnGDP_{it} + \beta_4 lnrail_{it} + \mu_i + \gamma_t + \varepsilon_{it} \quad (8-13)$$

其中，$lnFDI_{it}$ 为外商直接投资总额的对数，$loan_{it}$ 为银行贷款余额与省份 GDP 之比，$open_{it}$ 为货物进出口总额与省份 GDP 之比，$lnGDP_{it}$ 为 GDP 的对数，$lnrail_{it}$ 为铁路里程数的对数，$\beta_0, \beta_1, \cdots, \beta_4$ 为待估参数，$\mu_i$ 表示不可观测的个体效应，$\gamma_t$ 为时间趋势项，$\varepsilon_{it}$ 表示随机扰动项，样本数据来源中国统计年鉴。

可以将数据命名为"中级计量经济学\第 8 章数据\金融发展与中国西部地区 FDI.dta"。

我们首先从 do 文件运行命令导入数据，使用命令：use"C:\中级计量经济学\第 8 章数据\金融发展与中国西部地区 FDI.dta", clear 来导入数据。

在进行面板数据分析时，需要输入命令 xtset id year 将数据设定为面板数据，其中，id 为截面变量，year 为时间变量（见图 8-14）。

```
. xtset id year      //面板设定
    panel variable:  id (strongly balanced)
     time variable:  year, 1997 to 2019
             delta:  1 unit
```

图 8-14　面板数据的设定

采用 xtdes 命令可以查看面板数据特征，发现这个数据共有 11 个截面，时间数为 23，是一个平衡长面板数据。Stata 命令：

use "C:\中级计量经济学\第 8 章数据\金融发展与中国西部地区 FDI.dta", clear

```
. xtdes

    id:  2, 3, ..., 30                                n =         11
  year:  1997, 1998, ..., 2019                        T =         23
         Delta(year) = 1 unit
         Span(year)  = 23 periods
         (id*year uniquely identifies each observation)

Distribution of T_i:   min      5%     25%     50%     75%     95%     max
                        23      23      23      23      23      23      23

     Freq.  Percent    Cum.   Pattern
       11    100.00  100.00   11111111111111111111111
       11    100.00           XXXXXXXXXXXXXXXXXXXXXXX

.
end of do-file
```

图 8-15　面板数据的基本描述

（2）描述性统计与作图

可以使用命令 sum 描述变量，如 sum lnFDI loan open lnGDP lnrail，得到关键变量的描述性统计（见表 8-8）。

表 8-8　　　　　　　　　　面板数据的描述性统计

| Variable | Obs | Mean | Std. Dev. | Min | Max |
| --- | --- | --- | --- | --- | --- |
| lnFDI | 253 | 4.516 | 1.337 | 0.892 | 7.969 |
| loan | 253 | 1.227 | 0.337 | 0.537 | 2.420 |
| open | 253 | 144.562 | 92.343 | 18.369 | 669.104 |
| lnGDP | 253 | 8.265 | 1.203 | 5.309 | 10.750 |
| lnrail | 253 | 7.846 | 0.635 | 6.397 | 9.474 |

在进行回归分析之前，我们可以画出被解释变量和核心解释变量的散点图及拟合曲线（见图 8-16），直观观察两者之间的相关关系，命令为 twoway（scatter lnFDI loan）（lfit lnFDI loan），从而可以发现两者之间存在正相关关系。

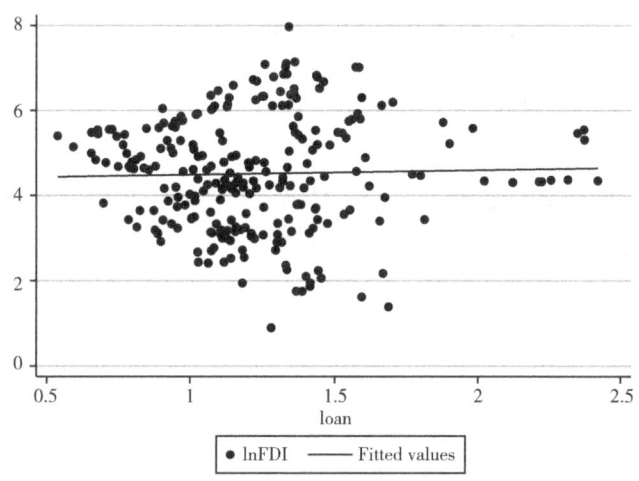

图 8-16　被解释变量和解释变量的散点图及拟合线

由于相关关系没有控制其他变量的影响，因此，为了在控制其他变量的基础上，展示核心解释变量和被解释变量之间的偏相关关系，可以在回归之后采用 avplot 命令。

先进行 LSDV 估计，双向固定效应的 Stata 命令：reg lnFDI loan open lnGDP lnrail t i.id，然后输入 avplot loan，就可以得到 lnFDI 和 loan 的偏相关图（见图 8-17），从而可以发现两者之间仍然存在正相关关系。

（3）误差项的检验

误差项的检验一般包括截面相关、异方差和自相关的检验。

①截面相关检验

首先是截面相关检验，在运行双向固定效应模型后，采用 xttest2 检验是否存在截面相关。Stata 命令：

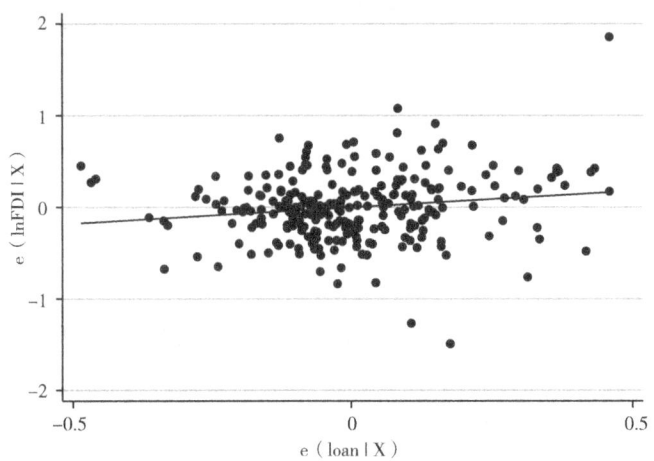

图 8-17　解释变量和被解释变量的偏相关图

xtreg lnFDI loan open lnGDP lnrail t,fe

xttest2

从图 8-18 检验结果可以看出，卡方值为 164.042，$P$ 值为 0.000，拒绝不存在截面相关的原假设，表明模型误差项存在截面相关。

```
. xttest2

Correlation matrix of residuals:
        __e2     __e3     __e6     __e8    __e13    __e14    __e23    __e26    __e28    __e29    __e30
__e2   1.0000
__e3  -0.1172   1.0000
__e6  -0.5700   0.2793   1.0000
__e8   0.4580   0.1224  -0.3255   1.0000
__e13  0.6875  -0.2633  -0.4565   0.2099   1.0000
__e14  0.7439   0.0562  -0.4207   0.1200   0.4099   1.0000
__e23 -0.3149  -0.0057   0.5844   0.0258   0.0764  -0.5490   1.0000
__e26  0.4178  -0.3617  -0.2937   0.2540   0.1364   0.6233  -0.3988   1.0000
__e28  0.2080  -0.2385  -0.1538  -0.3893   0.0251   0.6883  -0.5061   0.6000   1.0000
__e29 -0.2278  -0.2135   0.4064   0.2665  -0.0222  -0.4654   0.6755   0.1380  -0.4165   1.0000
__e30  0.1818   0.3760   0.0654   0.0095   0.2064   0.1810  -0.0534  -0.2320   0.0668  -0.1512   1.0000

Breusch-Pagan LM test of independence: chi2(55) =   164.042, Pr = 0.0000
Based on 23 complete observations over panel units

.
end of do-file
```

图 8-18　长面板数据的截面相关的检验结果

②异方差检验

其次进行异方差检验，在对双向固定效应模型进行估计后，可以采用 xttest3 命令检验误差项是否存在异方差，Stata 命令：

xtreg lnFDI loan open lnGDP lnrail t,fe

xttest3

从图 8-19 可以看出，卡方值为 84.15，P 值为 0.000，拒绝不存在异方差的原假设，表明模型误差项存在异方差。

```
. xttest3

Modified Wald test for groupwise heteroskedasticity
in fixed effect regression model

H0: sigma(i)^2 = sigma^2 for all i

chi2 (11)  =     84.15
Prob>chi2  =    0.0000

.
end of do-file
```

图 8-19　长面板数据误差项异方差的检验结果

③自相关检验

最后进行自相关检验，采用 xtserial 命令检验误差项是否存在自相关，Stata 命令：

tab year ,gen(year)

tab id ,gen(id)

xtserial　lnFDI loan open lnGDP lnrail t id2 - id11

从图 8-20 可以看出，F 值为 48.369，P 值为 0.000，拒绝不存在一阶自相关的原假设，表明模型误差项存在一阶自相关问题。

```
. xtserial  lnFDI loan open lnGDP lnrail t id2-id11

Wooldridge test for autocorrelation in panel data
H0: no first order autocorrelation
    F(  1,     10) =      48.369
           Prob > F =      0.0000

.
end of do-file
```

图 8-20　长面板数据误差项自相关的检验结果

(4) 误差项的处理

长面板数据一般选择双固定效应模型，同时由于存在自相关、异方差和截面相关，因此可以采用 xtscc、xtgls 和 xtpcse 命令进行回归，Stata 命令如下：

xtscc lnFDI loan open lnGDP lnrail t ,fe

　　est store xtscc

xtgls lnFDI loan open lnGDP lnrail t id2 - id11 ,panels(correlated)corr(ar1)

　　est store xtgls

xtpcse lnFDI loan open lnGDP lnrail t id2 - id11, corr(ar1)
    est store xtpcse
esttab xtscc xtgls xtpcse using all.rtf, replace b(%9.3f) mtitle(xtscc xtgls xtpcse) obslast star( * 0.1 ** 0.05 *** 0.01) compress nogap k(loan open lnGDP lnrail)

长面板数据模型的回归结果如表8-9所示。

表8-9　　　　　　　　　　长面板数据模型的回归结果

|  | (1) | (2) | (3) |
| --- | --- | --- | --- |
|  | xtscc | xtgls | xtpcse |
| loan | 0.355*** | 0.271*** | 0.390** |
|  | (3.16) | (3.53) | (2.49) |
| open | 0.000 | 0.000 | 0.000 |
|  | (0.34) | (0.70) | (0.63) |
| lnGDP | 0.633** | 0.557*** | 0.605*** |
|  | (2.21) | (4.74) | (2.77) |
| lnrail | 0.081 | 0.013 | 0.036 |
|  | (0.38) | (0.17) | (0.18) |
| N | 253 | 253 | 253 |

注：$t$ statistics in parentheses，* 表示 $p<0.1$，** 表示 $p<0.05$，*** 表示 $p<0.01$。

从表8-9可以看出，在控制误差项的同期截面相关、异方差和自相关，三种命令得到的回归结果表明金融发展对中国西部地区外商直接投资都具有显著的正向影响。

### 8.5.3 使用Stata软件分析面板数据模型内生性的实例

（1）相关性检验

为了检验金融发展对中国省级FDI的影响，本节构建了双向固定面板数据模型：

$$lnFDI_{it} = \beta_0 + \beta_1 loan_{it} + \beta_2 open_{it} + \beta_3 lnGDP_{it} + \beta_4 capital_{it} + \mu_i + \gamma_t + \varepsilon_{it} \qquad (8-14)$$

其中，$lnFDI_{it}$ 为外商投资企业投资总额的对数，$loan_{it}$ 为银行全部贷款余额与省区市GDP之比，$open_{it}$ 为进出口总额与省区市GDP之比，$lnGDP_{it}$ 为GDP的对数，$capital_{it}$ 为地区小学、初中、高中、专科和本科学历人数占地区人数比重与受教育年限相乘之和，$\beta_0$，$\beta_1$，…，$\beta_4$ 为待估参数，$\mu_i$ 表示不可观测的个体效应，$\gamma_t$ 表示时间效应，$\varepsilon_{it}$ 表示随机扰动项。数据来源于中国统计年鉴。

模型中的变量说明如表8-10所示。

表 8–10　　　　　　　　　　　　　模型中的变量说明

| | | |
|---|---|---|
| 被解释变量 | $\ln FDI_{it}$ | 外商投资企业投资总额的对数 |
| 内生解释变量 | $loan_{it}$ | 银行全部贷款余额与省区市 GDP 之比 |
| 控制变量 | $open_{it}$ | 出口总额与省区市 GDP 之比 |
| | $\ln GDP_{it}$ | GDP 的对数 |
| | $capital_{it}$ | 地区小学、初中、高中、专科和本科学历人数占地区人数比重与受教育年限相乘之和 |
| 工具变量 | $loan_{it-1}$ | $loan_{it}$ 的滞后一期 |

金融发展会促进外商直接投资，但外商直接投资也会影响金融发展，存在双向因果关系，导致金融发展可能存在内生性。以 $loan_{it-1}$ 作为 $loan_{it}$ 的工具变量，采用 2SLS 进行估计。首先，需要检验工具变量的相关性，可以直接采用 OLS 进行回归。Stata 命令：

gen lloan = l. loan

reg　loan lloan lngdp open capital

从图 8–21 回归结果看，$F$ 值为 1417.96，大于 10，表明工具变量与内生解释变量之间存在强相关。此外，金融发展的滞后一期对金融发展当前产生显著的正向影响，符合经济逻辑。同时，也可以使用 ivreg2 命令，在选项中加入 first，就可以直接查看第一阶段的回归结果（见图 8–22）。Stata 命令：

ivreg2　lnfdi（loan ＝ lloan）　lngdp open capital，first

```
      Source |       SS           df       MS      Number of obs   =       217
-------------+----------------------------------   F(4, 212)       =   1417.96
       Model |  5581.43481         4  1395.3587    Prob > F        =    0.0000
    Residual |  208.620325       212  .984058136   R-squared       =    0.9640
-------------+----------------------------------   Adj R-squared   =    0.9633
       Total |  5790.05513       216  26.8058108   Root MSE        =      .992

        loan |      Coef.   Std. Err.      t    P>|t|     [95% Conf. Interval]
       lloan |   1.015864   .0177338    57.28   0.000     .9809067    1.050821
       lngdp |  -.3920183   .0832761    -4.71   0.000    -.5561735   -.2278631
        open |   .2380015   .3346139     0.71   0.478    -.4215952    .8975982
     capital |  -.3934591   .0959922    -4.10   0.000    -.5826805   -.2042377
       _cons |   7.900348   1.118504     7.06   0.000     5.695534    10.10516
```

图 8–21　工具变量的回归结果

Stock/Yogo 检验给出了弱工具变量的检验结果，当弱识别检验的最小特征值统计量大于 Stock/Yogo 检验的 15% maximal Ⅳ size 所对应的临界值，则认为工具变量不存在弱相关，从图 8–23 可以看出，$F$ 值为 3281.479，大于 Stock/Yogo 检验的

```
First-stage regression of loan:

OLS estimation
────────────────

Estimates efficient for homoskedasticity only
Statistics consistent for homoskedasticity only

                                                   Number of obs =      217
                                                   F(  4,   212) =  1417.96
                                                   Prob > F      =   0.0000
Total (centered) SS     =  5790.055135             Centered R2   =   0.9640
Total (uncentered) SS   =  54108.47428             Uncentered R2 =   0.9961
Residual SS             =   208.6203248            Root MSE      =    .992

     loan  |     Coef.    Std. Err.      t      P>|t|    [95% Conf. Interval]
    lngdp  |  -.3920183   .0832761   -4.71    0.000    -.5561735   -.2278631
     open  |   .2380015   .3346139    0.71    0.478    -.4215952    .8975982
  capital  |  -.3934591   .0959922   -4.10    0.000    -.5826805   -.2042377
    lloan  |   1.015864   .0177338   57.28    0.000     .9809067    1.050821
    _cons  |   7.900348   1.118504    7.06    0.000     5.695534    10.10516
```

图 8 – 22　ivreg2 第一阶段回归结果

15% maximal Ⅳ size 所对应的临界值 8.96，认为工具变量不是弱工具变量。

```
Weak identification test (Cragg-Donald Wald F statistic):          3281.479
Stock-Yogo weak ID test critical values: 10% maximal IV size         16.38
                                         15% maximal IV size          8.96
                                         20% maximal IV size          6.66
                                         25% maximal IV size          5.53
Source: Stock-Yogo (2005). Reproduced by permission.
```

图 8 – 23　Stock/Yogo 弱识别检验结果

（2）内生性检验

一般使用 Hausman 检验来检验模型是否存在内生性。首先假定核心解释变量存在内生性，采用工具变量进行 2SLS 回归；其次，假定核心解释变量不存在内生性，采用 OLS 进行回归；最后，使用 Hausman 检验，检验两次回归的差异。Stata 命令：

　　ivreg lnfdi( loan = lloan) lngdp open capital

　　est store iv

　　reg　loan lloan lngdp open capital

　　est store ols

　　hausman iv ols

从图 8 – 24 可以看出，卡方值为 8.93，P 值为 0.0628，在 10% 的显著水平下拒绝原假设，表明回归系数存在显著的系统性差异，核心解释变量存在内生性问题。

```
hausman iv ols
                 ―― Coefficients ――
                  (b)          (B)          (b-B)       sqrt(diag(V_b-V_B))
                   iv          ols         Difference           S.E.

        loan    .0446441     .0361862       .0084579          .0040114
       lngdp    1.212448     1.178212       .0342361          .0167469
        open    1.215052     1.264167      -.0491157          .0861019
     capital    .0671809     .0630917       .0040892          .0197231

                       b = consistent under Ho and Ha; obtained from ivreg2
             B = inconsistent under Ha, efficient under Ho; obtained from regress

    Test:  Ho:  difference in coefficients not systematic

                    chi2(4) = (b-B)'[(V_b-V_B)^(-1)](b-B)
                            =      8.93
                  Prob>chi2 =     0.0628
```

**图 8-24　IV 和 OLS 的内生性的 Hausman 检验结果**

在存在内生性的情况下，需要在固定效应和随机效应模型之间进行选择。只有在处理了内生性的情况下，进行 Hausman 检验才能确定固定效应和随机效应。

命令：

xtivreg lnfdi ( loan = lloan ) lngdp open capital year2 year3 year4 year5 year6 year7 year8 , fe

est store fe2sls

xtivreg lnfdi ( loan = lloan ) lngdp open capital year2 - year8 , ec2sls

est store ec2sls

hausman fe2sls ec2sls

从图 8-25 可以看出，卡方值为 16.83，P 值为 0.0783，在 10% 的显著水平下拒绝原假设，选择固定效应模型。

在确定固定效应后，在检验模型是否存在内生性。内生性检验命令：

xtivreg lnfdi ( loan = lloan ) lngdp open capital year2 - year8 , fe

est store fe2sls

xtreg lnfdi loan lngdp open capital year2 - year8 , fe

est store fe

hausman fe2sls fe , constant sigmamore

从图 8-26 可以看出，卡方值为 169.33，P 值为 0.000，在 1% 的显著水平下拒绝原假设，表明模型的误差项存在内生性。

```
. hausman fe2sls ec2sls
```

|  | Coefficients | | | |
|---:|:---:|:---:|:---:|:---:|
|  | (b)<br>fe2sls | (B)<br>ec2sls | (b-B)<br>Difference | sqrt(diag(V_b-V_B))<br>S.E. |
| loan    | .0202633  | .0304687  | -.0102054 | .0004259 |
| lngdp   | .9755659  | 1.270584  | -.2950184 | .1953132 |
| open    | -.2741863 | .1558361  | -.4300225 | .0548492 |
| capital | .0233359  | .1018532  | -.0785173 | .0229416 |
| year2   | -.3041993 | -.1766182 | -.1275811 | .0878722 |
| year3   | -.3287203 | -.2373736 | -.0913468 | .0650657 |
| year4   | -.3646262 | -.311613  | -.0530131 | .0419222 |
| year5   | -.3404736 | -.3203897 | -.0200839 | .0222095 |
| year6   | -.2052582 | -.141967  | -.0632912 | .0286155 |
| year7   | -.1938135 | -.1562111 | -.0376024 | .0055142 |

```
                b = consistent under Ho and Ha; obtained from xtivreg
 B = inconsistent under Ha, efficient under Ho; obtained from xtivreg

Test: Ho: difference in coefficients not systematic

    chi2(10) = (b-B)'[(V_b-V_B)^(-1)](b-B)
             =    16.83
Prob>chi2 =    0.0783
(V_b-V_B is not positive definite)
```

图 8 – 25　处理了内生性后固定效应和随机效应的 Hausman 检验结果

```
. hausman fe2sls fe ,constant sigmamore
```

|  | Coefficients | | | |
|---:|:---:|:---:|:---:|:---:|
|  | (b)<br>fe2sls | (B)<br>fe | (b-B)<br>Difference | sqrt(diag(V_b-V_B))<br>S.E. |
| loan    | .0202633  | .0173456  | .0029177   | . |
| lngdp   | .9755659  | 1.115965  | -.1403986  | . |
| open    | -.2741863 | -.2629706 | -.0112157  | . |
| capital | .0233359  | .0561079  | -.032772   | . |
| year2   | -.3041993 | -.1210087 | -.1831906  | . |
| year3   | -.3287203 | -.1590225 | -.1696978  | . |
| year4   | -.3646262 | -.2095553 | -.1550708  | . |
| year5   | -.3404736 | -.1957925 | -.1446811  | . |
| year6   | -.2052582 | -.0402878 | -.1649704  | . |
| year7   | -.1938135 | -.037929  | -.1558845  | . |
| _cons   | 1.289634  | -.4896626 | 1.779296   | . |

```
                b = consistent under Ho and Ha; obtained from xtivreg
 B = inconsistent under Ha, efficient under Ho; obtained from xtreg

Test: Ho: difference in coefficients not systematic

    chi2(11) = (b-B)'[(V_b-V_B)^(-1)](b-B)
             =   169.33
Prob>chi2 =    0.0000
(V_b-V_B is not positive definite)
```

图 8 – 26　双固定效应模型检验内生性的 Hausman 检验结果

(3) 外生性检验

外生性检验取决于工具变量和内生解释变量的个数,当工具变量的个数与内生解释变量的个数相等时,则为恰好识别,无法检验工具变量的外生性,一般只能进行定性讨论。当工具变量的个数多于内生解释变量的个数时,可以使用过度识别检验来检验工具变量的外生性。

### 8.5.4 动态面板数据模型的 Stata 实现

本部分以金融发展对中国省级外商直接投资(FDI)的动态影响为例,数据同第 8.5.1 节中实例数据。动态面板模型的设定:

$$\ln fdi_{it} = \beta_0 + \delta \ln fdi_{i,t-1} + \beta_1 loan_{it} + \beta_2 open_{it} + \beta_3 capital_{it} + \mu_i + \gamma_t + \varepsilon_{it} \quad (8-15)$$

其中,$\ln fdi_{it}$ 为外商投资企业投资总额的对数,$\ln fdi_{i,t-1}$ 为外商投资企业投资总额的对数的滞后一期,$loan_{it}$ 为银行全部贷款余额与省份 GDP 之比,$open_{it}$ 为进出口总额与省份 GDP 之比,$capital_{it}$ 为地区小学、初中、高中、专科和本科学历人数占地区人数比重与受教育年限相乘之和,$\mu_i$ 表示不可观测的个体效应,$\gamma_t$ 表示时间效应,$\varepsilon_{it}$ 表示随机扰动项。

(1) 常规方法的估计

首先,采用 OLS 估计,Stata 的估计命令:

reg lnfdi l. lnfdi l2. lnfdi loan l. loan l2. loan open l. open l2. open capital l. capital l2. capital year3 - year7

其中,l. lnfdi l2. lnfdi l. loan l2. loan l. open l2. open l. capital l2. capital 分别表示 lnfdi、loan、open 和 capital 的滞后一期和滞后二期。year3 - year7 为时间虚拟变量,表示时间固定效应。

OLS 的回归结果见图 8 - 27,从图中看出,被解释变量滞后一期的回归系数为 0.7630。

其次,采用双向固定效应模型,Stata 命令如下:

xtreg lnfdi l. lnfdi l2. lnfdi loan l. loan l2. loan open l. open l2. open capital l. capital l2. capital year3 - year7 , fe

双向固定效应模型的估计结果见图 8 - 28,从图中看出,被解释变量滞后一期的回归系数为 0.4044。GMM 的估计应该介于 OLS 和双向固定效应估计结果之间,即真实估计系数介于 0.4044 和 0.7630 之间。

(2) GMM 估计

①xtabond2 命令介绍

```
. reg  lnfdi 1.lnfdi 12.lnfdi loan 1.loan 12.loan  open 1.open 12.open ///
> capital 1.capital 12.capital year3-year7
```

| Source | SS | df | MS | | Number of obs | = | 186 |
|---|---|---|---|---|---|---|---|
| | | | | | F(16, 169) | = | 702.40 |
| Model | 396.253577 | 16 | 24.7658485 | | Prob > F | = | 0.0000 |
| Residual | 5.9587826 | 169 | .035259069 | | R-squared | = | 0.9852 |
| | | | | | Adj R-squared | = | 0.9838 |
| Total | 402.212359 | 185 | 2.17412086 | | Root MSE | = | .18777 |

| lnfdi | Coef. | Std. Err. | t | P>\|t\| | [95% Conf. Interval] | |
|---|---|---|---|---|---|---|
| lnfdi | | | | | | |
| L1. | .7629891 | .0998729 | 7.64 | 0.000 | .56583 | .9601481 |
| L2. | .1939933 | .0976676 | 1.99 | 0.049 | .0011876 | .3867989 |
| loan | | | | | | |
| --. | -.020929 | .0163663 | -1.28 | 0.203 | -.0532377 | .0113796 |
| L1. | .0350861 | .0302886 | 1.16 | 0.248 | -.0247067 | .0948788 |
| L2. | -.0131758 | .0210127 | -0.63 | 0.531 | -.0546569 | .0283053 |
| open | | | | | | |
| --. | .0422366 | .4784956 | 0.09 | 0.930 | -.9023618 | .986835 |
| L1. | -.0193831 | .6850637 | -0.03 | 0.977 | -1.371768 | 1.333001 |
| L2. | .0958272 | .3989404 | 0.24 | 0.810 | -.6917212 | .8833756 |
| capital | | | | | | |
| --. | .0062741 | .0687195 | 0.09 | 0.927 | -.129385 | .1419332 |
| L1. | .0118712 | .064031 | 0.19 | 0.853 | -.1145325 | .1382749 |
| L2. | -.0194528 | .0465126 | -0.42 | 0.676 | -.1112733 | .0723678 |
| year3 | -.198192 | .071361 | -2.78 | 0.006 | -.3390659 | -.0573182 |
| year4 | -.2152032 | .0600107 | -3.59 | 0.000 | -.3336704 | -.096736 |
| year5 | -.1706976 | .0576671 | -2.96 | 0.004 | -.2845382 | -.056857 |
| year6 | -.0549974 | .0766277 | -0.72 | 0.474 | -.2062682 | .0962734 |
| year7 | -.1395635 | .061109 | -2.28 | 0.024 | -.2601989 | -.0189282 |
| _cons | .741856 | .2883352 | 2.57 | 0.011 | .1726534 | 1.311059 |

图 8-27  OLS 的 Stata 估计结果

```
. xtreg  lnfdi 1.lnfdi 12.lnfdi loan 1.loan 12.loan  open 1.open 12.open ///
> capital 1.capital 12.capital year3-year7 ,fe
```

Fixed-effects (within) regression    Number of obs = 186
Group variable: id    Number of groups = 31

R-sq:
  within  = 0.7709
  between = 0.9858
  overall = 0.9242

Obs per group:
  min = 6
  avg = 6.0
  max = 6

F(16, 139) = 29.23
corr(u_i, Xb) = 0.8896    Prob > F = 0.0000

| lnfdi | Coef. | Std. Err. | t | P>\|t\| | [95% Conf. Interval] | |
|---|---|---|---|---|---|---|
| lnfdi | | | | | | |
| L1. | .4044451 | .1173632 | 3.45 | 0.001 | .1723972 | .636493 |
| L2. | .0227742 | .1173414 | 0.19 | 0.846 | -.2092306 | .254779 |
| loan | | | | | | |
| --. | -.011655 | .018507 | -0.63 | 0.530 | -.0482466 | .0249366 |
| L1. | .0263473 | .0304603 | 0.86 | 0.389 | -.0338781 | .0865727 |
| L2. | .0038936 | .0307093 | 0.13 | 0.899 | -.0568241 | .0646113 |
| open | | | | | | |
| --. | -.3230934 | .530034 | -0.61 | 0.543 | -1.371065 | .724878 |
| L1. | -.0406979 | .7306831 | -0.06 | 0.956 | -1.485388 | 1.403992 |
| L2. | .1106569 | .5171906 | 0.21 | 0.831 | -.9119208 | 1.133235 |
| capital | | | | | | |
| --. | .0434188 | .0865618 | 0.50 | 0.617 | -.1277293 | .2145669 |
| L1. | -.0002309 | .0705289 | -0.00 | 0.997 | -.139679 | .1392172 |
| L2. | .0109555 | .0567416 | 0.19 | 0.847 | -.1012326 | .1231436 |
| year3 | -.4445554 | .1019886 | -4.36 | 0.000 | -.6462049 | -.2429058 |
| year4 | -.4289387 | .0941059 | -4.56 | 0.000 | -.6150028 | -.2428746 |
| year5 | -.3577186 | .0872269 | -4.10 | 0.000 | -.5301817 | -.1852556 |
| year6 | -.1934988 | .0885301 | -2.18 | 0.031 | -.3686676 | -.0183301 |
| year7 | -.2161452 | .0691699 | -3.12 | 0.002 | -.3529063 | -.079384 |
| _cons | 5.915936 | 1.723951 | 3.43 | 0.001 | 2.507378 | 9.324494 |

sigma_u    .83175674
sigma_e    .17964207
rho    .95543199    (fraction of variance due to u_i)

F test that all u_i=0: F(30, 139) = 1.52    Prob > F = 0.0553

图 8-28  双向固定效应模型的 Stata 估计结果

差分 GMM 和系统 GMM 均可以采用 xtabond2 命令进行操作。

xtabond2 depvar varlist [if exp] [in range] [weight] [, level (#) svmat twostep robust cluster (varname) noconstant small noleveleq orthogonal gmmopt [gmmopt...] ivopt [ivopt...] pca components (#) artests (#) arlevels h (#) nodiffsargan nomata]

where gmmopt is

gmmstyle (varlist [, laglimits (##) collapse orthogonal equation ({diff | level | both}) passthru {cmdab: sp: d:)}

and ivopt is

ivstyle (varlist [, equation ({diff | level | both}) passthru mz])

xtabond2 是命令名,depvar 是被解释变量,varlist 是解释变量,twostep 是两步法 GMM,不加 twostep 就表示一步法 GMM,robust 表示稳健标准误,noconstant 表示不要常数项,small 表示纠正小样本估计量。如果不加 noleveleq,就表示系统 GMM,如果加上 noleveleq,就表示差分 GMM。

此外,关于 gmm () 和 iv () 选项的说明。gmm () 括号内放前定变量和内生变量,形式为"变量,滞后期",如 gmm (l. lnfdi, 2 6)。当工具变量较多时,可以采用 collapse 选项来减少工具变量的个数。iv () 括号内放外生的解释变量。

其中,前定变量是指与当期误差项不相关,与上一期误差项相关的变量。如模型中被解释变量的滞后一期 $lnfdi_{it-1}$ 就是前定变量,它的一阶差分的工具变量就可以是 $lnfdi_{it-2}$、$lnfdi_{it-3}$。

内生变量 $x_{it}$ 是指与当期误差项相关的变量,它的一阶差分的工具变量可以是 $x_{it-2}$、$x_{it-3}$。

外生解释变量是指与当期误差项不相关,也与上期误差项不相关的变量。

②差分 GMM 估计

差分 GMM 的 Stata 命令如下:

xtabond2 lnfdi l. lnfdi l2. lnfdi loan l. loan l2. loan open l. open l2. open capital l. capital l2. capital year3 year4 year5 year6 year7, gmm (l. lnfdi) iv (l2. lnfdi loan l. loan l2. loan open l. open l2. open capital l. capital l2. capital year3 year4 year5 year6 year7) two nolevel robust small

其中,lnfdi 是被解释变量,l. lnfdi l2. lnfdi loan l. loan l2. loan open l. open l2. open capital l. capital l2. capital year3 year4 year5 year6 year7 是解释变量,gmm () 括号内 l. lnfdi 为前定变量,iv () 括号内为外生变量,two 表示两步估计法。nolevel 表示使用的是差分 GMM 估计法,robust 表示使用的是稳健标准误,small 表示纠正小样本估计量。

两步法差分 GMM 的估计结果见图 8-29，从图中可以看出，被解释变量滞后一期的回归系数为 0.4268，介于 OLS 和双向固定效应估计结果 0.4044 和 0.7630 之间。同时，一阶差分的 AR（1）的 p 值为 0.074，一阶差分的 AR（2）的 p 值为 0.819，表明存在一阶自相关且不存在二阶自相关，通过了 Arellano - Bond 自相关检验。

```
Dynamic panel-data estimation, two-step difference GMM
Group variable: id                    Number of obs      =      155
Time variable : year                  Number of groups   =       31
Number of instruments = 34            Obs per group: min =        5
F(16, 31)     =    80.19                            avg =     5.00
Prob > F      =    0.000                            max =        5

                      Corrected
       lnfdi |   Coef.    Std. Err.      t     P>|t|    [95% Conf. Interval]
       lnfdi |
         L1. |  .4268379   .2095231    2.04   0.050   -.0004872    .854163
         L2. |  .0228807   .1182742    0.19   0.848   -.2183412   .2641026
        loan |
          -- |  .004091    .0149574    0.27   0.786   -.0264148   .0345968
         L1. |  .0303355   .0135593    2.24   0.033    .0026811   .0579898
         L2. | -.0123482   .0348315   -0.35   0.725   -.0833875   .0586912
        open |
          -- | -.389056    1.013478   -0.38   0.704   -2.456059   1.677947
         L1. | -.1165119   .7077145   -0.16   0.870   -1.559905   1.326881
         L2. |  .2031747   .2349764    0.86   0.394   -.2760629   .6824123
     capital |
          -- |  .0391197   .0836319    0.47   0.643   -.1314488   .2096882
         L1. |  .0074889   .0646484    0.12   0.909   -.1243623   .1393401
         L2. |  .0253743   .0495532    0.51   0.612   -.0756901   .1264386
       year3 | -.3783639   .1408906   -2.69   0.012   -.6657123  -.0910156
       year4 | -.3970844   .1290624   -3.08   0.004   -.660309   -.1338598
       year5 | -.3321045   .1138429   -2.92   0.007   -.5642886  -.0999203
       year6 | -.2250641   .109734    -2.05   0.049   -.4488582  -.0012501
       year7 | -.2282792   .0805612   -2.83   0.008   -.3925849  -.0639736

Instruments for first differences equation
 Standard
   D.(L2.lnfdi loan L.loan L2.loan open L.open L2.open capital L.capital
   L2.capital year3 year4 year5 year6 year7)
 GMM-type (missing=0, separate instruments for each period unless collapsed)
   L(1/7).L.lnfdi

Arellano-Bond test for AR(1) in first differences: z =  -1.79  Pr > z =  0.074
Arellano-Bond test for AR(2) in first differences: z =   0.23  Pr > z =  0.819

Sargan test of overid. restrictions: chi2(18) =  45.14  Prob > chi2 =  0.000
 (Not robust, but not weakened by many instruments.)
Hansen test of overid. restrictions: chi2(18) =  17.27  Prob > chi2 =  0.505
 (Robust, but weakened by many instruments.)

Difference-in-Hansen tests of exogeneity of instrument subsets:
 iv(L2.lnfdi loan L.loan L2.loan open L.open L2.open capital L.capital L2.capi
 > tal year3 year4 year5 year6 year7)
   Hansen test excluding group:   chi2(3)  =   0.53  Prob > chi2 =  0.913
   Difference (null H = exogenous): chi2(15) =  16.74  Prob > chi2 =  0.335
```

图 8-29　两步法差分 GMM 的 Stata 估计结果

其次，对工具变量的有效性进行检验，主要包括 Sargan 检验和 Hansen 检验。当工具变量较多时，就可能会出现弱工具变量，这时采用 Sargan 检验更合适。当工具变量不多时，采用 Hansen 检验，如果 Hansen 检验的 p 值大于 0.1，则工具变量的有效性通过检验。从图 8-29 可以看出，Hansen 检验的 p 值为 0.505，通过外生性检验。

③系统 GMM 估计

系统 GMM 的 Stata 命令如下：

xtabond2 lnfdi l.lnfdi l2.lnfdi loan l.loan l2.loan open l.open l2.open capital l.capital l2.capital year3 year4 year5 year6 year7, gmm（l.lnfdi，collapse）iv（l2.lnfdi loan l.loan l2.loan open l.open l2.open capital l.capital l2.capital year3 year4 year5 year6 year7）two robust small

其中，lnfdi 是被解释变量，l.lnfdi l2.lnfdi loan l.loan l2.loan open l.open l2.open capital l. capital l2. capital year3 year4 year5 year6 year7 是解释变量，gmm（）括号内 l. lnfdi 为前定变量，collapse 表示压缩工具变量，iv（）括号内为外生变量，two 表示两步估计法。没有 nolevel 选项，表示使用的是系统 GMM 估计法，robust 表示使用的是稳健标准误，small 表示纠正小样本估计量。

两步法系统 GMM 的估计结果见图 8-30，从图中可以看出，被解释变量滞后一期的回归系数为 0.7585232，介于 OLS 和双向固定效应估计结果 0.4044451 和 0.7629891 之间。同时，一阶差分的 AR（1）的 p 值为 0.012，一阶差分的 AR（2）的 p 值为 0.531，表明存在一阶自相关且不存在二阶自相关，通过了 Arellano – Bond 自相关检验。

```
Dynamic panel-data estimation, two-step system GMM
Group variable: id                    Number of obs      =      186
Time variable : year                  Number of groups   =       31
Number of instruments = 23            Obs per group: min =        6
F(16, 30)     =    2488.17                           avg =     6.00
Prob > F      =     0.000                            max =        6

                          Corrected
       lnfdi |    Coef.   Std. Err.      t    P>|t|     [95% Conf. Interval]
       lnfdi |
         L1. |  .7585232   .0852408     8.90   0.000     .5844383    .932608
         L2. |  .2245169   .0804467     2.79   0.009     .0602228   .3888109
        loan |
          —. | -.008833    .0151837    -0.58   0.565    -.0398422   .0221762
         L1. |  .0451072   .0216301     2.09   0.046     .0009326   .0892818
         L2. | -.031894    .019147     -1.67   0.106    -.0709974   .0072093
        open |
          —. | -.345263    .9599099    -0.36   0.722    -2.30566    1.615135
         L1. |  .1200257   .8241619     0.15   0.885    -1.563137   1.803189
         L2. |  .2289608   .2907676     0.79   0.437    -.3648658   .8227875
     capital |
          —. | -.0105454   .0624077    -0.17   0.867    -.137999    .1169082
         L1. | -.0079102   .0855272    -0.09   0.927    -.18258     .1667597
         L2. |  .0045075   .053716      0.08   0.934    -.1051952   .1142102
       year3 | -.0815025   .0689715    -0.92   0.367    -.2632065   .1002015
       year4 | -.142358    .0804709    -1.77   0.087    -.3067014   .0219854
       year5 | -.1001068   .0720426    -1.39   0.175    -.2472374   .0470239
       year6 | -.0530704   .1145396    -0.46   0.646    -.2869915   .1808507
       year7 | -.1324736   .0641599    -2.06   0.048    -.2635056  -.0014417
       _cons |  .4840947   .3003531     1.61   0.117    -.1293081   1.097498
Instruments for first differences equation
  Standard
    D.(L2.lnfdi loan L.loan L2.loan open L.open L2.open capital L.capital
    L2.capital year3 year4 year5 year6 year7)
  GMM-type (missing=0, separate instruments for each period unless collapsed)
    L(1/7).L.lnfdi collapsed
Instruments for levels equation
  Standard
    L2.lnfdi loan L.loan L2.loan open L.open L2.open capital L.capital
    L2.capital year3 year4 year5 year6 year7
    _cons
  GMM-type (missing=0, separate instruments for each period unless collapsed)
    D.L.lnfdi collapsed
Arellano-Bond test for AR(1) in first differences: z =  -2.51  Pr > z =  0.012
Arellano-Bond test for AR(2) in first differences: z =  -0.63  Pr > z =  0.531
Sargan test of overid. restrictions: chi2(6)    =   5.87  Prob > chi2 =  0.438
  (Not robust, but not weakened by many instruments.)
Hansen test of overid. restrictions: chi2(6)    =   6.73  Prob > chi2 =  0.347
  (Robust, but weakened by many instruments.)
Difference-in-Hansen tests of exogeneity of instrument subsets:
  GMM instruments for levels
    Hansen test excluding group:     chi2(5)  =    6.68  Prob > chi2 =  0.245
    Difference (null H = exogenous): chi2(1)  =    0.05  Prob > chi2 =  0.831
```

**图 8-30　两步法系统 GMM 的 Stata 估计结果**

其次是对工具变量的有效性进行检验，当工具变量不多时，采用 Hansen 检验，如果 Hansen 检验的 p 值大于 0.1，则工具变量的有效性通过检验。从图 8-30 可以看出，Hansen 检验的 p 值为 0.347，通过外生性检验。

## 参考文献

[1] 方红生. 面板数据分析与 Stata 应用 [M]. 杭州：浙江大学出版社，2022.

[2] 陈强. 高级计量经济学及 Stata 应用（第 2 版）[M]. 北京：高等教育出版社，2014.

[3] Anderson T W, Hsiao C. Formulation and estimation of dynamic models using panel data [J]. Journal of Econometrics, 1982, 18 (1): 47–82.

[4] Bond S. Dynamic panel data models: A guide to micro data methods and practice [J]. Portuguese Economic Journal, 2002, 1 (2): 141–162.

[5] 伍德里奇. 计量经济学导论：现代观点（第六版）[M], 北京：中国人民大学出版社，2018.

# 第 9 章
# 面板数据门槛模型

**本章导读**

在采用计量经济学模型分析现实经济问题过程中,有时会发现解释变量与被解释变量之间的关系出现结构性突变现象。常见的做法是:先确定结构突变点,根据结构突变点对样本数据进行分组,然后对不同组的数据分别进行回归,最终得出不同突变点范围内解释变量与被解释变量的具体函数关系。对于结构突变点的确定,有时可以选择影响经济的重大事件节点作为结构突变点,如 2001 年中国加入世界贸易组织、2008 年全球金融危机等。然而,有时解释变量和被解释变量之间的结构突变点不是很明确或者有多个突变点,这时就需要基于样本数据自身特征,来确定其结构突变点。面板门槛模型就是一种数据驱动型寻找结构突变点的分析方法,本章在概述面板门槛模型的基础上,从模型设定、估计和检验三个方面对静态和动态面板门槛模型进行理论分析,并从基础分析、回归结果和绘图三个方面介绍了 Stata 操作。本章的框架结构如图 9-1 所示。

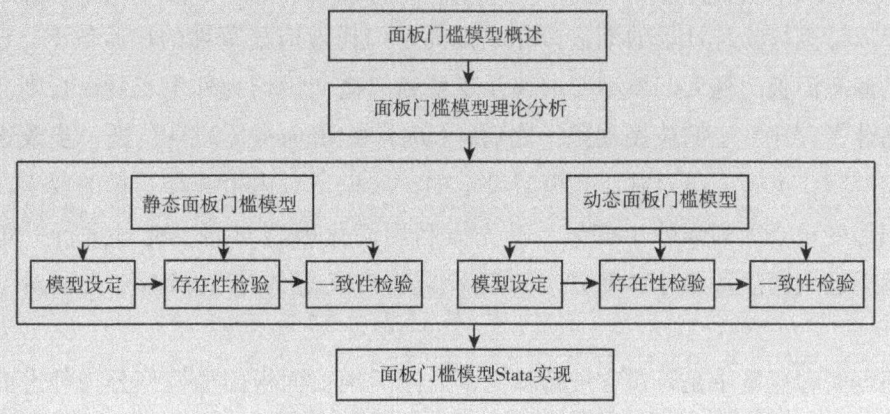

图 9-1　第 9 章内容框架图

## 9.1 面板门槛模型概述

为了考察核心解释变量和被解释变量之间的非线性关系，常用的方法有三种：一是加入核心解释变量的平方项，来考察核心解释变量和被解释变量是否存在"U"形或倒"U"形关系；二是加入交叉项来考察核心解释变量和被解释变量之间的非线性关系；三是将面板数据分组后进行回归。然而，在这三种方法中，加入平方项和交叉项无法解决多个突变点的问题，分组回归难以确定分界点。相比之下，门槛模型可以通过栅格搜索的方式确定分段点，通过分段回归来考察不同分段区间自变量对因变量的非线性影响，是确定具体分段点以及多个分段区间自变量与因变量之间关系的一种较好数据分析方法。

Hansen 在 1999 年发表的 "*Threshold effects in non-dynamic panels: Estimation, testing and inference*" 中介绍了具有个体效应的门槛模型，该方法有效克服了因主观设定结构突变点带来的偏误。根据搜寻到的门槛值，可将回归模型分为多个区间。若门槛变量只存在一个门槛值，则以此门槛值将样本分为两组，当估计的参数显著不同时，可设定为单一门槛模型；若存在两个门槛值，则以门槛值将样本分为三组，当估计的参数显著不同时，则可设定双重门槛模型；以此类推，若不存在门槛值，则可直接使用普通的线性回归模型。因此，必须对门槛效应的显著性以及门槛值的真实性进行检验。

Hansen 进一步将门槛分析从时间序列数据拓展到面板数据，并且提出了模型中门槛值的估计方法，门槛值及其个数完全由样本数据内生决定。在检验是否存在门槛效应时，受限于样本数量，Hansen 采用了"自助抽样法（Bootstrap）"重复抽取样本，以计算检验统计量的渐进分布，提高了门槛效应显著性的检验效率。Hansen 构建的静态面板门槛回归模型要求解释变量和门槛变量均为外生变量，否则会形成有偏估计，存在一定的应用局限。之后，Caner 和 Hansen（2004）进一步改进了门槛回归模型，突破了该限制。在模型设定中，放松了对内生解释变量的要求，但仍要求门槛变量必须为强外生变量。首先需利用简化模型对内生变量进行一定的处理，然后运用两阶段最小二乘法（2SLS）或者广义矩估计（GMM）方法对参数进行估计。

根据解释变量中是否包含被解释变量的滞后项，面板门槛模型分为静态面板门槛模型和动态面板门槛模型。其中，静态面板门槛模型常用来研究变量之间的作用关系，动态面板门槛模型则一般应用于变量收敛性等研究。两类门槛模型都要求门槛变量的强外生性，但在现实中往往难以找到一个绝对外生的变量进行估计。本章主要介绍了静态面板门槛回归模型的设定、检验与估计，并在此基础上分析动态面板门槛模型的设定与检验。

## 9.2 面板门槛模型的理论分析

### 9.2.1 单一门槛面板模型的设定

对于一组平稳的面板数据 $\{y_{it}, q_{it}, x_{it}, 1 \leq i \leq n, 1 \leq t \leq T\}$，其中，下标 $i$ 表示截面个体，下标 $t$ 表示时间维度。$y_{it}$ 是被解释变量，$q_{it}$ 是门槛变量，$x_{it}$ 是解释变量，单一面板门槛模型可以表示为：

$$y_{it} = \mu_i + \beta'_1 x_{it} I(q_{it} \leq \gamma) + \beta'_2 x_{it} I(q_{it} > \gamma) + e_{it} \tag{9-1}$$

其中，$I(\cdot)$ 为示性方程；$\gamma$ 为待估计的门槛参数值，在 $q_{it} \leq \gamma$ 的区域内，$x_{it}$ 对 $y_{it}$ 的影响程度为 $\beta'_1$，在 $q_{it} > \gamma$ 的区域内，$x_{it}$ 对 $y_{it}$ 的影响程度为 $\beta'_2$；假定扰动项 $e_{it}$ 相互独立，且为同分布。则式（9-1）可以写成：

$$y_{it} = \begin{cases} \mu_i + \beta'_1 x_{it} + e_{it}, q_{it} \leq \gamma \\ \mu_i + \beta'_2 x_{it} + e_{it}, q_{it} > \gamma \end{cases} \tag{9-2}$$

实际上，式（9-2）是一个分段函数模型，当数据为短面板数据时，可定义：

$$\beta = (\beta'_1, \beta'_2)', x_{it}(\gamma) = \begin{cases} x_{it} I, q_{it} \leq \gamma \\ x_{it} I, q_{it} > \gamma \end{cases} \tag{9-3}$$

式（9-1）可进一步简化为：

$$y_{it} = \mu_i + \beta' x_{it}(\gamma) + e_{it} \tag{9-4}$$

为消除个体效应 $\mu_i$，首先将式（9-4）对时间求平均：

$$\bar{y}_i = \mu_i + \beta' \bar{x}_i(\gamma) + \bar{e}_i \tag{9-5}$$

其中，$\bar{y}_i = \frac{1}{T} \sum_{t=1}^{T} y_{it}, \bar{e}_i = \frac{1}{T} \sum_{t=1}^{T} e_{it}, \bar{x}_i(\gamma) = \frac{1}{T} \sum_{t=1}^{T} x_{it}(\gamma) = \begin{cases} \frac{1}{T} \sum_{t=1}^{T} x_{it} I(q_{it} \leq \gamma) \\ \frac{1}{T} \sum_{t=1}^{T} x_{it} I(q_{it} > \gamma) \end{cases}$。

然后，将式（9-4）减去式（9-5）得到组内离差形式：

$$y_{it} - \bar{y}_i = \beta'[x_{it}(\gamma) - \bar{x}_i(\gamma)] + (e_{it} - \bar{e}_i) \tag{9-6}$$

记 $y_{it}^* = y_{it} - \bar{y}_i, x_{it}^*(\gamma) = x_{it}(\gamma) - \bar{x}_i(\gamma), e_{it}^* = e_{it} - \bar{e}_i$，则式（9-6）可简化为：

$$y_{it}^* = \beta' x_{it}^*(\gamma) + e_{it}^* \tag{9-7}$$

其中，$y_i^* = \begin{pmatrix} y_{i2}^* \\ \vdots \\ y_{iT}^* \end{pmatrix}$，$x_i^*(\gamma) = \begin{pmatrix} x_{i2}^*(\gamma)' \\ \vdots \\ x_{iT}^*(\gamma)' \end{pmatrix}$，$e_i^* = \begin{pmatrix} e_{i2}^* \\ \vdots \\ e_{iT}^* \end{pmatrix}$ 表示删除一个时期后的数据堆叠和个体偏误。

用 $Y^*$、$X^*(\gamma)$ 和 $e^*$ 表示所有个体的数据集，则有

$$Y^* = \begin{pmatrix} y_1^* \\ \vdots \\ y_n^* \end{pmatrix}, X^*(\gamma) = \begin{pmatrix} x_1^*(\gamma) \\ \vdots \\ x_n^*(\gamma) \end{pmatrix}, e^* = \begin{pmatrix} e_1^* \\ \vdots \\ e_n^* \end{pmatrix}$$，则式 (9-7) 可简化为：

$$Y^* = X^*(\gamma)\beta + e^* \tag{9-8}$$

对于任意给定的 $\gamma$ 值，斜率系数 $\beta$ 可以用普通最小二乘法（OLS）得到：

$$\hat{\beta}(\gamma) = [X^*(\gamma)'X^*(\gamma)]^{-1}X^*(\gamma)'Y^* \tag{9-9}$$

残差的估计值为：

$$\hat{e}^*(\gamma) = Y^* - X^*(\gamma)\hat{\beta}(\gamma) \tag{9-10}$$

残差平方和：

$$S_1(\gamma) = \hat{e}^*(\gamma)'\hat{e}^*(\gamma) = Y^{*\prime}(I - X^*(\gamma))'(X^*(\gamma)'X^*(\gamma))^{-1}X^*(\gamma)'Y^* \tag{9-11}$$

从式（9-11）可以看出残差平方和 $S_1(\gamma)$ 是 $\gamma$ 的函数，对于 $\gamma \in \{q_{it} : i \in [1, n]; t \in [1, T]\}$，需要选择最优门槛值 $\hat{\gamma}$，使得 $S_1(\hat{\gamma})$ 在所有的残差平方和中最小。

在寻找 $\gamma$ 值时，首先需要将门槛变量 $q_{it}$ 进行升序排列，为保证得到的门槛值有意义，对样本按首尾 $\eta\%$（$\eta$ 通常取 1）进行缩尾，删除最大的 $\eta\%$ 样本和最小的 $\eta\%$ 样本，在剩下的样本中连续给出模型的候选门槛值 $\gamma$，观察模型残差平方和的变化，寻找一个 $\gamma$ 使残差平方和达到最小。

$\gamma$ 的最小二乘估计量：

$$\hat{\gamma} = \mathrm{argmin} S_1(\gamma) \tag{9-12}$$

继而得到回归系数估计值 $\hat{\beta} = \hat{\beta}(\hat{\gamma})$，

残差为 $\hat{e}^* = \hat{e}^*(\hat{\gamma})$，方差为 $\hat{\sigma}^2 = \dfrac{1}{n(T-1)} S_1(\hat{\gamma})$。

为了降低搜寻候选门槛值 $\gamma$ 的工作量，Hansen 使用栅格搜索法（Grid Search）连续给出门槛回归中的候选门槛值，一定程度上缩减了搜索范围，提高了门槛值估计的精确度，减少了软件工作时间。该方法首先以特定值作为栅格化水平，将候选门槛值范围进行栅格化处理，得到的全部栅格点便可作为候选门槛值 $\gamma$；然后，对这

些 $\gamma$ 值分别进行回归，计算出模型的残差平方和 $S_1(\gamma)$，根据面板门槛模型的理论分析，选择模型残差平方和最小的候选门槛值作为回归估计的真实门槛值。

### 9.2.2 单一门槛效应的存在性检验

在进行面板门槛模型分析的过程中，确定是否存在门槛效应尤为重要。若样本不存在门槛效应，则可以直接使用普通面板线性回归模型。通过假设门槛效应的存在，找出门槛值 $\hat{\gamma}$ 与相应的残差平方和 $S_1(\hat{\gamma})$ 之后，进一步确定门槛效应是否真实存在，可以检验以下原假设：

$$H_0: \beta_1 = \beta_2 \tag{9-13}$$

如果式（9-13）中的原假设成立，则以门槛值划分的两个样本组的模型回归系数相同，门槛值不能被识别，即不存在门槛效应，无需选择门槛模型进行估计，此时式（9-1）简化为线性模型：

$$y_{it} = \mu_i + \beta' x_{it} + e_{it} \tag{9-14}$$

得到一个静态面板固定效应模型，将其转化成离差形式消除固定效应之后，可通过 OLS 估计得到一致估计量，并计算在原假设 $H_0$ 约束下的残差平方和 $S_0$。

固定效应转换：

$$y_{it}^* = \beta' x_{it}^*(\gamma) + e_{it}^* \tag{9-15}$$

将 $S_0$ 与 $S_1(\hat{\gamma})$ 作比较，显然有 $S_0 \geqslant S_1(\hat{\gamma})$，构造似然比统计量 $F_1$：

$$F_1 = \frac{S_0 - S_1(\hat{\gamma})}{\hat{\sigma}^2} \tag{9-16}$$

通过自抽样法得到 $F_1$ 对应的 $p$ 值，如果 $p$ 值小于 0.1，则在 10% 的显著性水平上拒绝不存在门槛效应的原假设 $H_0$，即该组数据至少存在一个门槛值，此时要继续检验该组数据是否存在两个门槛值。

### 9.2.3 单一门槛值的一致性检验

如果拒绝"$H_0: \beta_1 = \beta_2$"，则认为门槛效应真实存在，接下来还需要对门槛估计值真实性进行检验，进一步确定其门槛变量的置信区间，即检验下列原假设：

$$H_0: \gamma = \gamma_0 \tag{9-17}$$

Hansen 运用极大似然法，通过检验 $\gamma$ 的似然比检验统计量去构建"不拒绝区域"，即在该置信区间内 $\hat{\gamma}$ 与 $\gamma_0$ 是一致的，对应似然比统计量为：

$$LR(\gamma) = \frac{S_1(\gamma) - S_1(\hat{\gamma})}{\hat{\sigma}^2} \tag{9-18}$$

其中，$S_1(\gamma)$ 为进行面板门槛估计得到的残差平方和；$S_1(\hat{\gamma})$，$\hat{\sigma}^2$ 分别为原假设"$H_0: \gamma = \gamma_0$"下，选取门槛估计值 $\hat{\gamma}$ 进行估计后得到的残差平方和与残差方差。此时似然比统计量 $LR(\gamma)$ 的累计分布函数 $F(LR) = (1 - e^{-\frac{LR}{2}})^2$ 可被用来构建 $\gamma$ 的置信区间，显著性水平为 $\alpha$，再利用反函数 $c(\alpha) = -2\ln(1 - \sqrt{1-\alpha})$ 计算出其临界值，当 $LR(\gamma_0) \leqslant c(\alpha)$ 时，不能拒绝原假设。

### 9.2.4 多重门槛模型的设定与检验

在模型实际应用过程中，可能存在多重门槛效应，为此，需要在单门槛值模型的基础上，进一步考虑模型中存在多个门槛值的情形。前文已经详细介绍面板门槛模型主要原理及检验方法，本节将简要介绍多重门槛模型的估计与检验。在实际建模过程中，门槛值过多可能会产生过度拟合的问题，通常建议门槛值不超过三个。现将单一门槛面板模型进行拓展，我们可以设定多门槛值的面板回归模型，下面以双重门槛回归模型为例分析存在多重门槛效应的情况。面板双重门槛回归模型可表示为：

$$y_{it} = \mu_i + \beta'_1 x_{it} I(q_{it} \leqslant \gamma_1) + \beta'_2 x_{it} I(\gamma_1 < q_{it} \leqslant \gamma_2) + \beta'_3 x_{it} I(\gamma_2 < q_{it}) + e_{it} \quad (9-19)$$

类似于单门槛模型，可以从门槛值的估计、双重门槛效应的检验、门槛参数 $\gamma_1$ 和 $\gamma_2$（$\gamma_1 < \gamma_2$）置信区间的构建三个方面介绍多重门槛模型。

（1）门槛值的估计

双重门槛模型门槛值的计算过程与单一门槛类似，不同的是需要在第一个门槛估计值给定的情形下，估计第二个门槛值。先搜寻出第一个候选门槛值 $\hat{\gamma}_1$，及其相对应的残差平方和 $S_1(\hat{\gamma})$，运用同样的方法将式（9-19）转换为离差形式，仍运用 OLS 估计出第二个门槛值 $\hat{\gamma}_2$，使残差平方和 $S_2^r(\hat{\gamma})$ 最小化。需要注意的是，找出 $\hat{\gamma}_2$ 后，还需以此为基础，再返回模型中找到新的 $\gamma_1$ 估计值 $\hat{\gamma}_1^r$，此时组合（$\hat{\gamma}_1^r$, $\hat{\gamma}_2$）才是一致有效的。

（2）双重门槛效应的检验

通过式（9-20）构建似然比统计量 $F_1$ 以确定存在门槛效应的基础上，进一步检验模型是存在单一门槛效应，还是存在双重门槛效应。原假设 $H_0$：仅存在单一门槛效应，备择假设 $H_1$：存在双重门槛效应。在第二阶段门槛估计中，最小化的残差平方和为 $S_2^r(\hat{\gamma}_2^r)$，将单门槛模型中的残差平方和 $S_1(\hat{\gamma}_1)$ 与其作差得到似然比统计量 $F_2$。通过自抽样法得到 $F_2$ 对应的 $p$ 值，如果 $p$ 值小于 0.1，则在 10% 的显著性水平下拒绝仅存在单门槛效应的原假设。

$$F_1 = \frac{S_0 - S_1(\hat{\gamma})}{\hat{\sigma}^2} \tag{9-20}$$

$$F_2 = \frac{S_1^r(\hat{\gamma}_1) - S_2^r(\hat{\gamma}_2^r)}{\hat{\sigma}^2} \tag{9-21}$$

(3) 置信区间的构建。

与单门槛模型中门槛变量置信区间的构建方法相同，两个门槛变量 $\gamma_2$ 和 $\gamma_1$ 的 $(1-\alpha)\%$ 渐近置信区间，分别是满足 $LR_2^r(\gamma) \leq c(\alpha)$ 和 $LR_1^r(\gamma) \leq c(\alpha)$ 的 $\gamma$ 值，其中：

$$LR_1^r(\gamma_1) = \frac{[S_1^r(\gamma_1) - S_1^r(\hat{\gamma}_1^r)]}{\hat{\sigma}^2} \tag{9-22}$$

$$LR_2^r(\gamma_2) = \frac{[S_2^r(\gamma_2) - S_2^r(\hat{\gamma}_2^r)]}{\hat{\sigma}^2} \tag{9-23}$$

### 9.2.5　动态面板门槛模型的设定与检验

在分析非线性结构突变问题时，有时需要从动态视角研究演化特征，并对逆向因果关系导致的模型内生性问题进行处理。然而，Hansen 提出的静态面板门槛模型仅为存在个体固定效应的非动态面板数据模型所设计的，忽视了对滞后效应及内生变量的处理，为此，可以通过构造动态面板门槛模型，分析模型的动态特征及内生性问题。动态面板门槛模型分析主要包括模型的估计与检验。

以单一门槛为例，纳入因变量滞后一期，构造动态面板门槛模型如下：

$$y_{it} = \mu_i + \alpha y_{i,t-1} + \beta'_1 x_{it} I(q_{it} \leq \gamma) + \beta'_2 x_{it} I(\gamma < q_{it}) + e_{it} \tag{9-24}$$

其中，$\alpha$ 为因变量滞后一期的回归系数，其他符号的含义同式（9-1）。考虑到存在个体固定效应 $\mu_i$，进行估计之前需通过固定效应转换以消除个体固定效应。动态面板门槛模型中，受限于被解释变量的滞后项 $y_{i,t-1}$ 与个体误差项的平均值 $\bar{e}_i$ 存在序列相关性，进而导致其与所有转换后的个体误差 $e_{it}^*$ 相关。鉴于此，可以采用正交离差变换以消除固定效应，与静态面板门槛模型式（9-6）中采用的组内变换方法不同，在该变换中，各观察变量当期值减去其滞后期所有观察值的平均值，避免了转换后模型的误差项存在序列相关。

此时，对于误差项而言，其前向正交离差变换形式如下：

$$e_{it}^* = \sqrt{\frac{T-t}{T-t+1}} \left[ e_{it} - \frac{1}{T-t}(e_{i,t+1} + \cdots + e_{i,T}) \right] \tag{9-25}$$

前向正交离差变换保证了误差项的不相关性，经此转换后，Hansen 的面板门槛估计理论可继续适用于动态面板数据。与静态面板门槛模型对门槛值及其置信区间的估计类似，运用最小二乘法进行估计，得到残差平方和 $S(\gamma)$，选择最优门槛值 $\hat{\gamma}$

使得在所有的残差平方和中最小,即:

$$\hat{\gamma} = \mathrm{argmin} S_n(\gamma) \qquad (9-26)$$

进一步确定门槛变量的置信区间,当显著性水平为 $\alpha$ 时:

$$\Gamma = \{\gamma : LR(\gamma) \leq C(\alpha)\} \qquad (9-27)$$

在确定了 $\hat{\gamma}$ 之后,可运用面板广义矩方法(GMM)估计出斜率系数。

## 9.3 面板门槛模型的 Stata 实现

面板门槛模型的基本思路是:找出两个变量非线性关系中可能存在的拐点,进行存在性和一致性检验,然后求出对应的置信区间。国内关于静态面板门槛回归模型的 Stata 命令主要有两个:一个是中山大学连玉君老师提出的 xtthres 命令,另一个是南开大学王群勇老师提出的 xthreg 命令。这两个命令各有特点:面板门槛模型的 xthreg 命令要求数据必须为平衡面板数据且要在 Stata13 版本以上运行,用该命令估计静态面板门槛模型时估计效果不太理想,小样本的偏误较大。但是,该命令可以直接从 Stata 中下载安装,可用于估计动态面板门槛模型、静态面板门槛模型且允许存在内生变量。面板门槛模型的 xtthres 命令操作相对简单。相比而言,xthreg 命令背后的算法更合理、更稳定。接下来将分别介绍这两种面板门槛模型实现命令的用法。

在 Stata 中,面板门槛模型实现的 xthreg 命令为:

xthreg depvar[indepvars][if][in], rx(varlist) qx(varname)[thnum(#) grid(#) trim(numlist) bs(numlist) thlevel(#) gen(newvarname) noreg nobslog thgiven options]

其中,xthreg 表示命令名称,depvar 表示被解释变量,indepvars 表示独立变量。即不受门槛值影响的解释变量和控制变量,rx(varlist)中填受到门槛值影响的解释变量,qx(varname)中填门槛变量,thnum(#)中填门槛数量,目前的 xthreg 命令通常要求门槛数量不超过 3 个,即默认设置为 thnum(1)、thnum(2) 或者 thnum(3)。grid(#) 中填网格点的个数,一般情况下,为了避免计算大样本时耗时过多,默认设置为 grid(300)、grid(400) 或 grid(500)。trim(numlist) 是估计每个门槛的修正比例,修正比例的个数必须等于前文 thnum(#) 中设定的门槛数量。对于所有门槛,默认设置为 trim(0.01)、trim(0.05) 或者 trim(0.1),其中最常用的是 trim(0.01)。例如,为拟合三门槛模型,前文中设置了 thnum(3),对此可以设置 trim(0.01 0.01 0.01),其中三个修正比例数值可以不同。

bs(numlist) 是运行 bootstrap 的次数,一般情况下可以设置为 bs(300)、bs

(400) 或者 bs(500)。运行次数的个数必须与前文设置的门槛数量一致，例如，即若拟合三门槛模型，这里应该设置为 bs(300 300 300)。如果没有设定 bs(numlist)，那么 xthreg 不会对门槛效应检验使用 bootstrap。thlevel(#) 为门槛的置信区间设定一个置信水平，默认设置为 thlevel(95)。gen(newvarname) 用 0，1，2，…为每个状态生成一个新的分类变量，默认设置为 gen(_cat)。noreg 表示禁止回归结果的显示，nobslog 表示禁用 bootstrap 迭代过程，thgiven 表示基于前面的结果拟合模型。options 是 xtreg 可用的任意选项。最后，要注意的是：[ ] 中的步骤可以省略。

使用 Stata 软件分析面板门槛模型的 xtthres 命令为：

xtthres varlist[ if ][ in ]，thres(varname) dthres(varname)[ bs1(#) bs2(#) bs3(#) level(#) minobs(#) ]

其中，xtthres 表示命令名称。varlist 表示被解释变量、不受门槛值影响的解释变量和控制变量。thres(varname) 表示门槛变量。dthres(varname) 表示受到门槛值影响的解释变量。bs1(#) bs2(#) bs3(#) 与上文相同，表示运行 bootstrap 的次数。level(#) 表示门槛的置信区间设定的一个置信水平。minobs(#) 表示在搜索 r_hats 时每个区域中的最小观测值，默认值为 10。

使用 Stata 动态面板门槛模型，可以用 Kremer 等（2013）提出的 xtendothresdpd 命令，以及 Seo 和 Shin（2016）所提出的 xthenreg 命令。动态面板数据模型是指模型中解释变量包含被解释变量的滞后期，如果模型存在门槛效应，可以使用命令 xtendothresdpd 来估计门槛效应和斜率系数。本章以 xtendothresdpd 为例进行操作，xtendothresdpd 命令形式为：

xtendothresdpd depvar indepvars[ if ][ in ]，thresv(varname) stub(string) pivar(varname) dgmmiv(varlist[...])[ options ] twostep vce(robust)

其中，xtendothresdpd 表示命令名称。depvar 表示被解释变量。indepvars 表示独立变量，即不受门槛变量影响的解释变量。thresv(varname) 表示门槛变量。stub(string) 表示一个字符串名称，新的变量名将从中创建。pivar(varname) 表示依赖于门槛的变量，此变量可与门槛变量一致。dgmmiv(varlist[...]) 表示差分方程的 GMM 型工具变量。最后通过选项 vce(robust) 指定稳健标准误估计。要注意的是：[ ] 中的步骤可以省略。

## 9.3.1 静态面板门槛模型的实例与数据

本节以 2010~2020 年中国 30 个省区市产业数字化对碳排放强度的影响为例，将各省经济发展水平作为门槛变量，研究在不同经济发展水平下产业数字化对碳排放强度的非线性影响。样本数据来源于中国统计年鉴。

可以将数据命名为"中级计量经济学\第 9 章数据\中国省级区产业数字化与碳排放强度.dta",并将其存在 C 盘中。

(1) 数据导入及描述性统计分析。

首先从 do 文件运行命令导入数据,使用命令为:use "C:\中级计量经济学\第 9 章数据\中国省级区产业数字化与碳排放强度.dta", clear 来导入数据。采用 tabstat 命令可以查看面板数据特征,其中,ce 为被解释变量,表示碳排放强度;dt 为解释变量,表示产业数字化水平;pergdp 为门槛变量,表示经济发展水平,用人均 GDP 衡量;fdi 和 gover 为控制变量,分别表示外商投资企业投资总额和政府财政支持力度。

查看面板数据特征 Stata 命令为:tabstat ce dt pergdp fdi gover,stat( me ma mi med p25 p75)

输出结果为:

| stats | ce | dt | pergdp | fdi | gover |
|---|---|---|---|---|---|
| mean | .5701063 | .1664061 | 54313.53 | .0737086 | .0207264 |
| max | 2.257459 | .8499205 | 164889 | 4.961689 | .0675685 |
| min | .0288149 | .0085582 | 13228.62 | .0076979 | .0038864 |
| p50 | .4248645 | .1242592 | 47356 | .0323894 | .0134683 |
| p25 | .2532144 | .0795429 | 35663 | .022672 | .0106261 |
| p75 | .6687168 | .2019123 | 65354 | .0793279 | .0272509 |

图 9-2 变量的描述性统计

(2) 定义面板数据

定义面板数据的命令为:xtset id year

输出结果为:

```
xtset id year
      panel variable:  id (strongly balanced)
       time variable:  year, 2010 to 2020
               delta:  1 unit
```

图 9-3 面板数据的设定

### 9.3.2 使用 xthreg 命令分析静态面板门槛模型的一般过程

在进行静态面板门槛模型回归分析前,需先对数据进行基础分析,再进行如下回归分析操作。

(1) 单一门槛模型回归分析

Stata 命令为:

```
set seed 123
xthreg ce gover fdi,rx(dt) qx(pergdp) thnum(1) grid(300) trim(0.01) bs(300)
```

输出结果为:

```
. xthreg ce gover fdi,rx(dt) qx(pergdp) thnum(1) grid(300) trim(0.01) bs(300)
Estimating the threshold parameters:  1st ......  Done
Boostrap for single threshold
.................................................... +  50
.................................................... + 100
.................................................... + 150
.................................................... + 200
.................................................... + 250
.................................................... + 300

Threshold estimator (level = 95):
```

| model | Threshold | Lower | Upper |
|---|---|---|---|
| Th-1 | 19710.0000 | 19265.0000 | 20748.5859 |

Threshold effect test (bootstrap = 300):

| Threshold | RSS | MSE | Fstat | Prob | Crit10 | Crit5 | Crit1 |
|---|---|---|---|---|---|---|---|
| Single | 2.8203 | 0.0088 | 73.84 | 0.0033 | 37.7719 | 50.1069 | 69.0660 |

```
Fixed-effects (within) regression              Number of obs      =       330
Group variable: id                             Number of groups   =        30

R-sq:  within  = 0.4272                        Obs per group: min =        11
       between = 0.2178                                       avg =      11.0
       overall = 0.2207                                       max =        11

                                               F(4,296)           =     55.18
corr(u_i, Xb)  = 0.1840                        Prob > F           =    0.0000
```

| ce | Coef. | Std. Err. | t | P>\|t\| | [95% Conf. Interval] | |
|---|---|---|---|---|---|---|
| gover | -3.287317 | 1.322222 | -2.49 | 0.013 | -5.889464 | -.6851702 |
| fdi | -.0054098 | .0211927 | -0.26 | 0.799 | -.0471172 | .0362977 |
| _cat#c.dt | | | | | | |
| 0 | 6.270938 | .8523703 | 7.36 | 0.000 | 4.593465 | 7.948412 |
| 1 | -.6871033 | .0855725 | -8.03 | 0.000 | -.8555109 | -.5186957 |
| _cons | .7458428 | .0239174 | 31.18 | 0.000 | .6987731 | .7929126 |
| sigma_u | .42440794 | | | | | |
| sigma_e | .09761108 | | | | | |
| rho | .9497605 | (fraction of variance due to u_i) | | | | |

```
F test that all u_i=0: F(29, 296) = 197.38                  Prob > F = 0.0000
```

图 9-4 xthreg 命令单一门槛的输出结果

输出结果见图9-4，主要包括四个部分。第一部分为自抽样的结果。第二部分为门槛值及置信区间，第三部分为门槛检验，包括RSS、MSE、F统计量及概率值，以及10%、5%、1%显著性水平下的置信水平。第四部分为固定效应的回归结果。

从图9-4可以看出，单一门槛的门槛值为19710，置信区间为[19265, 20748.5859]。门槛变量小于门槛值时，核心解释变量的回归系数为6.2709，门槛变量大于门槛值时，核心解释变量的回归系数为-0.6871。回归结果表明该模型至少存在一个门槛值，接下来检验该模型是否存在双重门槛效应。

（2）双重门槛模型回归分析

使用Stata软件分析双重门槛模型回归的xthreg命令为：

set seed 123

xthreg ce gover fdi,rx(dt)qx(pergdp)thnum(2)grid(300)trim(0.01 0.01)bs(300 300)

回归结果见图9-5，与单一门槛不同的是：Th-1代表单一门槛估计值，Th-21和Th-22代表双门槛回归的两个估计值。

从双重门槛模型回归结果来看，第一个门槛值为19710，第二个门槛值为67836，且均通过了显著性检验，且表格中_cat#c.dt后有0、1值，这里0表示的是小于第一个门槛值时，核心解释变量的回归系数为4.8264，1表示的是大于第一个门槛值同时小于第二个门槛值时，核心解释变量的回归系数为-1.3095。2表示的是大于第二个门槛值时，核心解释变量的回归系数为-0.7370。回归结果表明该模型至少存在两个门槛值，接下来检验该模型是否存在三重门槛效应。

（3）三重门槛模型回归分析

使用Stata软件分析三重面板门槛模型的xthreg命令为：

set seed 123

xthreg ce gover fdi,rx(dt)qx(pergdp)thnum(3)grid(300)trim(0.01 0.01 0.01)bs(300 300 300)

回归结果见图9-6，中可以看出：第一个门槛值为19710，第二个门槛值为67836，且均通过了显著性检验，但是第三个门槛值未通过显著性检验，证明该组数据符合双重门槛模型，最多具有两个门槛值。第二部分中Single对应$H_0$（线性模型）和$H_1$（单一门槛模型），Double对应$H_0$（单一门槛模型）和$H_1$（双重门槛模型），Triple对应$H_0$（双重门槛模型）和$H_1$（三重门槛模型）。

```
. xthreg ce gover fdi,rx(dt) qx(pergdp) thnum(2) grid(300) ///
>  trim(0.01 0.01) bs(300 300)
Estimating the threshold parameters:  1st ......  2nd ......  Done
Boostrap for single threshold
............................................... +    50
............................................... +   100
............................................... +   150
............................................... +   200
............................................... +   250
............................................... +   300
Boostrap for double threshold model:
............................................... +    50
............................................... +   100
............................................... +   150
............................................... +   200
............................................... +   250
............................................... +   300
```

Threshold estimator (level = 95):

| model | Threshold | Lower | Upper |
|---|---|---|---|
| Th-1 | 19710.0000 | 19265.0000 | 20748.5859 |
| Th-21 | 19710.0000 | 19265.0000 | 20748.5859 |
| Th-22 | 67836.0000 | 66352.0000 | 67852.0000 |

Threshold effect test (bootstrap = 300 300):

| Threshold | RSS | MSE | Fstat | Prob | Crit10 | Crit5 | Crit1 |
|---|---|---|---|---|---|---|---|
| Single | 2.8203 | 0.0088 | 73.84 | 0.0033 | 37.7719 | 50.1069 | 69.0660 |
| Double | 2.4160 | 0.0076 | 53.37 | 0.0500 | 31.0213 | 52.4324 | 99.6300 |

```
Fixed-effects (within) regression              Number of obs     =        330
Group variable: id                             Number of groups  =         30

R-sq:  within  = 0.5093                        Obs per group: min =         11
       between = 0.2333                                       avg =       11.0
       overall = 0.2402                                       max =         11

                                               F(5, 295)         =      61.23
corr(u_i, Xb)  = 0.1840                        Prob > F          =     0.0000
```

| ce | Coef. | Std. Err. | t | P>\|t\| | [95% Conf. Interval] | |
|---|---|---|---|---|---|---|
| gover | -3.591282 | 1.226637 | -2.93 | 0.004 | -6.00535 | -1.177214 |
| fdi | .0005981 | .019667 | 0.03 | 0.976 | -.0381073 | .0393036 |
| _cat#c.dt | | | | | | |
| 0 | 4.826424 | .8165696 | 5.91 | 0.000 | 3.219384 | 6.433464 |
| 1 | -1.309503 | .118924 | -11.01 | 0.000 | -1.54355 | -1.075456 |
| 2 | -.7369889 | .0796541 | -9.25 | 0.000 | -.8937511 | -.5802266 |
| _cons | .8138817 | .0241972 | 33.64 | 0.000 | .7662606 | .8615027 |
| sigma_u | .42037947 | | | | | |
| sigma_e | .09049831 | | | | | |
| rho | .95570821 | (fraction of variance due to u_i) | | | | |

F test that all u_i=0: F(29, 295) = 224.35                Prob > F = 0.0000

图 9-5  xthreg 命令双重门槛的输出结果

```
. xthreg ce gover fdi,rx(dt) qx(pergdp) thnum(3) grid(300) ///
> trim(0.01 0.01 0.01) bs(300 300 300)
Estimating the threshold parameters:    1st ......  2nd ......  3rd ......  Do
> ne
Boostrap for single threshold
....................................................  +    50
....................................................  +   100
....................................................  +   150
....................................................  +   200
....................................................  +   250
....................................................  +   300
Boostrap for double threshold model:
....................................................  +    50
....................................................  +   100
....................................................  +   150
....................................................  +   200
....................................................  +   250
....................................................  +   300
Boostrap for triple threshold model:
....................................................  +    50
....................................................  +   100
....................................................  +   150
....................................................  +   200
....................................................  +   250
....................................................  +   300
```

Threshold estimator (level = 95):

| model | Threshold   | Lower      | Upper      |
|-------|-------------|------------|------------|
| Th-1  | 19710.0000  | 19265.0000 | 20748.5859 |
| Th-21 | 19710.0000  | 19265.0000 | 20748.5859 |
| Th-22 | 67836.0000  | 66352.0000 | 67852.0000 |
| Th-3  | 28661.0000  | 27880.5000 | 28792.0000 |

Threshold effect test (bootstrap = 300 300 300):

| Threshold | RSS    | MSE    | Fstat | Prob   | Crit10  | Crit5   | Crit1    |
|-----------|--------|--------|-------|--------|---------|---------|----------|
| Single    | 2.8203 | 0.0088 | 73.84 | 0.0033 | 37.7719 | 50.1069 | 69.0660  |
| Double    | 2.4160 | 0.0076 | 53.37 | 0.0500 | 31.0213 | 52.4324 | 99.6300  |
| Triple    | 2.2199 | 0.0070 | 28.18 | 0.5933 | 70.2781 | 90.3107 | 116.0514 |

```
Fixed-effects (within) regression               Number of obs      =        330
Group variable: id                              Number of groups   =         30

R-sq:  within  = 0.5491                         Obs per group: min =         11
       between = 0.2063                                        avg =       11.0
       overall = 0.2180                                        max =         11

                                                F(6, 294)          =      59.67
corr(u_i, Xb)  = 0.1633                         Prob > F           =     0.0000
```

| ce       | Coef.      | Std. Err. | t     | P>\|t\| | [95% Conf. | Interval] |
|----------|------------|-----------|-------|--------|------------|-----------|
| gover    | -3.127534  | 1.181304  | -2.65 | 0.009  | -5.452418  | -.8026495 |
| fdi      | -.0009901  | .0188865  | -0.05 | 0.958  | -.03816    | .0361798  |
| _cat#c.dt |           |           |       |        |            |           |
| 0        | 6.511306   | .8509034  | 7.65  | 0.000  | 4.836672   | 8.18594   |
| 1        | .4191075   | .3578821  | 1.17  | 0.243  | -.2852281  | 1.123443  |
| 2        | -1.091005  | .1219716  | -8.94 | 0.000  | -1.331053  | -.850957  |
| 3        | -.6526369  | .0782527  | -8.34 | 0.000  | -.8066434  | -.4986303 |
| _cons    | .7667092   | .0250095  | 30.66 | 0.000  | .7174887   | .8159296  |

```
sigma_u  | .42588997
sigma_c  | .08689483
    rho  | .96003497   (fraction of variance due to u_i)

F test that all u_i=0: F(29, 294) = 243.71             Prob > F = 0.0000
```

图 9-6　三重面板门槛模型的输出结果

### 9.3.3 使用 matplot 命令对静态面板门槛模型绘图的过程

由于在该绘图命令之前已进行过静态面板门槛模型的回归分析，所以在上述回归分析结束后，直接进行如下 Stata 操作即可。

(1) 单一门槛绘图命令

使用 Stata 软件绘制单一门槛图的 matplot 命令为：

_matplot e(LR21), columns(1 2) yline(7.35, lpattern(dash)) connect(direct) msize(small) mlabp(0) mlabs(zero) ytitle("LR Statistics") xtitle("First Threshold") recast(line) name(LR1)

其中，最后一部分 name 为绘图文件的名称，可根据自己的需要更改，绘图结果见图 9-7。

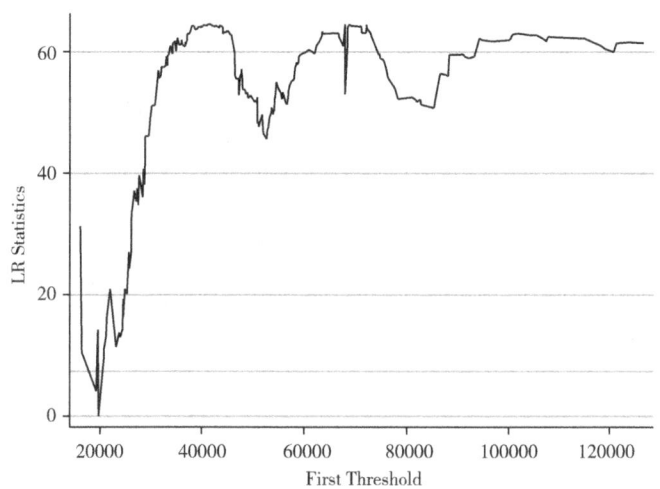

图 9-7　matplot 命令的单一门槛绘图

(2) 双重门槛绘图命令

使用 Stata 软件绘制双重门槛模型图的 matplot 命令为：

_matplot e(LR22), columns(1 2) yline(7.35, lpattern(dash)) connect(direct) msize(small) mlabp(0) mlabs(zero) ytitle("LR Statistics") xtitle("Second Threshold") recast(line) name(LR2)

绘图结果见图 9-8。

将单一门槛和双重门槛图结合起来的命令为：

graph combine LR1 LR2, cols(2)

输出结果见图 9-9。

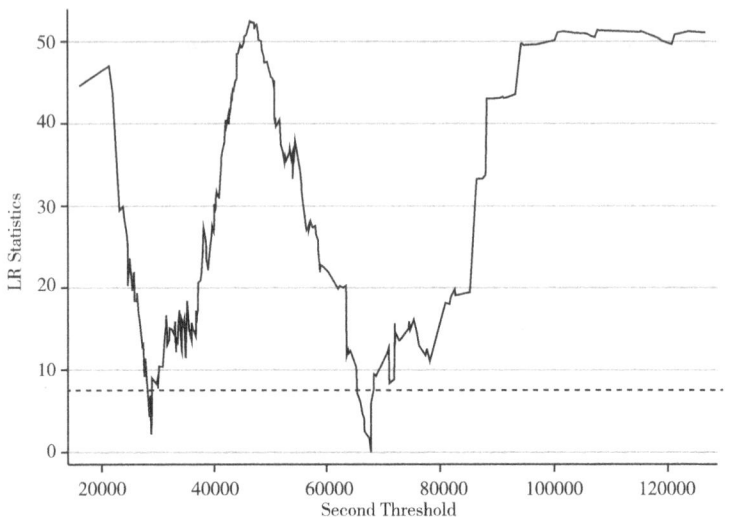

图 9-8　matplot 命令的双重门槛绘图

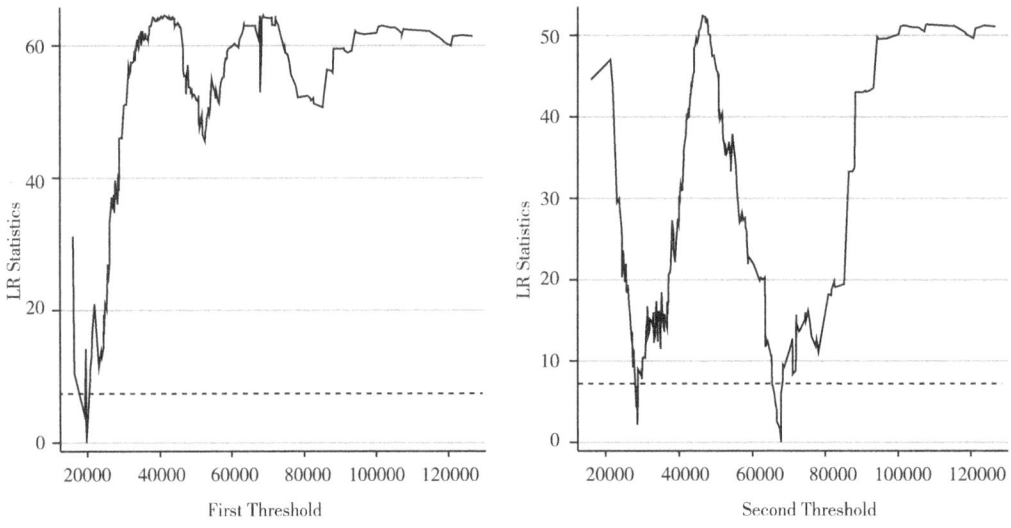

图 9-9　matplot 命令的单一和双重门槛绘图

(3) 三重门槛绘图命令

使用 Stata 软件绘制三重门槛图的 matplot 命令为：_matplot e(LR21), columns(1 2) yline(7.35, lpattern(dash)) connect(direct) msize(small) mlabp(0) mlabs(zero) ytitle("LR Statistics") xtitle("First Threshold") recast(line) name(LR31)

_matplot e(LR22), columns(1 2) yline(7.35, lpattern(dash)) connect(direct) msize(small) mlabp(0) mlabs(zero) ytitle("LR Statistics") xtitle("Second Threshold") recast(line) name(LR32) _matplot e(LR3), columns(1 2) yline(7.35, lpattern(dash)) connect(direct) msize(small) mlabp(0) mlabs(zero) ytitle("LR Statistics") xtitle("Third Threshold") recast(line) name(LR33)

将三个门槛图结合起来的命令为：

graph combine LR31 LR32 LR33, cols(1)

### 9.3.4 使用 xtthres 命令分析静态面板门槛模型的过程

应用 Stata 软件分析静态面板门槛模型的 xtthres 命令为：

set seed 123

xtthres ce gover fdi, th(lnpergdp) d(dt) minobs(30) bs1(300) bs2(300) bs3(300)

输出结果为：

| 模型 | F值 | P值 | BS次数 | 临界值 | | |
|---|---|---|---|---|---|---|
| | | | | 1% | 5% | 10% |
| 单一门槛 | 72.499*** | 0.000 | 300 | 48.462 | 26.527 | 20.345 |
| 双重门槛 | 40.774*** | 0.003 | 300 | 35.570 | 22.441 | 17.841 |
| 三重门槛 | 16.545*** | 0.010 | 300 | 17.461 | 10.331 | 8.412 |

图 9-10 门槛效应的自抽样检验

从图 9-10 可以看出，模型三重门槛均显著，表明模型存在显著的三重门槛效应，但这里只是该组数据自抽样检验的初步结果，具体采用哪个模型还需要结合回归结果和门槛值绘图来确定。

| | 门槛估计值 | 95% 置信区间 |
|---|---|---|
| 单一门槛模型: | 2.4e+04 | [ 2.1e+04 , 2.6e+04 ] |
| 双重门槛模型: | | |
| Ito1 | 6.8e+04 | [ 3.5e+04 , 7.1e+04 ] |
| Ito2 | 2.4e+04 | [ 2.1e+04 , 2.5e+04 ] |
| 三重门槛模型: | 3.7e+04 | [ 2.8e+04 , 4.0e+04 ] |

图 9-11 门槛估计值和置信区间

从图 9-11、图 9-12、图 9-13 可以看出，三个门槛值分别为 23769、36724 和 67836。

——搜索第二个门槛值——

第二个门槛估计值：67836

——重新搜索第一个门槛值——

更新后的第一个门槛估计值：23769.469

```
Fixed-effects (within) regression              Number of obs      =        330
Group variable: idnew                          Number of groups   =         30

R-sq:   within  = 0.4852                       Obs per group: min =         11
        between = 0.2217                                      avg =       11.0
        overall = 0.2268                                      max =         11

                                               F(5,295)           =      55.61
corr(u_i, Xb)  = 0.1840                        Prob > F           =     0.0000

------------------------------------------------------------------------------
          ce |      Coef.   Std. Err.      t    P>|t|     [95% Conf. Interval]
-------------+----------------------------------------------------------------
       gover |  -3.21248    1.258985    -2.55   0.011    -5.690211   -.7347493
         fdi |   .0020924    .0201415    0.10   0.917    -.0375469    .0417317
        dt_1 |   2.471472    .5922986    4.17   0.000     1.305806    3.637139
        dt_2 |  -1.228717    .1245339   -9.87   0.000    -1.473805   -.9836298
        dt_3 |  -.7142114    .082083    -8.70   0.000    -.8757538   -.5526689
       _cons |   .7943644    .0254707   31.19   0.000     .744237    .8444917
-------------+----------------------------------------------------------------
     sigma_u |  .42375677
     sigma_e |  .09268811
         rho |  .95434181   (fraction of variance due to u_i)
------------------------------------------------------------------------------
F test that all u_i=0: F(29, 295) = 214.32                   Prob > F = 0.0000
```

图 9-12　双重门槛回归模型的估计结果

图 9-12 为双重门槛回归模型的估计结果，两个门槛值的三个回归系数均显著。图 9-13 为三重门槛的回归估计结果，三个门槛值进行分段得到了对应的四个回归系数（dt_1、dt_2、dt_3 和 dt_4），其中，第二个回归系数（dt_2）出现了不显著现象。因此，可以选用双重门槛模型。从图 9-12 可以看出，产业数字化水平小于第一个门槛值，产业数字化对碳排放强度影响的回归系数为 2.4715，当产业数字化水平大于第一个门槛值，小于第二个门槛值时，产业数字化对碳排放强度影响的回归系数显著，为 -1.2287；当产业数字化水平大于第二个门槛值时，产业数字化对碳排放强度影响的回归系数显著，为 -0.7142。

### 9.3.5　使用 xttr_graph 命令对静态面板门槛模型进行绘图的过程

在静态面板门槛模型的回归分析之后，直接采用 xttr_graph 命令进行操作，Stata 命令为：

第三个门槛估计值：**36724**

```
Fixed-effects (within) regression               Number of obs    =       330
Group variable: idnew                           Number of groups =        30

R-sq:  within  = 0.5098                         Obs per group: min =       11
       between = 0.1977                                        avg =     11.0
       overall = 0.2051                                        max =       11

                                                F(6,294)         =     50.96
corr(u_i, Xb)  = 0.1698                         Prob > F         =    0.0000

------------------------------------------------------------------------------
          ce |      Coef.   Std. Err.      t    P>|t|     [95% Conf. Interval]
-------------+----------------------------------------------------------------
       gover |  -2.101792   1.264198    -1.66   0.097    -4.589816    .3862318
         fdi |   .0033598    .019691     0.17   0.865    -.0353934     .042113
        dt_1 |    3.97387   .6988123     5.69   0.000     2.598561    5.349178
        dt_2 |  -.2673999    .278413    -0.96   0.338    -.8153349    .2805352
        dt_3 |  -1.037534   .1315227    -7.89   0.000    -1.296379   -.7786886
        dt_4 |    -.65459   .0817247    -8.01   0.000    -.8154297   -.4937504
       _cons |   .7320367   .0297226    24.63   0.000     .6735406    .7905328
-------------+----------------------------------------------------------------
     sigma_u |  .42928369
     sigma_e |  .09060216
         rho |  .95735564   (fraction of variance due to u_i)
------------------------------------------------------------------------------
F test that all u_i=0: F(29, 294) = 224.81                   Prob > F = 0.0000
```

图 9-13　三重门槛的回归估计结果

xttr_graph

　　graph export Figs\产业数字化数据_Fig01. wmf, replace

xttr_graph, m（22）

　　graph export Figs\产业数字化数据_Fig02. wmf, replace

xttr_graph, m（21）

　　graph export Figs\产业数字化数据_Fig03. wmf, replace

输出结果为：

图 9-14、图 9-15 和图 9-16 分别表示单一门槛、双重门槛和三重门槛的绘图，但是图 9-16 中三重门槛与虚线的交集只有一个，且数值在 20000~30000 之间，与图 9-14 所得结果相似，说明三重门槛绘图结果不准确，该组数据最多满足双重门槛，与回归结果相符。

## 9.3.6　使用 xtendothresdpd 命令分析动态面板门槛模型的过程

本部分以 2013~2019 年中国 77 个城市产业数字化对碳排放强度的影响效果为

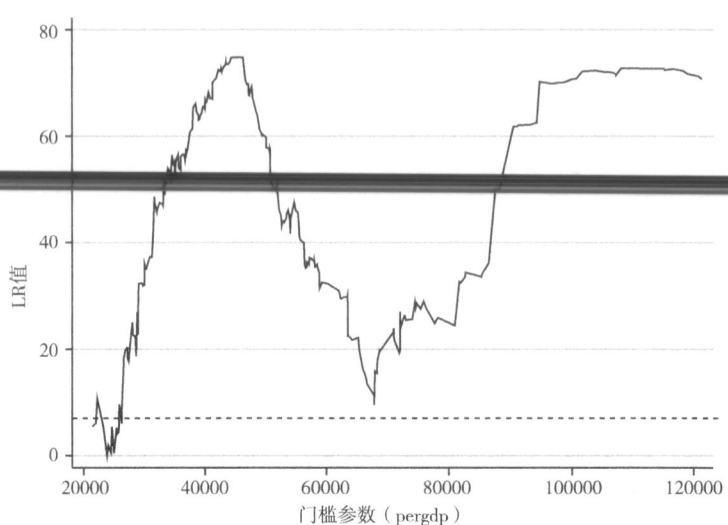

图 9-14 单一门槛的绘图

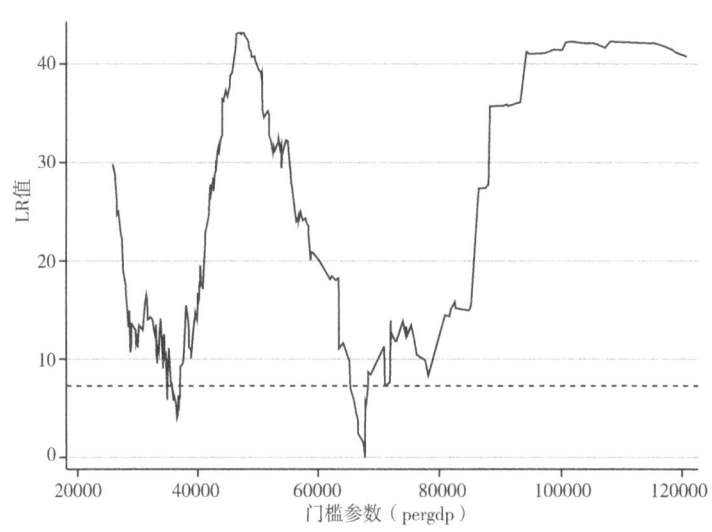

图 9-15 双重门槛值的绘图

例,将各城市的经济发展水平作为门槛变量,研究在不同经济发展水平下本地区的产业数字化对碳排放强度的非线性影响。样本数据来源于中国统计年鉴,将数据命名为"中级计量经济学\第 9 章数据\中国部分城市产业数字化与碳排放强度.dta",并存入 C 盘中。

(1) 导入数据

首先从 do 文件运行命令导入数据,使用命令为:use "C:\中级计量经济学\第 9 章数据\中国部分城市产业数字化与碳排放强度.dta",clear 来导入数据。

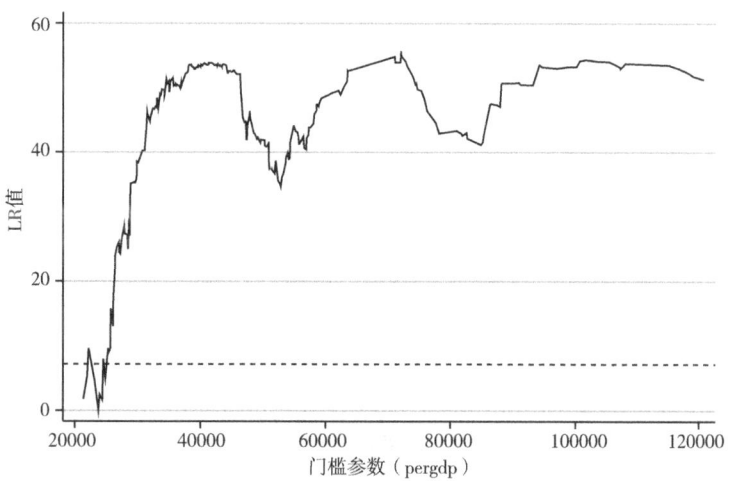

图 9-16　三重门槛值的绘图

（2）设定面板数据

Stata 命令为：

xtset id year

输出结果为：

```
panel variable:  id (strongly balanced)
 time variable:  year, 2013 to 2019
         delta:  1 unit
```

图 9-17　面板数据设定

（3）生成被解释变量的滞后一期数据

因为本部分讨论的是动态面板门槛模型，所以应将被解释变量的滞后一期数据作为解释变量进行实证检验。

Stata 命令为：g lce = L. ce

输出结果为：

```
. g lce=L.ce
(79 missing values generated)
```

图 9-18　生成被解释变量的滞后一期

（4）描述性统计分析

采用 tabstat 命令可以查看该面板数据特征，其中，ce 为被解释变量，表示碳排放强度；dt 为解释变量，表示产业数字化水平；pergdp 为门槛变量，表示人均 GDP 即代表经济发展水平；fdi 为控制变量，表示外商投资企业投资总额，下同。

Stata 命令为:

tabstat ce lce dt pergdp fdi, stat(me ma mi med p25 p75)

输出结果为:

```
. tabstat ce lce dt pergdp fdi , stat(me ma mi med p25 p75)

    stats |        ce       lce        dt    pergdp       fdi
----------+--------------------------------------------------
     mean |  8.607395  8.561956 -1.493964     .5527  .1072674
      max |  11.56895  11.47813 -.2548424  2.329133  2.559366
      min |  5.422232  5.428844 -2.934958   .030575 -.037345
      p50 |  8.539679  8.493736 -1.477748    .49114  .0658192
      p25 |  7.361785  7.339467 -1.619632    .32608  .0281902
      p75 |  10.13645  10.11255 -1.327866    .70805  .1156087
```

图 9 – 19　变量的描述性统计结果

(5) 动态面板门槛模型回归分析

Stata 命令为:

xtendothresdpd ce lce dt fdi, thresv(pergdp) stub(enr) pivar(pergdp) dgmmiv(ce) twostep vce(robust)

输出结果为:

```
. xtendothresdpd ce lce dt fdi, thresv(pergdp) stub(enr) ///
> pivar(pergdp) dgmmiv(ce) twostep vce(robust)
=============================================================
Performing Dynamic Panel Data Threshold Effects with
Endogenous Regressors Estimations.
This may take some time, please wait.
=============================================================

Dynamic panel-data estimation          Number of obs    =      466
Group variable: id                     Number of groups =       78
Time variable: year
                                       Obs per group:
                                                  min =        5
                                                  avg = 5.974359
                                                  max =        6

Number of instruments =    16          Wald chi2(5)     =   657.27
                                       Prob > chi2      =   0.0000
Two-step results
                              (Std. Err. adjusted for clustering on id)
-----------------------------------------------------------------------
                       WC-Robust
           ce |    Coef.   Std. Err.      z    P>|z|   [95% Conf. Interval]
--------------+--------------------------------------------------------
           ce |
          L1. |  .9406808  .0511284    18.40   0.000   .840471   1.040891
below_thres_enr| -.5491465  .2374804   -2.31   0.021  -1.0146   -.0836935
above_thres_enr| -.2789924  .1020223   -2.73   0.006  -.4789525 -.0790324
           dt | -.0374657  .1493472   -0.25   0.802  -.3301809  .2552494
          fdi | -.452431   .2330271   -1.94   0.052  -.9091558  .0042937
         _cons|  .7634038  .5629664    1.36   0.175  -.3399902  1.866798
-----------------------------------------------------------------------
```

图 9 – 20　动态面板门槛模型的回归结果

从图 9 – 20 可以看出, below_thres_enr 对应于估计阈值以下的区制变量, 对应于 pi_it * I（q_it < = gamma_hat）；above_thres_enr 对应于估计阈值以上的区制变量，对应于 pi_it * I（q_it > gamma_hat））。

```
Instruments for differenced equation
        GMM-type: L(2/.).ce
Instruments for level equation
        Standard: _cons

Threshold Parameter (level = 90)

                Threshold       Lower       Upper

Gamma_Hat       .33446          .30166      .37268
```

图 9-21　动态面板门槛模型的门槛值及置信区间

图 9-21 中 level = 90 表示阈值参数在置信水平为 90% 的置信区间。阈值为 0.33446，置信区间下限为 0.30166，置信区间上限为 0.37268。

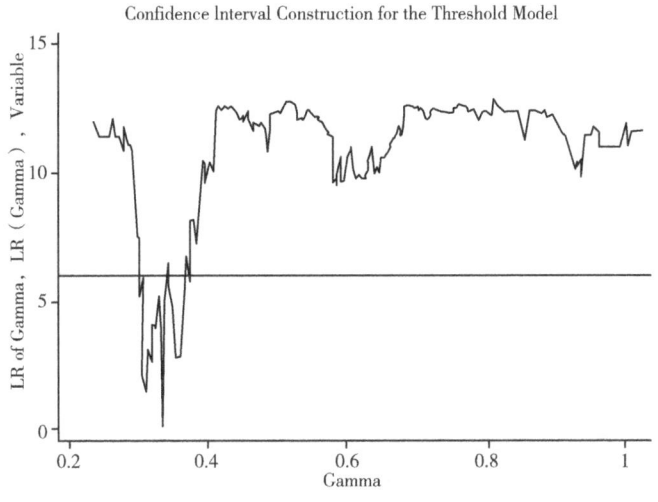

图 9-22　动态面板门槛模型门槛值的绘图

该命令在输出回归结果、门槛参数及置信区间后，还绘出该组数据对应的门槛图。图 9-22 中，曲线表示似然比统计量：LR（gamma）。水平线表示似然比统计量的渐近分布的百分比，曲线与 x 轴接触的点对应于估计的阈值参数 Gamma_Hat。

**参考文献**

[1] Hansen B E. Threshold effects in non-dynamic panels：Estimation, testing, and inference [J].

Journal of Econometrics, 1999, 93 (2): 345-368.

[2] 陈强. 高级计量经济学及Stata应用（第2版）[M]. 北京：高等教育出版社，2014.

[3] Hansen B E. Sample Splitting and Threshold Estimation [J]. Econometrica, 2000, 68 (3): 575-603.

[4] Caner M, Hansen B E. Instrumental Variable Estimation of a Threshold Model [J]. Econometric Theory, 2004, 20 (5): 813-843.

[5] Wang Q Y. Fixed-Effect Panel Threshold Model using Stata [J]. The Stata Journal, 2015, 15 (1): 121-134.

[6] 王群勇. Stata在统计与计量分析中的应用 [M]. 天津：南开大学出版社，2007.

[7] 王群勇. Stata使用指南与应用案例 [M]. 北京：中国财政经济出版社，2008.

[8] 连玉君，程建. 不同成长机会下资本结构与经营绩效之关系研究 [J]. 当代经济科学，2006 (2): 97-103, 128.

[9] Kremer S, Bick A, Nautz D. Inflation and Growth: New Evidence From a Dynamic Panel Threshold Analysis [J], Empirical Economics, 2013, 44: 861-878.

[10] Seo M H and Shin Y. Dynamic panels with threshold effect and endogeneity [J]. Journal of Econometrics 2016 (195): 169-186.

# 第 10 章
# 双重差分模型

### 本章导读

双重差分法（Difference-in-Difference，DID）是一种基于潜在因果效应的识别策略，常用于政策效应的评估。该方法通过对比政策实施前后处理组和对照组之间的差异，来衡量政策实施对因变量的影响。由于该方法直观、易理解和易操作，被广泛应用于政策效应的评价。

在采用双重差分法进行政策效应评估前，研究者需要清晰梳理政策干预的制度背景和政策的实际执行情况。如果政策没有很好地执行，就会影响政策实施的真实效果，从而难以准确评估政策实施对因变量的影响，同时还要考虑政策实施过程中可能存在的溢出效应，政策干预是否影响对照组，如果政策实施影响到对照组，研究者需要依据制度背景进行识别，并检验是否存在溢出效应。

一般而言，双重差分法的实现主要包括三个方面：第一，将所有样本数据分为两组：一组受到政策干预的影响，即处理组；另一组没有受到该政策干预的影响，即对照组。第二，计算处理组在政策干预前后因变量的差值，同时计算对照组在政策干预前后因变量的差值，即得到处理组和对照组在政策干预前后因变量各自的变化。第三，将得到的两组因变量差值再次进行差分，得到政策干预给经济主体带来的净效应。

面板双重差分模型是将双重差分模型引入面板数据，并通过控制个体固定效应和时间固定效应的一种方法。它同时利用个体和时间两个维度的变化，更能全面考虑个体异质性和时间趋势性，准确估计处理效应的净影响。具体而言，面板双重差分模型将样本数据按照不同时期和不同个体进行分组，首先在个体水平上进行差分，然后在时间维度上进行差分，得出各组的因果效应,最后通过加权平均等方法综合估计出总体的因果效应。由于面板数据可以提供更多信息,因此,面板双重差分模型通常比传统的双重差分模型更有效、更稳健。

本章主要介绍面板数据双重差分法的理论基础与模型、识别假设与检验、以及 Stata 软件的基本操作。本章内容框架如图 10-1 所示。

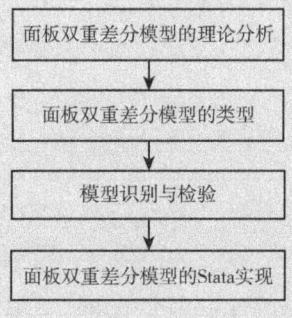

图 10-1 第 10 章内容框架图

## 10.1 双重差分模型的理论概述

### 10.1.1 双重差分法的理论基础

在应用双重差分模型过程中,可以将政策实施前后部分群体受到政策干预,而其他群体没有受到政策干预,看作是一种准自然实验。通过比较这两组群体在政策干预前后的变化,来计算政策干预效应。

具体来说,假设有两个时间段:政策干预实施前($T=0$)和政策干预实施后($T=1$),并且有两个群体:处理组($D_i=1$)和对照组($D_i=0$)。

表 10-1 政策干预前后处理组和对照组的因变量

|  | 干预前($T=0$) | 干预后($T=1$) |
| --- | --- | --- |
| 处理组($D=1$) | $Y_{1i,t-1} \mid D_i = 1$ | $Y_{1it} \mid D_i = 1$ |
| 对照组($D=0$) | $Y_{0i,t-1} \mid D_i = 0$ | $Y_{0it} \mid D_i = 0$ |

在政策评估过程中,关心的因果效应是政策干预对处理组个体的影响:

$$\tau_{ATT} = E[(Y_{1it} - Y_{0it}) \mid D_i = 1] = E(Y_{1it} \mid D_i = 1) - E(Y_{0it} \mid D_i = 1) \qquad (10-1)$$

其中，$Y_{1it}$、$Y_{0it}$ 分别表示个体 $i$ 在时期 $t$ 的潜在结果，由于处理组事后的平均结果 $E(Y_{1it} \mid D_i = 1)$ 是可以观测的，而 $E(Y_{0it} \mid D_i = 1)$ 为干预后，处理组未被干预的平均结果，是反事实结果，因此，双重差分法的关键在于如何科学地估计反事实结果。

双重差分法的计算过程，首先，计算出政策干预的处理组变化为 $E[(Y_{1it} \mid D_i = 1) - E(Y_{0i,t-1} \mid D_i = 1)]$，政策干预前后的对照组变化为 $E[(Y_{0it} \mid D_i = 0) - E(Y_{0i,t-1} \mid D_i = 0)]$，然后，政策干预的净效应为双重差分量 $E[(Y_{1it} - Y_{0i,t-1}) \mid D_i = 1] - E[(Y_{0it} - Y_{0i,t-1}) \mid D_i = 0]$。

### 10.1.2 双重差分法的基本模型

双重差分法至少需要知道政策实施前后的两期数据，可以使用面板数据或者混合横截面数据进行双重差分。主要区别在于，面板数据可以使用过去变量或未来变量，而混合横截面数据没有过去变量或未来变量，除非在特定时间询问了个体关于变量过去或未来的情况。

（1）混合横截面数据的双重差分模型

混合截面数据与面板数据相比，其不同之处在于它的不同时点的观测个体不同，但是它也有时间和个体两个维度，可以构建 DID 模型进行政策评估。

混合截面 DID 的一个例子：垃圾焚化炉区位对住房价格的影响（Kiel and Mc-Clain，1995）。政府决定在北安德沃市兴建一座垃圾焚化炉，并于 1981 年开始动工，人们预计动工后不久焚化炉便会投入运转。那么，一个新建的垃圾焚化炉是否会对住房价格产生影响呢？数据采用的是 1978 年和 1981 年住房出售价格的混合截面数据[1]。

①一阶差分

首先，使用 1981 年的数据估计一个简单回归模型：

$$rprice = \gamma_0 + \gamma_1 nearinc + u \qquad (10-2)$$

其中，rprice 表示住房的真实价格，nearinc 表示住房是否靠近焚化炉，如果住房位于焚化炉 3 公里以内称为靠近，取值为 1，否则取值为 0。截距项 $\gamma_0$ 表示远离焚化炉的住房平均售价，nearinc 的系数 $\gamma_1$ 则表示靠近焚化炉与远离焚化炉的住房

---

[1] Kiel, K. A, and K. T. McClain. House Prices during Siting Decision Stages: The case of an Incinerator from Rumor through Operation [J]. Journal of Environmental Ecomomics and Management, 1995, 28: 241 – 255.

平均售价之差。如果估计系数 $\gamma_1$ 显著为负,说明越靠近焚化炉,住房价格越低,而越远离焚化炉,则住房价格越高。但是,这并不意味着焚化炉的位置是造成房价低的原因。如果采用 1978 年焚化炉建设之前的数据对模型(10-2)进行回归,我们会发现靠近焚化炉选址的平均房价比远离焚化炉选址的平均房价要低。靠近焚化炉选址地区的房价本身就比较低,导致价格存在差异并不完全是由焚化炉带来的,其中可能掺杂着其他因素,如区位因素。

②双重差分法

分别对 1978 年和 1981 年焚化炉位置与住房价格数据进行回归,可以计算出 nearnic 系数 $\gamma_1$ 在 1978~1981 年的变化。经过两次差分,就可以消除影响房价的其他因素,将两期系数相减得到双重差分估计值 $\delta$,$\delta$ 就是焚化炉对其附近房价影响的估计值。这里暗含着一个重要的平行趋势假定:在其他变量不变的情况下,如果不修建焚化炉,1978 年和 1981 年靠近焚化炉选址的房价与远离焚化炉选址的房价之间的差异相同。

为了检验 $\delta$ 是否显著为 0,需要通过回归分析求出它的标准误,$\delta$ 可以通过估计公式(10-3)得到。

$$rprice = \alpha + \beta y81 + \gamma nearnic + \delta y81 \times nearnic + u \tag{10-3}$$

其中,$y81$ 是政策时间变量,1981 年取值为 1,1978 年取值为 0;nearnic 是政策分组变量,定义与公式(10-2)相同。截距 $\alpha$ 代表 1978 年不靠近焚化炉的住房平均价格。参数 $\beta$ 反映了北安德沃市的住房价格 1978~1981 年的平均变化。nearnic 的系数 $\gamma$ 度量了焚化炉的区位效应,靠近焚化炉位置的住房价格与远离焚化炉住宅价格的变化。

我们最为关注的参数是交互项 $y81 \times nearnic$ 的系数 $\delta$,度量了房价因新建焚化炉而下跌的幅度。此外,一般会将影响住房价格的其他因素纳入到模型中作为控制变量,原因在于:(1)如果 1981 年出售的焚化炉附近的住房特征可能与 1978 年出售的焚化炉附近的住房特征已经有了系统差别,那么就需要控制这些特征;(2)如果两个年份影响住房价格的其他因素不变,控制这些影响因素能够降低 $\delta$ 的标准误。

(2)面板数据双重差分模型

使用面板数据双重差分模型分析某一惠农政策对农户产生的收入效应,分析时假定调查样本分为两组:A 组农户参与某一项政策,为处理组;B 组农户没有参与此政策,为对照组。令变量 treat 是衡量样本是否受到政策影响的虚拟变量,A 组 treat 取值为 1,B 组 treat 取值为 0。变量 time 代表政策实施前后的时间虚拟变量,如果时间为政策实施后,time 取值为 1,否则 time 取值为 0;$\varepsilon$ 为随机扰动项,表示其他不可观测的影响农户收入的因素。政策影响农户收入(Y)的双重差分模型:

$$Y = \alpha_0 + \alpha_1 treat + \alpha_2 time + \delta treat \times time + \varepsilon \quad (10-4)$$

式（10-4）对于未受到政策影响的对照组 B 组农户，treat 等于 0，模型可以表示为：

$$Y = \alpha_0 + \alpha_2 time + \varepsilon \quad (10-5)$$

B 组农户在政策实施前后的收入影响效应分别为：

$$Y = \begin{cases} \alpha_0, & \text{当 } time = 0, \text{政策实施前} \\ \alpha_0 + \alpha_2, & \text{当 } time = 1, \text{政策实施后} \end{cases}$$

可见，政策实施后，B 组农户的收入影响变动为：

$$dif1 = (\alpha_0 + \alpha_2) - \alpha_0 = \alpha_2 \quad (10-6)$$

式（10-4）对于 A 组农户，treat 等于 1，模型可以表示为：

$$Y = \alpha_0 + \alpha_1 + \alpha_2 time + \delta time + \varepsilon \quad (10-7)$$

A 组农户在政策实施前后的收入影响效应分别为：

$$Y = \begin{cases} \alpha_0 + \alpha_1, & \text{当 } time = 0, \text{政策实施前} \\ \alpha_0 + \alpha_1 + \alpha_2 + \delta, & \text{当 } time = 1, \text{政策实施后} \end{cases} \quad (10-8)$$

可见，政策实施前后，A 组农户的收入平均变动

$$dif2 = (\alpha_0 + \alpha_1 + \alpha_2 + \delta) - (\alpha_0 + \alpha_1) = \alpha_2 + \delta \quad (10-9)$$

如果调查样本是随机选取的，剔除处理组 A 组和对照组 B 组之间的系统差异，政策对处理组农户收入的影响为：

$$did = dif2 - dif1 = (\alpha_2 + \delta) - \alpha_2 = \delta \quad (10-10)$$

公式（10-10）中 treat × time 交互项的参数 $\delta$ 即代表了政策对处理组农户收入的净影响。

## 10.2 双重差分模型的识别与检验

### 10.2.1 双重差分法的识别

使用双重差分法的前提是必须符合特定假设条件，若违反这些假设，可能导致估计结果与真实因果效应偏差较大。本部分探讨了双重差分法的假设条件，以及可能违反这些条件的情况及其后果。

（1）平行趋势假设

双重差分法最基本的前提是平行趋势假设，认为如果处理组个体未受到干预，则其结果变化趋势与对照组个体结果变化趋势相同。

$$E[(Y_{0it} - Y_{0i,t-1}) | X_{it}, D_i = 1] = E[(Y_{0it} - Y_{0i,t-1}) | X_{it}, D_i = 0] \qquad (10-11)$$

双重差分法要求在没有干预的情况下，处理组和对照组的平均结果随时间变化的趋势保持一致。有时这一要求并不一定满足，一个更弱的共同趋势假设是要求控制可观测变量 $X_{it}$ 后满足共同趋势假设。该方法背后体现了准自然实验的思想，对处理组和对照组的随机分组条件并不严格要求。实际上，双重差分法中要求的随机分组，是结果变量的变化独立于政策冲击。需要强调的是，这种识别假设与通常所说的随机分组不同，通常的随机分组要求处理状态和潜在结果不相关。如果处理组和对照组符合随机分组原则，则近似于随机对照试验，而处理组和对照组的结果对比就是处理效应，而不需要使用双重差分法。

从图 10-2 可以看出，在政策干预前处理组和对照组因变量的值分别为 $Y_{t-1}^{D=1}$ 和 $Y_{t-1}^{D=0}$，在政策干预后处理组和对照组因变量的值分别为 $Y_t^{D=1}$ 和 $Y_t^{D=0}$，$Y_{0t}^{D=1}$ 是处理组 $t$ 期的反事实结果。共同趋势假设是指如果没有政策干预，那么处理组和对照组的变动趋势相同，即图 10-2 中虚线与对照组 $t$ 期和 $t-1$ 期的连线应该平行。处理组两期的变化等于政策的因果效应和共同趋势，处理组在 $t$ 期的实际观测结果 $Y_t^{D=1}$ 与 $t$ 期的反事实结果 $Y_{0t}^{D=1}$ 之间的差值就是政策的因果效应。

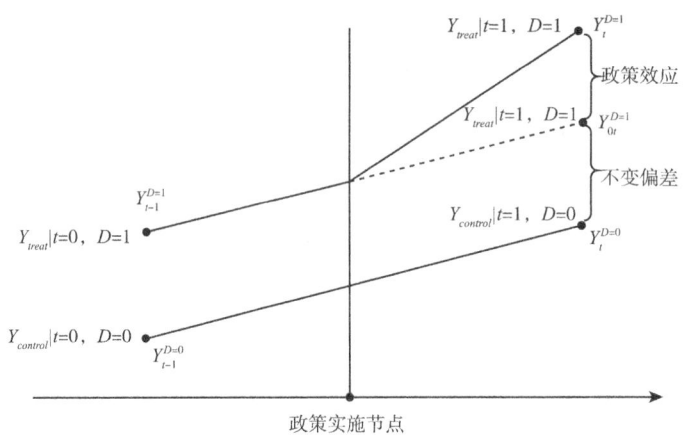

图 10-2 双重差分模型的因果效应

在没有政策干预的情况下，处理组和对照组的事前事后结果的差异应该是相同的，因此，共同趋势假设有时也称不变偏差假设。也就是说处理组和对照组不必相似，只需要事前事后两组的差异相同，双重差分法就可以识别因果效应参数。

$$\tau_{ATT}^{DID} = \underbrace{[E(Y_{it} | X_{it}, D_i = 1) - E(Y_{i,t-1} | X_{it}, D_i = 1)]}_{\text{处理组结果增量}}$$
$$- \underbrace{[E(Y_{it} | X_{it}, D_i = 0) - E(Y_{i,t-1} | X_{it}, D_i = 0)]}_{\text{对照组结果增量}}$$

$$= \underbrace{[E(Y_{it} \mid X_{it}, D_i = 1) - E(Y_{it} \mid X_{it}, D_i = 0)]}_{\text{事后两组差异}}$$

$$- \underbrace{[E(Y_{i,t-1} \mid X_{it}, D_i = 1) - E(Y_{i,t-1} \mid X_{it}, D_i = 0)]}_{\text{事前两组差异}} \quad (10-12)$$

公式（10-11）采用的是共同趋势假设，处理组两期结果的变化减去对照组两期结果的变化，即总的变化效应减去共同趋势后，就得到政策的因果效应。公式（10-12）采用的是不变偏差假设，事后两组观测值结果差异减去事前两组观测结果差异，即总的变化减去不变偏差后，就得到政策的因果效应。

（2）单位处理变量值稳定假设

单位处理变量值稳定假设要求不同个体在政策冲击下是彼此独立的，即一个个体受政策影响不会影响其他个体。如果此假设不成立，那么对照组个体也可能受到政策影响，无法采用对照组时间趋势来构建处理组时间趋势的反事实。理论上，控制处理组和对照组互不干扰是可行的，但在实践中，则很难避免政策影响的外溢效应，如上游省份加强企业环境监管，也会带动下游省份水质的改善。此外，个体行为通常具有策略性和选择性。例如，若处理组地区得到政策支持，则对照组地区个体可能自发迁移至处理组地区，从而导致对照组也会受到政策干预的影响。这种外溢效应会导致单位处理变量值稳定假设无法成立，从而降低双重差分法的因果识别效果。

### 10.2.2 相关检验

进行平行趋势检验的主要目的在于验证政策实施前处理组和对照组是否存在显著性差异。平行趋势检验一般采取画时间趋势图和事件研究法两种方法。时间趋势图直观但不够严谨，它将对照组和处理组的因变量均值画在同一幅图中，研究者需凭借直觉评估是否存在显著差异。相较于时间趋势图，事件研究法更加精准，该方法是首先生成年份数的虚拟变量 year，再与 treat 变量做交互项，接着进行回归。若实施政策前各交互项系数不显著异于 0，则说明政策实施前对照组与处理组间无显著差异。

对于双重差分法，一般可以采取事前平行趋势和事后动态效应进行检验：

$$Y_{it} = \alpha + \sum_{s=1}^{T_p-2} \beta_s^{pre}(D_i \times T^s) + \sum_{s=T_p}^{T} \beta_s^{post}(D_i \times T^s) + \theta X_{it} + \mu_i + \gamma_t + \varepsilon_{it} \quad (10-13)$$

模型（10-13）中 $D_i$ 是分组变量，$T^s$ 表示第 $s$ 期的时间虚拟变量，以政策干预前一期作为基期，$\beta_s^{pre}$ 表示政策干预前第 $s$ 期相对于基期的处理组和对照组因变量 $Y_{it}$ 的差异，$\beta_s^{post}$ 表示政策干预后第 $s$ 期相对于基期的处理组和对照组因变量 $Y_{it}$ 的差异。$X_{it}$ 为控制变量，一般选取既影响 $Y_{it}$ 又影响 $D_i$ 的变量，如果不控制这类变量，将会导致明显的遗漏变量问题，从而导致 OLS 估计的因果效应系数不一致。

模型（10-13）通过检验 $\beta_s^{pre}$ 是否都显著异于 0 来检验事前平行趋势是否成立。如果联合检验结果无法拒绝政策干预前 $\beta_s^{pre}$ 都为 0 的原假设，则可以认为满足事前平行趋势。公式（10-13）还可以检验政策干预后政策干预的动态变化。$\beta_s^{post}$ 衡量政策干预后相对于基期，各期处理组与对照组的差异，如果政策干预效应确实存在，则 $\beta_s^{post}$ 显著不等于 0。

即使处理组和对照组在政策实施前的趋势相似，我们也要考虑其他可能导致趋势变化的政策同时发生。也就是说，政策干预后，处理组和对照组的趋势变化可能并不是由该政策导致的，而是受到其他政策的影响。这个问题可以归纳为处理变量对因变量作用机制的排他性。为了解决这个问题，可以通过以下方法来进行检验：一是安慰剂检验，即通过虚构处理组进行回归。具体来说，可以选择政策实施之前的年份进行处理。例如，如果政策实施是在 2008 年，研究时间段为 2007~2009 年，则可以将研究时间段前移至 2005~2007 年，并假设政策实施年份为 2006 年，然后进行回归分析。如果 DID 估计量在不同虚构方式下的回归结果依旧显著，那么说明原来的估计结果可能存在偏差。二是通过对比不同对照组进行回归，以验证研究结论是否一致。三是选取一项完全不受政策干预控制的因素作为被解释变量进行回归，若 DID 估计量在此情况下依旧显著，也要考虑原估计结果的偏误问题。

## 10.3 双重差分模型的 Stata 实现

本章以 2013~2020 年 30 个省份贸易开放水平的面板数据集为例演示双重差分法，其中 id 为城市个体编号，year 为年份编号，选取前 20 个省份作为处理组，其余为对照组，2015 年为政策实施年，trade 为结果变量，lngdp（经济发展水平）、lnpopu（人口水平）、ener（技术水平）、lnurban（城镇化水平）为控制变量，各变量的数据来源于中国统计年鉴，将数据命名为"中级计量经济学"\第 10 章数据\中国省级贸易开放水平.dta. 并存入 C 盘中。

（1）数据处理。

生成所需的 treat 和 time 虚拟变量及 time × treat 交互项。

use "C:\中级计量经济学\第 10 章数据\中国省级贸易开放水平.dta", clear

xtset id year

gen time =（year >= 2015）&！missing(year)

gen treat = (id < = 20) & ! missing(id)

gen did = time * treat

（2）构建参照系。

使用固定效应模型对虚拟变量进行基准回归，并使用稳健标准误。一般在回归中添加个体虚拟变量和时间虚拟变量控制个体固定效应和时间固定效应，此时再放入政策分组虚拟变量 treat 和政策时间虚拟变量 time，将会产生严格的多重共线性，而由于个体固定效应和时间固定效应包含更多信息，因此，只需添加个体固定效应和时间固定效应。

```
xtreg trade did  lngdp lnpopu ener lnurban  i. year ,fe r

Fixed-effects (within) regression               Number of obs     =        240
Group variable: id                              Number of groups  =         30

R-sq:                                           Obs per group:
     within  = 0.7875                                         min =          8
     between = 0.3144                                         avg =        8.0
     overall = 0.2769                                         max =          8

                                                F(12,29)          =      25.03
corr(u_i, Xb)  = -0.9965                        Prob > F          =     0.0000

                            (Std. Err. adjusted for 30 clusters in id)
-----------------------------------------------------------------------------
                         Robust
       trade |    Coef.   Std. Err.      t    P>|t|     [95% Conf. Interval]
-------------+---------------------------------------------------------------
         did |  .0232956   .0107516     2.17   0.039     .0013061    .0452852
       lngdp | -.1826268   .0944239    -1.93   0.063    -.3757454    .0104918
       lnpopu|   1.12861   .3975994     2.84   0.008      .315428    1.941792
        ener | -.8485896   .2657311    -3.19   0.003    -1.392071   -.3051083
     lnurban | -.6284309   .2589147    -2.43   0.022    -1.157971    -.098891

        year |
        2014 |  .0168864   .0074175     2.28   0.030     .0017158     .032057
        2015 |   .024086   .0186318     1.29   0.206    -.0140202    .0621923
        2016 |   .046215   .0262209     1.76   0.089    -.0074127    .0998428
        2017 |  .0736573   .0345861     2.13   0.042     .0029208    .1443938
        2018 |  .1151161   .0451299     2.55   0.016     .0228151    .2074172
        2019 |  .1549528   .0556055     2.79   0.009     .0412268    .2686788
        2020 |  .1920411   .0646144     2.97   0.006     .0598897    .3241924

       _cons | -1.312994   1.129785    -1.16   0.255    -3.623664    .9976766
-------------+---------------------------------------------------------------
     sigma_u |  1.3295993
     sigma_e |   .02654784
         rho |  .99960149   (fraction of variance due to u_i)
-----------------------------------------------------------------------------

.
end of do-file
```

图 10 – 3　双重差分的基准回归结果

可以看到交互项 did 的结果为正，并在 5% 的显著性水平下显著。

（3）平行趋势检验。

tab year,gen(yrdum)//构建年份虚拟变量

forvalues v = 1/8{gen treat'v' = yrdum'v' * treat}

v 表示第 1 年到第 8 年的数据，每一年的数据都与 treat 虚拟变量做交互，然后进行回归

xtreg trade treat1 treat2 treat4 treat5 treat6 treat7 treat8 lngdp lnpopu ener lnurban i. year ,fe r

est sto reg

coefplot reg,keep(treat1 treat2 treat4 treat5 treat6 treat7 treat8）vertical recast(connect)yline(0)

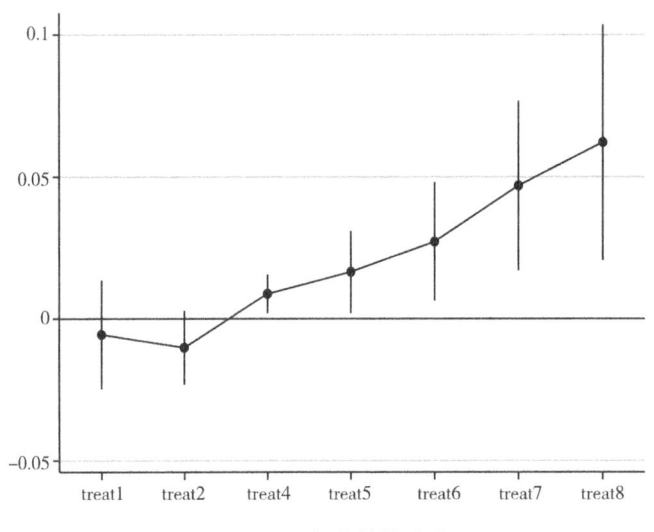

图 10 - 4　平行趋势检验结果

采用 coefplot 命令进行绘图，从图 10 - 4 的结果中可以观察到政策年 2015 年前的回归系数在 0 轴附近波动，在 2015 年后回归系数显著为正，说明满足事前平行趋势假设。

（4）安慰剂检验。

将政策实施年份改为 2014 年后的回归结果 Stata 命令：

gen time = (year >= 2014)&! missing(year)

gen treat = (id <= 20)&! missing(id)

gen did = time * treat

xtreg trade did lngdp lnpopu ener lnurban i. year ,fe r

从图 10 - 5 可以看出，更换政策实施时间点后，双重差分的回归结果不显著，表明双重差分结果的稳健性。

```
. xtreg trade did   lngdp lnpopu ener lnurban  i.year ,fe  r

Fixed-effects (within) regression              Number of obs     =        240
Group variable: id                             Number of groups  =         30

R-sq:                                          Obs per group:
     within  = 0.7823                                        min =          8
     between = 0.3074                                        avg =        8.0
     overall = 0.2711                                        max =          8

                                               F(12,29)          =      23.37
corr(u_i, Xb)  = -0.9963                       Prob > F          =     0.0000

                          (Std. Err. adjusted for 30 clusters in id)
```

|         | Coef.     | Robust Std. Err. | t     | P>\|t\| | [95% Conf. | Interval] |
|---------|-----------|------------------|-------|---------|------------|-----------|
| did     | .0102048  | .0112306         | 0.91  | 0.371   | -.0127643  | .0331739  |
| lngdp   | -.1960006 | .095973          | -2.04 | 0.050   | -.3922874  | .0002862  |
| lnpopu  | 1.115413  | .4008472         | 2.78  | 0.009   | .2955887   | 1.935238  |
| ener    | -.8951736 | .2715893         | -3.30 | 0.003   | -1.450636  | -.3397111 |
| lnurban | -.7010455 | .2625396         | -2.67 | 0.012   | -1.237999  | -.1640917 |
| year    |           |                  |       |         |            |           |
| 2014    | .0123157  | .0134946         | 0.91  | 0.369   | -.0152839  | .0399153  |
| 2015    | .0370796  | .019818          | 1.87  | 0.071   | -.0034528  | .077612   |
| 2016    | .0614854  | .0276548         | 2.22  | 0.034   | .004925    | .1180458  |
| 2017    | .0910958  | .0362054         | 2.52  | 0.018   | .0170475   | .1651442  |
| 2018    | .1346133  | .0469623         | 2.87  | 0.008   | .0385646   | .230662   |
| 2019    | .1765788  | .0575642         | 3.07  | 0.005   | .0588469   | .2943108  |
| 2020    | .2153228  | .0666244         | 3.23  | 0.003   | .0790605   | .3515851  |
| _cons   | -.7927271 | 1.152751         | -0.69 | 0.497   | -3.150367  | 1.564913  |

```
sigma_u  | 1.3026399
sigma_e  |  .02686795
rho      |  .99957476   (fraction of variance due to u_i)
```

图 10-5 安慰剂检验结果

## 参考文献

[1] [韩] 李明宰. 匹配、断点回归、双重差分及其他 [M]. 上海: 格致出版社, 2021.

[2] 陈林, 伍海军. 国内双重差分法的研究现状与潜在问题 [J]. 数量经济技术经济研究, 2015, 32 (7): 133-148.

[3] 黄炜, 张子尧, 刘安然. 从双重差分法到事件研究法 [J]. 产业经济评论, 2022, 49 (2): 17-36.

[4] 伍德里奇. 计量经济学导论: 现代观点 (第六版) [M]. 北京: 中国人民大学出版社, 2018.

[5] 赵西亮. 基本有用的计量经济学 [M]. 北京: 北京大学出版社, 2017.

# 第 11 章
# 空间计量经济学模型

## 本章导读

现实经济中,地区之间的投资、贸易和制度等大多存在一定的空间相关性,两个地区之间的距离越近,经济和制度的联系越紧密,这种地区之间的空间相关性称为空间依赖性。但传统计量经济模型却忽略了这种变量的空间依赖性。随着空间分析技术、空间经济理论和空间数据的不断发展,人们越来越关注经济行为个体的空间互动,由此推动空间计量经济学快速发展。空间计量经济学是在传统计量经济模型的基础上,考虑了变量的空间相关性。根据不同变量的空间相关性,传统空间计量模型分为空间自回归模型、空间误差模型和空间杜宾模型,此外还有空间自相关模型。在进行空间计量分析之前,需要构建空间权重矩阵,并检验空间自相关性,然后,对通过空间相关性检验的变量构建空间计量经济学模型,从而进一步分析其空间效应。本章主要介绍空间权重矩阵、空间自相关、空间计量模型的类型检验与选择,以及 Stata 实现,本章内容框架如图 11-1 所示。

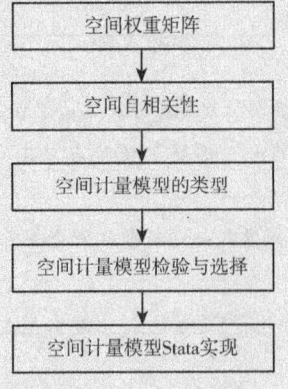

图 11-1 第 11 章内容框架

## 11.1 空间权重矩阵

空间权重矩阵是空间计量经济学模型分析的基础,其作用在于量化观测个体之间的空间关联性。空间权重矩阵主要基于地理位置关系、经济关联关系与社会互动关系来分析构建。

空间权重矩阵体现了变量的空间位置信息,其主要蕴含两层含义:一是邻近关系,二是权重大小。假设拥有 $n$ 个地区的数据 $\{x_i\}_{i=1}^n$,下标 $i$ 代表地区 $i$,若定义地区 $i$ 和地区 $j$ 之间是否相邻的矩阵元素为 $w_{ij}$,则空间权重矩阵如式(11-1)所示:

$$W = \begin{pmatrix} w_{11} & \cdots & w_{1n} \\ \vdots & & \vdots \\ w_{n1} & \cdots & w_{nn} \end{pmatrix} \tag{11-1}$$

其中,主对角线上的 $(w_{11},\cdots,w_{nn})$ 全部为 0,因为同一个地区之间的距离默认为 0。而矩阵每一行 $(w_{i1},\cdots,w_{in})$ 中非零元素则表示地区 $i$ 和地区 $j$ 相邻。如果矩阵中第 $i$ 行元素全部为 0,说明地区 $i$ 在地理位置上没有任何邻居,属于一座"孤岛",而这种情况一般出现在邻接权重矩阵的构建中,此时为避免模型无法运行,可以选择使用基于地理距离构建空间权重矩阵。本章主要基于地理位置原理介绍邻接矩阵和距离矩阵。

### 11.1.1 邻接矩阵

在进行空间计量分析时,邻接矩阵是最常用的空间权重矩阵。如果地区 $i$ 和地区 $j$ 拥有共同边界,那么 $w_{ij}=1$;反之,则 $w_{ij}=0$。因此,邻接矩阵也被称为"0-1"矩阵。假设存在四个地区,其空间分布如图 11-2 所示。

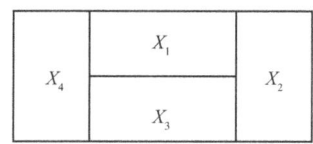

图 11-2 地区分布

根据图 11-2 所展示的四个地区,可以将空间权重矩阵设定为以下形式:

$$W = \begin{pmatrix} 0 & 1 & 1 & 1 \\ 1 & 0 & 1 & 0 \\ 1 & 1 & 0 & 1 \\ 1 & 0 & 1 & 0 \end{pmatrix} \tag{11-2}$$

式（11-2）是一个对称矩阵，第一行代表地区 $X_1$ 与其余三个地区均相邻，第二行代表地区 $X_2$ 与地区 $X_1$、$X_3$ 相邻，与地区 $X_4$ 不相邻，以此类推。

在实际操作中，我们通常需要对空间权重矩阵进行"行标准化"，将第 $i$ 行的各元素（$\tilde{w}_{ij}$）除以第 $i$ 行元素之和。

$$w_{ij} = \frac{\tilde{w}_{ij}}{\sum_j \tilde{w}_{ij}} \tag{11-3}$$

行标准化后的矩阵 $W$ 与变量 $x$ 相乘，就可以得到各地区相邻地区变量 $x$ 的平均值，需要注意的是，行标准化后的权重矩阵不再是对称矩阵。

### 11.1.2 地理矩阵

除了基于地区间邻接关系构建空间权重矩阵，还可以基于地区间地理距离构建空间权重矩阵。通常认为观测个体间距离越近，则空间关联程度越强。

地理距离既可以体现邻接关系，又可以表示权重大小。假设地区 $i$ 和地区 $j$ 之间的距离为 $d_{ij}$，可以设定空间距离权重，见式（11-4）。

$$w_{ij} = \begin{cases} 1, \text{若 } d_{ij} < d \\ 0, \text{若 } d_{ij} \geq d \end{cases} \tag{11-4}$$

其中，$d$ 为事先设定的距离临界值。此外，也可以直接采用距离的倒数作为空间权重。

$$w_{ij} = \frac{1}{d_{ij}} \tag{11-5}$$

在公式（11-5）中，距离 $d_{ij}$ 可以是地理距离，也可以是基于运输成本的经济距离。

### 11.1.3 其他空间权重矩阵

除了基于地理位置信息构建空间权重之外，也有学者基于地区之间经济联系程度构建经济距离空间权重矩阵。例如，采用地区间人均 GDP 差额绝对值的倒数来构建经济距离空间权重矩阵。

## 11.2 空间相关性

在进行空间计量经济学模型分析之前,需要检验所研究的变量是否存在空间自相关。空间自相关是指观测单元变量在空间上存在相关性。如果一个地区变量取值为高值,邻近地区的变量取值也为高值,或者一个地区变量取值为低值,邻近地区的变量取值也为低值,则意味着该变量存在正的空间自相关。如果一个地区变量取值为高值,邻近地区的变量取值为低值,或者一个地区变量取值为低值,邻近地区的变量取值为高值,则意味着该变量存在负的空间自相关。如果一个地区变量取值与邻近地区的变量取值随机分布,则表明该变量不存在空间自相关。

空间自相关检验通常分为全局和局部两种空间自相关检验。全局空间自相关是考虑了所有地区变量取值的空间关系,而局部空间自相关则是对某个特定地区变量和其余地区变量的相关性。目前检验空间自相关最常见的两个指标是莫兰指数和吉尔里指数。

### 11.2.1 莫兰指数

莫兰指数也被称为 Moran's I 统计量,分为全局莫兰指数和局部莫兰指数两种,其中全局莫兰指数的计算公式如下:

$$I = \frac{\sum_{i=1}^{n}\sum_{j=1}^{n} w_{ij}(x_i - \bar{x})(x_j - \bar{x})}{S^2 \sum_{i=1}^{n}\sum_{j=1}^{n} w_{ij}} \tag{11-6}$$

其中,$S^2 = \dfrac{\sum_{i=1}^{n}(x_i - \bar{x})^2}{n}$ 为样本方差,$w_{ij}$ 为空间权重矩阵中第 $i$ 行,第 $j$ 列的元素(用来度量地区 $i$ 和地区 $j$ 之间的距离),而 $\sum_{i=1}^{n}\sum_{j=1}^{n} w_{ij}$ 为所有空间权重之和。若对矩阵展开行标准化,$\sum_{i=1}^{n}\sum_{j=1}^{n} w_{ij} = n$。此时,全局莫兰指数公式可以表示为:

$$I = \frac{\sum_{i=1}^{n}\sum_{j=1}^{n} w_{ij}(x_i - \bar{x})(x_j - \bar{x})}{\sum_{i=1}^{n}(x_i - \bar{x})^2} \tag{11-7}$$

全局莫兰指数 $I$ 的取值范围为 [-1, 1],当全局莫兰指数 $I$ 取值大于 0,表示

变量 $x$ 存在正的空间自相关,且越接近于1,变量 $x$ 的空间正自相关程度越强。当全局莫兰指数 $I$ 取值小于0,表示变量 $x$ 存在负的空间自相关,且越接近于 $-1$,变量 $x$ 的空间负自相关程度越强。当变量 $x$ 的全局莫兰指数 $I$ 接近于0,代表变量 $x$ 不存在空间自相关。Moran's I 统计量可以理解为观测值与其空间滞后的相关系数。

全局莫兰指数考察的是变量 $x$ 在整个空间的集聚状况,即使全局 Moran's I 统计量显著,也并不代表每个地区与其相邻地区都具有空间相关性。如果想知道地区 $i$ 与邻近地区的空间集聚情况,可使用局部莫兰指数,其计算公式为:

$$I = \frac{(x_i - \bar{x}) \sum_{j=1}^{n} w_{ij}(x_j - \bar{x})}{S^2} \tag{11-8}$$

局部莫兰指数 $I$ 和全局莫兰指数 $I$ 的定义相似。如果 $I_i$ 为正数,表示地区 $i$ 的高值被邻近地区的高值包围,或者地区 $i$ 的低值被邻近地区的低值包围。如果 $I_i$ 为负数,表示地区 $i$ 的高值被邻近地区的低值包围,或者地区 $i$ 的低值被邻近地区的高值包围。

如果将观测值与其空间滞后值画成散点图,称其为莫兰散点图,莫兰散点图也可用来探究地区间变量的空间关联特征。莫兰散点图中的横坐标为地区变量的观测值,纵坐标则为地区变量邻近地区的加权平均值,莫兰指数值为散点图回归线的斜率。此外,莫兰散点图的第 I 象限表示 HH(High-High)集聚,即本地区和邻近地区的变量数值均高于平均值;第 II 象限表示 LH(Low-High)集聚,即本地区变量数值低于平均值,但邻近地区的变量数值高于均值;第 III 象限表示 LL(Low-Low)集聚,即本地区和邻近地区的变量数值均低于平均值;第 IV 象限为 HL(High-Low)集聚,即本地区变量数值高于均值,但其邻近地区低于均值。第 I 和第 III 象限表示空间正相关,第 II 和第 IV 象限表示空间负相关。

### 11.2.2 吉尔里指数

除莫兰指数外,我们还可以使用吉尔里指数(记为:Geary's C)统计量来探究变量的空间相关性,其公式为:

$$C = \frac{(n-1) \sum_{i=1}^{n} \sum_{j=1}^{n} w_{ij}(x_i - x_j)^2}{2 \left( \sum_{i=1}^{n} \sum_{j=1}^{n} w_{ij} \right) \left[ \sum_{i=1}^{n} (x_i - \bar{x})^2 \right]} \tag{11-9}$$

与 Moran's I 统计量不同的是,Geary's C 统计量的取值通常处于 0 至 2 之间,取值大于 1 表示负相关,取值等于 1 表示不相关,取值小于 1 表示正相关。因此,Geary's C 统计量与 Moran's I 统计量存在负相关关系,即 Geary's C 统计量越小,则 Moran's I 统计量越大。

## 11.3 空间计量经济学模型的类型及其选择

常见的空间计量模型分为空间自回归模型（Spatial Autoregression Model，SAR）、空间误差模型（Spatial Error Model，SEM）及空间杜宾模型（Spatial Durbin Model，SDM）。三种模型分别反映了不同的空间相关形式，具体来看，SAR 模型的空间相关形式体现在被解释变量上，SEM 模型的空间相关形式体现在随机误差项上，SDM 模型的空间相关形式不仅包含被解释变量的空间滞后项，还包括解释变量的空间滞后项。

### 11.3.1 空间滞后模型

SAR 模型是在传统面板计量模型的基础上增加被解释变量的空间滞后项，表达式为：

$$y = \rho W y + \beta X + \varepsilon \tag{11-10}$$

其中，$y$ 为被解释变量，$W$ 为空间权重矩阵，$X$ 为解释变量，$\beta$ 为待估参数，$\rho$ 为空间自回归系数，$Wy$ 为空间滞后项，$\varepsilon$ 为随机扰动项，且 $\varepsilon \sim N(0, \sigma^2 I)$。考虑到空间滞后项和时间序列中的时间滞后项类似，所以 SAR 模型也被称为空间滞后模型（Spatial Lag Model，SLM）。需要注意的是，空间自回归系数 $\rho$ 虽然代表被解释变量 $y$ 的空间自相关性，但不同于前文提及的空间自相关系数。一方面，$\rho$ 的值不一定处于 $[-1, 1]$；另一方面，$\rho$ 的值还受模型中其余变量影响，它衡量的是在控制其余解释变量不变的情况下，邻近地区 $y$ 对本地区 $y$ 的影响。

由于在传统面板计量模型中，我们假设模型为线性且变量间相互独立，所以回归系数可以直接表示为被解释变量对解释变量的偏导数。但在空间滞后模型中，地区 $i$ 的变量 $X_i$ 不仅对本地 $y_i$ 产生影响，还通过邻近地区的空间滞后项 $Wy$ 对本地区 $y_i$ 产生影响。所以，空间计量模型中的参数解释与传统面板计量模型不同。

我们将常数项 $\iota_n$ 及其系数 $\alpha$ 引入模型后可得：

$$y = \rho W y + \alpha \iota_n + \beta X + \varepsilon \tag{11-11}$$

进一步转化为：

$$y = (I_n - \rho W)^{-1} \alpha \iota_n + (I_n - \rho W)^{-1} \beta X + (I_n - \rho W)^{-1} \varepsilon \tag{11-12}$$

$$y = (I_n - \rho W)^{-1} \alpha \iota_n + \sum_{r=1}^{k} S_r(W) X_r + (I_n - \rho W)^{-1} \varepsilon \tag{11-13}$$

$$S_r(W) = (I_n - \rho W)^{-1}\beta_r = \frac{\partial E(y)}{\partial x_r} = \begin{bmatrix} \frac{\partial E(y_1)}{\partial x_{1r}} & \cdots & \frac{\partial E(y_1)}{\partial x_{nr}} \\ \vdots & \ddots & \vdots \\ \frac{\partial E(y_n)}{\partial x_{1r}} & \cdots & \frac{\partial E(y_n)}{\partial x_{nr}} \end{bmatrix} \quad (11-14)$$

可见，地区 $i$ 的变量 $X_i$ 对各地区产生的影响是不同的，所以 Lesage 和 Pace（2009）提出了一种方法，将 $S_r(W)$ 矩阵行的总和称为一个地区所收到的平均总效应，列的总和则称为一个地区所发出的平均总效应，二者在数值上是相等的。矩阵主对角线上的均值为平均直接效应，可以用平均总效应减去平均间接效应得到。具体经济含义如下：

一是平均总效应，可以理解为地区 $i$ 的变量 $X_i$ 对该地区 $y_i$ 的平均影响和地区 $i$ 的变量 $X_i$ 对其余所有地区的 $y$ 的平均影响。

二是平均直接效应，表示地区 $i$ 的变量 $X_i$ 对该地区 $i$ 的 $y_i$ 的平均影响。

三是平均间接效应，表示地区 $i$ 的变量 $X_i$ 对其余所有地区的 $y$ 的平均影响。

### 11.3.2 空间误差模型

实证研究中，随机误差项中含有对 $y$ 有影响的不可观测因素也可能存在空间相关性，如果忽略这些问题会导致参数估计出现偏误。但 SEM 模型不能像 SAR 模型那样将核心解释变量的影响分解为直接效应、间接效应和总效应，这也使得 SEM 模型在研究空间效应时的应用价值被大大降低，在实证研究中，SEM 模型明显少于 SAR 模型。

SEM 模型通过构建随机误差项的空间自回归形式来表示，其表达式为：

$$y = \beta X + u \quad (11-15)$$

$$u = \lambda W u + \varepsilon, \varepsilon \sim N(0, \sigma^2 I) \quad (11-16)$$

公式（11-16）中，$W$ 为空间权重矩阵，若扰动项 $u$ 具有空间依赖性，则表示不包含在 $X$ 中但对 $y$ 存在影响的遗漏变量存在空间相关性，或是不可观测因素的随机冲击具有空间相关性。$\lambda$ 为空间误差系数，反映邻近地区的误差冲击对本地区的影响。

### 11.3.3 空间杜宾模型

SAR 模型和 SEM 模型分别考虑了被解释变量和随机误差项的空间自相关，但二者均忽略了自变量的空间自相关性。比如，本地环境质量的改善不仅影响本地房价，还会影响邻近地区房价。因此，在 SAR 模型中添加解释变量的空间滞后项，就形成了空间杜宾模型（SDM）：

$$y = \rho W y + \beta X + \delta W X + \varepsilon \tag{11-17}$$

其中，$WX$ 表示邻近地区解释变量的作用，$\delta$ 为系数向量，表示地区 $i$ 的 $y_i$ 不仅仅取决于本地区的 $X_i$，还取决于邻近地区的 $X$。需要强调的是，与 SAR 模型一样，SDM 模型中的参数估计结果同样不能直接反映自变量对被解释变量的影响，我们仍然要对其进行分解，其分解过程和结果解释可参考前文对空间滞后模型的处理。

### 11.3.4 空间计量模型的选择

在介绍了常见的 SAR、SEM 及 SDM 三种模型后，那么，在进行模型设定中，究竟应该选择哪一种模型呢？一般认为对模型的选择需要通过一系列的检验，最终才能确定更符合理论和数据的模型。具体检验步骤如下：

第一，对 OLS 进行估计，并检验 SAR 模型和 SEM 模型哪一个更适合拟合数据。可以采用 Anselin（1988）所提出的经典 LM 检验和 Anselin and Smirov（1996）提出的稳健 LM 检验，这两种检验方法均服从卡方分布。

第二，如果 LM 检验的结果显示拒绝 OLS 模型，表示支持 SAR 模型或 SEM 模型，此时通常不是直接认为 SAR 模型或 SEM 模型，而是采取 LeSage and Pace（2009）的方法直接从 SDM 模型开始分析，并基于豪斯曼检验确定 SDM 模型是选择固定效应还是随机效应。

第三，随后引入 LR 检验，即两个原假设 $H_0$：SDM 模型可以退为 SAR 模型，$H_0$：SDM 模型可以退为 SEM 模型。如果 LR 检验中两个假设均被拒绝，代表 SDM 就是最优模型。但如果 LR 检验接受第一个假设，且稳健 LM 检验同样表示支持 SAR 模型，表示 SAR 模型可以最好的拟合数据。同样地，如果 LR 检验接受第二个假设，且稳健 LM 检验同样显示支持 SEM 模型，那 SEM 模型则为最优模型。

第四，经过以上步骤，基本确定了最优模型，需要注意的是，空间计量模型中固定效应分为个体固定效应、时间固定效应、时空固定效应。如果第二步豪斯曼检验结果为拒绝原假设，也就是选择固定效应，那么就仍需 LR 检验进一步确定选择何种固定效应最有效，$H_0$：时空固定效应可以退化为个体固定效应，$H_0$：时空固定效应可以退化为时间固定效应。如果两个假设均被拒绝，就代表应选择时空固定效应。但如仅接受第一个假设，那表示应选择个体固定效应。同样地，如果仅接受第二个假设，那应选择时间固定效应。如果两个假设均被接受，那么需重新提出假设 $H_0$：个体固定效应可以退化为时间固定效应，拒绝就代表选择个体固定效应，反之则选择时间固定效应。

## 11.4 空间计量模型的 Stata 实现

以 2009~2019 年中国 30 省区市（基于数据可得性，未包含港、澳、台及西藏地区）城镇化影响农业绿色全要素生产率的面板数据为例，其中，被解释变量为农业绿色全要素生产率（AGTFP），核心解释变量为城镇化（URBAN），控制变量为交通发展水平（TRA）、产业结构（ST）、经济发展水平（lnPGDP）、教育水平（EDU），数据来源于中国统计年鉴。本节所使用数据均存于"C:\中级计量经济学\第 11 章数据"。其中，"空间计量数据.dta"是 AGTFP、URBAN、控制变量以长面板数据格式存储；"邻接矩阵.dta"是中国 30 个省份的空间邻接矩阵；"农业绿色全要素生产率莫兰指数.dta"是 AGTFP 以短面板数据形式存储；"城镇化莫兰指数.dta"是 URBAN 以短面板数据形式存储。

### 11.4.1 空间相关性

在进行空间计量分析之前，首先需要对被解释变量 AGTFP 的空间相关性进行检验，以莫兰指数 I 检验为例。

（1）被解释变量 AGTFP 的空间自相关检验

导入农业绿色全要素生产率 AGTFP 莫兰数据和空间邻接矩阵的 Stata 命令：

cd "C:\中级计量经济学\第 11 章数据"

use 莫兰指数数据.dta, clear

spatwmat using 邻接矩阵.dta, name(w) standardize

输出结果为：

```
The following matrix has been created:

 1. Imported binary weights matrix w (row-standardized)
    Dimension: 30x30
```

图 11-3 空间权重矩阵的导入

被解释变量农业绿色全要素生产率的全局莫兰指数 Stata 命令：

spatgsa AGTFP2009 - AGTFP2019, weights(w) moran

从图 11-4 可以看出，除了 2016 和 2017 年 AGTFP 不显著，其他年份 AGTFP 莫兰指数均显著为正，代表 AGTFP 存在显著的空间正相关。当样本多数年份的莫兰指

```
. spatgsa AGTFP2009-AGTFP2019,weights(w) moran

Measures of global spatial autocorrelation

Weights matrix
─────────────────────────────────────────────
Name: w
Type: Imported (binary)
Row-standardized: Yes
─────────────────────────────────────────────

Moran's I
```

| Variables | I | E(I) | sd(I) | z | p-value* |
|---|---|---|---|---|---|
| AGTFP2009 | 0.178 | -0.034 | 0.103 | 2.076 | 0.019 |
| AGTFP2010 | 0.150 | -0.034 | 0.096 | 1.931 | 0.027 |
| AGTFP2011 | 0.149 | -0.034 | 0.089 | 2.066 | 0.019 |
| AGTFP2012 | 0.190 | -0.034 | 0.110 | 2.034 | 0.021 |
| AGTFP2013 | 0.229 | -0.034 | 0.117 | 2.259 | 0.012 |
| AGTFP2014 | 0.226 | -0.034 | 0.123 | 2.118 | 0.017 |
| AGTFP2015 | 0.224 | -0.034 | 0.124 | 2.085 | 0.019 |
| AGTFP2016 | 0.095 | -0.034 | 0.124 | 1.039 | 0.149 |
| AGTFP2017 | 0.084 | -0.034 | 0.124 | 0.955 | 0.170 |
| AGTFP2018 | 0.223 | -0.034 | 0.124 | 2.070 | 0.019 |
| AGTFP2019 | 0.235 | -0.034 | 0.125 | 2.151 | 0.016 |

*1-tail test

图 11-4 AGTFP 的全局莫兰指数检验结果

数是显著的, 便可进行空间计量模型估计。

接下来, 我们以 2009 年 AGTFP 为例, 计算局部莫兰指数并展示局部莫兰散点图, Stata 命令:

spatlsa AGTFP2009, weight(w) moran graph(moran) symbol(id) id(name)

输出结果见图 11-5。

从图 11-5 可以看出, 2009 年大多数省区市的 AGTFP 的莫兰散点落在第三象限, 即低—低集聚区, 共有 7 个省处于高—高集聚区, 共有 8 个省份位于低—高和高—低集聚区。

(2) 核心解释变量 URBAN 的空间自相关检验

除了被解释变量外, 通常也要对核心解释变量的空间相关性进行检验, 我们导入 URBAN 莫兰数据和空间邻接矩阵的 Stata 命令:

use 城镇化莫兰指数数据.dta, clear

spatwmat using 邻接矩阵.dta, name(w) standardize

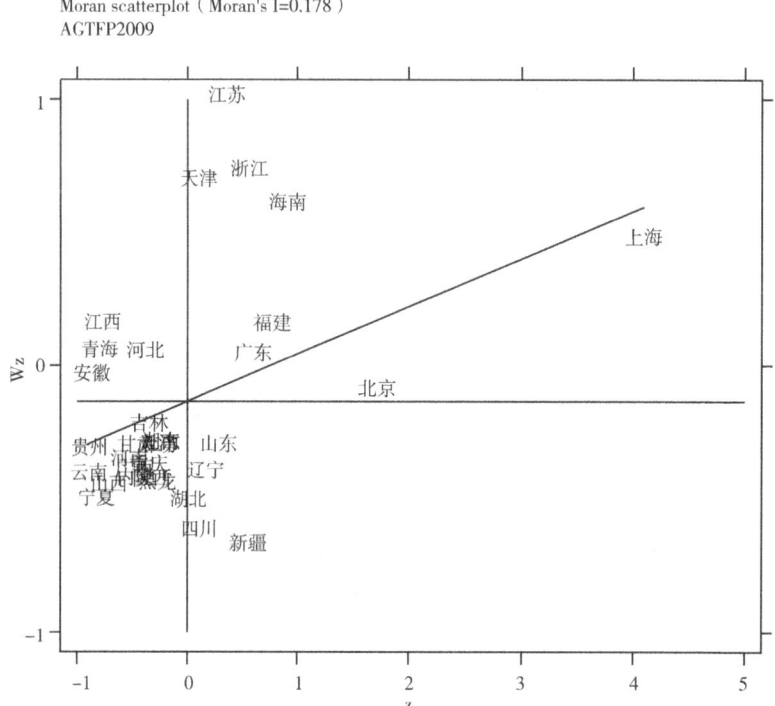

图 11-5　2009 年中国 30 个省份的 AGTFP 的局部莫兰指数散点图

输出结果为：

```
The following matrix has been created:

1. Imported binary weights matrix w (row-standardized)
   Dimension: 30x30
```

图 11-6　空间权重矩阵的导入

核心解释变量城镇化 URBAN 的全局莫兰指数 Stata 命令：

spatgsa urban2009 – urban2019, weights(w) moran

从图 11-7 可以看出，2009-2019 年城镇化 URBAN 的莫兰指数均显著为正，代表 URBAN 存在显著的空间正相关。

接下来，以 2009 年 URBAN 为例，计算局部莫兰指数并展示局部莫兰散点图，Stata 命令：

spatlsa urban2009, weight(w) moran graph(moran) symbol(id) id(name)

输出结果见图 11-8，从图 11-8 可以看出，2009 年多数省（市）的 URBAN 局部莫兰指数位于第一、第三象限，即低—低集聚区和高—高集聚区，共有 7 个省份处于低—高和高—低集聚区。

```
. spatgsa urban2009-urban2019,weights(w) moran
```

**Measures of global spatial autocorrelation**

Weights matrix
---
Name: **w**
Type: **Imported (binary)**
Row-standardized: **Yes**

Moran's I

| Variables | I | E(I) | sd(I) | z | p-value* |
|---|---|---|---|---|---|
| urban2009 | 0.387 | -0.034 | 0.119 | 3.544 | 0.000 |
| urban2010 | 0.384 | -0.034 | 0.120 | 3.494 | 0.000 |
| urban2011 | 0.375 | -0.034 | 0.120 | 3.417 | 0.000 |
| urban2012 | 0.367 | -0.034 | 0.120 | 3.345 | 0.000 |
| urban2013 | 0.369 | -0.034 | 0.120 | 3.365 | 0.000 |
| urban2014 | 0.369 | -0.034 | 0.120 | 3.362 | 0.000 |
| urban2015 | 0.384 | -0.034 | 0.120 | 3.476 | 0.000 |
| urban2016 | 0.394 | -0.034 | 0.120 | 3.564 | 0.000 |
| urban2017 | 0.399 | -0.034 | 0.120 | 3.605 | 0.000 |
| urban2018 | 0.384 | -0.034 | 0.121 | 3.466 | 0.000 |
| urban2019 | 0.380 | -0.034 | 0.121 | 3.433 | 0.000 |

*1-tail test

图 11-7  城镇化 URBAN 的全局莫兰指数检验结果

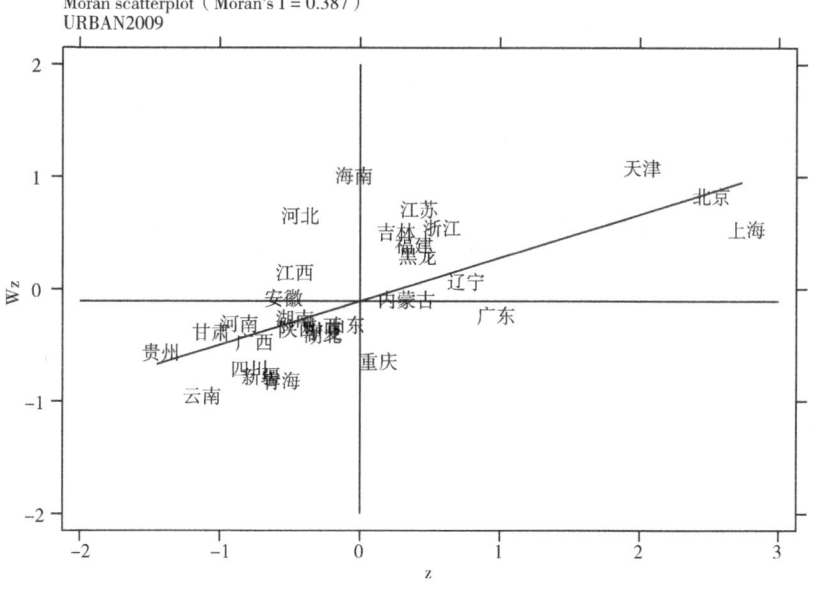

图 11-8  2009 年中国 30 个省区市的 URBAN 的局部莫兰指数散点图

## 11.4.2 空间计量模型的选择与估计

通过全局和局部莫兰指数检验，发现被解释变量 AGTFP 和解释变量 URBAN 均存在显著的空间自相关。在此基础上，选用空间计量模型进行回归分析，空间计量模型选择的 Stata 命令：

首先是 LM 检验，

set matsize 330

use 邻接矩阵.dta

spcs2xt var1 - var30,matrix(w2)time(11)

spatwmat using w2xt,name(W2)standardize

clear

use 空间计量数据.dta

xtset id year

spatwmat using 邻接矩阵.dta,name(w)standardize

reg AGTFP URBAN TRA ST lnPGDP EDU

| Source | SS | df | MS | | Number of obs | = | 330 |
|---|---|---|---|---|---|---|---|
| | | | | | F(5, 324) | = | 110.52 |
| Model | 7.78754191 | 5 | 1.55750838 | | Prob > F | = | 0.0000 |
| Residual | 4.56607802 | 324 | .014092833 | | R-squared | = | 0.6304 |
| | | | | | Adj R-squared | = | 0.6247 |
| Total | 12.3536199 | 329 | .037548997 | | Root MSE | = | .11871 |

| AGTFP | Coefficient | Std. err. | t | P>|t| | [95% conf. interval] | |
|---|---|---|---|---|---|---|
| URBAN | .002633 | .0011491 | 2.29 | 0.023 | .0003722 | .0048937 |
| TRA | .0127478 | .0016416 | 7.77 | 0.000 | .0095183 | .0159773 |
| ST | -.4572576 | .0522379 | -8.75 | 0.000 | -.5600259 | -.3544894 |
| lnPGDP | .1533538 | .0309254 | 4.96 | 0.000 | .0925139 | .2141936 |
| EDU | 1.003187 | .5877252 | 1.71 | 0.089 | -.1530519 | 2.159427 |
| _cons | -1.326232 | .2840887 | -4.67 | 0.000 | -1.885123 | -.7673404 |

图 11 - 9  OLS 回归结果

spatdiag,weights(W2)

LM 检验结果显示，仅有针对空间误差的稳健 LM 检验拒绝了"无空间自相关"的原假设，表明可以采用空间计量模型。对于选择固定效应模型或是随机效应模型，需要通过豪斯曼检验来确定。因此，需要分别对未使用稳健标准误的随机效应和固定效应估计结果进行储存。

spatwmat using 邻接矩阵.dta,name(w)standardize

```
Weights matrix

Name: W2
Type: Imported (binary)
Row-standardized: Yes

Diagnostics
```

| Test | Statistic | df | p-value |
|---|---|---|---|
| Spatial error: | | | |
|   Moran's I | -0.539 | 1 | 1.410 |
|   Lagrange multiplier | 0.573 | 1 | 0.449 |
|   Robust Lagrange multiplier | 25.216 | 1 | 0.000 |
| Spatial lag: | | | |
|   Lagrange multiplier | 10.126 | 1 | 0.001 |
|   Robust Lagrange multiplier | 34.768 | 1 | 0.000 |

图 11-10　LM 检验

use 空间计量数据.dta,clear

xtset id year

qui xsmle AGTFP URBAN TRA ST lnPGDP EDU,wmat(w)model(sdm)nolog noeffects

est sto re

qui xsmle AGTFP URBAN TRA ST lnPGDP EDU,wmat(w)model(sdm)nolog noeffects fe

est sto fe

hausman fe re

如图 11-11 所示，豪斯曼检验结果表明拒绝原假设，即拒绝随机效应，选择接受固定效应。因此，接下来继续进行 LR 检验，进一步判断 SDM 模型是否为最优模型。

xsmle AGTFP URBAN TRA ST lnPGDP EDU,model(sdm)wmat(w)nolog noeffects

est store sdm

xsmle AGTFP URBAN TRA ST lnPGDP EDU,model(sar)wmat(w)nolog noeffects

est store sar

xsmle AGTFP URBAN TRA ST lnPGDP EDU,model(sem)emat(w)nolog noeffects

est store sem

lrtest sdm sar

lrtest sdm sem

从图 11-12 可以看出，LR 检验中两个假设的 $p$ 值均显著小于 0.01，拒绝原假设，因此固定效应的 SDM 模型为本例的最优模型。但空间计量模型中固定效应分为

```
              ── Coefficients ──
              (b)         (B)         (b-B)        sqrt(diag(V_b-V_B))
              fe          re          Difference   Std. err.

     URBAN    .0141538    .0055547    .0085991     .0026715
       TRA    .0009443    .003278    -.0023337     .0003658
        ST   -1.04768    -.756685    -.2909951     .0837556
    lnPGDP    .0681123   -.0133787    .081491      .0287701
       EDU   -4.352297   -2.453084   -1.899214     .7459599
```

b = Consistent under H0 and Ha; obtained from **xsmle**.
B = Inconsistent under Ha, efficient under H0; obtained from **xsmle**.

Test of H0: Difference in coefficients not systematic

```
    chi2(5) = (b-B)'[(V_b-V_B)^(-1)](b-B)
            = 130.11
Prob > chi2 = 0.0000
```

图 11-11　豪斯曼检验结果

```
. lrtest sdm sar

Likelihood-ratio test
Assumption: sar nested within sdm

 LR chi2(5) =   23.22
Prob > chi2 = 0.0003

.
. lrtest sdm sem

Likelihood-ratio test
Assumption: sem nested within sdm

 LR chi2(5) =   30.23
Prob > chi2 = 0.0000
```

图 11-12　SDM、SAR 和 SEM 模型选择的 LR 检验结果

个体固定效应、时间固定效应以及时空固定效应，因此，仍然需要根据 LR 检验，进一步确定 SDM 模型的最优固定效应形式，Stata 操作命令：

xsmle AGTFP URBAN TRA ST lnPGDP EDU, model(sdm) wmat(w) fe type(ind) nolog noeffects

　　est store sdm_ind

xsmle AGTFP URBAN TRA ST lnPGDP EDU, model(sdm) wmat(w) fe type(time) nolog noeffects

　　est store sdm_time

xsmle AGTFP URBAN TRA ST lnPGDP EDU, model(sdm) wmat(w) fe type(both) nolog noeffects est store sdm_both

lrtest sdm_both sdm_ind, df (11)

lrtest sdm_both sdm_time, df (11)

从图 11-13 的检验结果可以看出，以上两个假设的 p 值均显著小于 0.01，拒绝原假设，因此，时空固定效应的 SDM 模型为本例的最优模型。接下来选取时空固定效应的 SDM 进行空间计量估计：

```
. lrtest sdm_both sdm_ind,df(11)

Likelihood-ratio test
Assumption: sdm_ind nested within sdm_both

LR chi2(11) =  92.74
Prob > chi2 = 0.0000


. lrtest sdm_both sdm_time,df(11)

Likelihood-ratio test
Assumption: sdm_time nested within sdm_both

LR chi2(11) = 310.27
Prob > chi2 = 0.0000
```

图 11-13　SDM 模型的固定效应选择的 LR 检验

xsmle AGTFP URBAN TRA ST lnPGDP EDU, wmat（w）fe type（both）model（sdm）robust noeffects nolog

从图 11-4 的回归结果可以发现，空间自回归系数 $\rho$（rho）的回归系数为 -0.2213 且在 5% 的统计水平上显著，表示 AGTFP 会抑制邻近地区 AGTFP。核心解释变量 URBAN 的空间滞后项显著为负。进一步分析 SDM 的效应分解，将上述代码中"noeffects"改为"effects"就能生成分解结果，即：

xsmle AGTFP URBAN TRA ST lnPGDP EDU, wmat（w）fe type（both）model（sdm）robust effects nolog

从观察图 11-15 可以发现，表格下方具体显示了各变量的直接效应、间接效应和总效应。以核心解释变量为例，URBAN 的直接效应为 0.0127427，且显著，表示本地区城镇化对本地区 AGTFP 存在显著的促进作用，而间接效应显著为负，说明本地区城镇化对邻近地区 AGTFP 存在负向的空间溢出效应，即抑制了邻近地区 AGTFP。

```
SDM with spatial and time fixed-effects          Number of obs  =     330

Group variable: province                         Number of groups =     30
Time variable: year                              Panel length   =     11

R-sq:   within  = 0.0019
        between = 0.1447
        overall = 0.0726

Mean of fixed-effects = -1.3004

Log-pseudolikelihood =   427.7117
                                (Std. err. adjusted for 30 clusters in province)
```

|          | Coefficient | Robust std. err. | z     | P>\|z\| | [95% conf. interval] | |
|---------:|---:|---:|---:|---:|---:|---:|
| **AGTFP** | | | | | | |
| **Main** | | | | | | |
| URBAN    | .010731   | .0052407  | 2.05  | 0.041 | .0004595  | .0210026 |
| TRA      | -.004456  | .0033423  | -1.33 | 0.182 | -.0110067 | .0020948 |
| ST       | -1.096031 | .2272976  | -4.82 | 0.000 | -1.541526 | -.6505355 |
| lnPGDP   | .1073873  | .1056152  | 1.02  | 0.309 | -.0996147 | .3143893 |
| EDU      | -2.658029 | 1.83628   | -1.45 | 0.148 | -6.257072 | .9410138 |
| **Wx**   | | | | | | |
| URBAN    | -.0346496 | .0127942  | -2.71 | 0.007 | -.0597259 | -.0095733 |
| TRA      | -.0082396 | .0044493  | -1.85 | 0.064 | -.01696   | .0004808 |
| ST       | -.6315886 | .4958824  | -1.27 | 0.203 | -1.6035   | .3403231 |
| lnPGDP   | .3006161  | .231218   | 1.30  | 0.194 | -.1525629 | .753795 |
| EDU      | 3.833341  | 2.653777  | 1.44  | 0.149 | -1.367966 | 9.034649 |
| **Spatial** | | | | | | |
| rho      | -.2212837 | .1063115  | -2.08 | 0.037 | -.4296504 | -.012917 |
| **Variance** | | | | | | |
| sigma2_e | .0043371  | .0008483  | 5.11  | 0.000 | .0026746  | .0059996 |

图 11 – 14　时空 SDM 模型的估计结果

```
SDM with spatial and time fixed-effects          Number of obs =         330

Group variable: id                               Number of groups =       30
Time variable: year                              Panel length =           11

R-sq:   within  = 0.0019
        between = 0.1447
        overall = 0.0726

Mean of fixed-effects = -1.3004

Log-pseudolikelihood =    427.7117
                                          (Std. Err. adjusted for 30 clusters in id)
```

|  | Coef. | Robust Std. Err. | z | P>\|z\| | [95% Conf. | Interval] |
|---:|---:|---:|---:|---:|---:|---:|
| **AGTFP** |  |  |  |  |  |  |
| **Main** |  |  |  |  |  |  |
| URBAN | .010731 | .0052407 | 2.05 | 0.041 | .0004595 | .0210026 |
| TRA | -.004456 | .0033423 | -1.33 | 0.182 | -.0110067 | .0020948 |
| ST | -1.096031 | .2272976 | -4.82 | 0.000 | -1.541526 | -.6505355 |
| lnPGDP | .1073873 | .1056152 | 1.02 | 0.309 | -.0996147 | .3143893 |
| EDU | -2.658029 | 1.83628 | -1.45 | 0.148 | -6.257072 | .9410138 |
| **Wx** |  |  |  |  |  |  |
| URBAN | -.0346496 | .0127942 | -2.71 | 0.007 | -.0597259 | -.0095733 |
| TRA | -.0082396 | .0044493 | -1.85 | 0.064 | -.01696 | .0004808 |
| ST | -.6315886 | .4958824 | -1.27 | 0.203 | -1.6035 | .3403231 |
| lnPGDP | .3006161 | .231218 | 1.30 | 0.194 | -.1525629 | .753795 |
| EDU | 3.833341 | 2.653777 | 1.44 | 0.149 | -1.367966 | 9.034649 |
| **Spatial** |  |  |  |  |  |  |
| rho | -.2212837 | .1063115 | -2.08 | 0.037 | -.4296504 | -.012917 |
| **Variance** |  |  |  |  |  |  |
| sigma2_e | .0043371 | .0008483 | 5.11 | 0.000 | .0026746 | .0059996 |
| **LR_Direct** |  |  |  |  |  |  |
| URBAN | .0127427 | .0058724 | 2.17 | 0.030 | .001233 | .0242525 |
| TRA | -.0042247 | .0032851 | -1.29 | 0.198 | -.0106635 | .0022141 |
| ST | -1.052639 | .2141397 | -4.92 | 0.000 | -1.472346 | -.6329333 |
| lnPGDP | .0919937 | .1080692 | 0.85 | 0.395 | -.119818 | .3038054 |
| EDU | -2.852873 | 1.853109 | -1.54 | 0.124 | -6.4849 | .7791541 |
| **LR_Indirect** |  |  |  |  |  |  |
| URBAN | -.0326352 | .0114562 | -2.85 | 0.004 | -.0550889 | -.0101814 |
| TRA | -.0062253 | .0042659 | -1.46 | 0.144 | -.0145864 | .0021358 |
| ST | -.3472727 | .3779884 | -0.92 | 0.358 | -1.088116 | .3935709 |
| lnPGDP | .2535696 | .2058469 | 1.23 | 0.218 | -.1498828 | .657022 |
| EDU | 4.056664 | 2.308887 | 1.76 | 0.079 | -.4686708 | 8.581999 |
| **LR_Total** |  |  |  |  |  |  |
| URBAN | -.0198924 | .0086036 | -2.31 | 0.021 | -.0367552 | -.0030296 |
| TRA | -.01045 | .0039401 | -2.65 | 0.008 | -.0181725 | -.0027275 |
| ST | -1.399912 | .4101783 | -3.41 | 0.001 | -2.203847 | -.5959774 |
| lnPGDP | .3455633 | .1751684 | 1.97 | 0.049 | .0022395 | .688887 |
| EDU | 1.203791 | 2.807523 | 0.43 | 0.668 | -4.298852 | 6.706434 |

图 11-15　SDM 的直接、间接和总体效应分解

## 参考文献

[1] 陈强. 高级计量经济学及 Stata 应用 [M]. 北京: 高等教育出版社, 2014.

[2] LeSage J, and Pace R K. Introduction to spatial econometrics [M]. New York: CRC press, 2009.

[3] Anselin L. Spatial econometrics: methods and models [M]. Springer Science & Business Media, 1988.

[4] Anselin L, Bera A K, Florax R, et al. Simple diagnostic tests for spatial dependence [J]. Regional science and urban economics, 1996, 26 (1): 77-104.

[5] 沈体雁. 空间计量经济学（第2版）[M]. 北京: 北京大学出版社, 2019.